기계와
함께
걸어온
외길

나남
nanam

한국경제 창업자 04

기계와 함께 걸어온 외길
화천그룹 창업자 서암 권승관 자서전

2016년 7월 11일 발행
2016년 7월 11일 1쇄

지은이 · 權昇官
펴낸이 · 趙相浩
펴낸곳 · (주) 나남

주소 · 10881 경기도 파주시 회동길 193
전화 · 031-955-4601(代)
팩스 · 031-955-4555
등록 · 제 1-71호(1979.5.12)
홈페이지 · www.nanam.net
전자우편 · post@nanam.net

ISBN 978-89-300-8877-0
       978-89-300-8655-4(세트)

瑞巖 權昇官

기계와
함께
걸어온
외길

화천그룹 창업자 서암 권승관 자서전

나남
nanam

2016년은 화천그룹 창업자이며 선친이신 서암瑞巖 권승관權昇官 명예회장의 탄신 100주년을 맞는 해이다.

1916년 일본이 한반도를 병탄倂呑한 초창기에 전북 김제군에서 태어난 선친께서는 하루 세 끼 밥도 제대로 챙길 수 없는 극도의 가난 속에서 청소년기를 보내셨다. 집안 형편 때문에 보통학교(초등학교)도 졸업하지 못하고 10대 소년의 어린 몸으로 일본인이 경영하는 주물공장 견습공으로 들어가 '기계와의 인연'을 시작한 선친은 펄펄 끓는 쇳물을 부어 농기구를 만들며 희열을 느꼈고, 이 일이 천직天職임을 깨달으셨다.

1945년 8월, 광복을 맞아 일본으로 떠나게 된 일본인 사장은 '파巴 철공소'를 한국인 직원 가운데 기술력이 가장 뛰어나고 근면 성실한 선친께 넘겼다. 1952년 5월 6·25 전란 중에 선친께서는 '파巴 철공소'라는 일본식 간판을 떼고 '화천貨泉기공사'라는 새로운 상호를 걸었다.

선친께서는 가장 기본적인 공작기계인 선반旋盤, lathe을 국산화하기로 결심하고 심혈을 기울여 1959년 8월 마침내 벨트구동식 선반을 개발하는 데 성공했다. 이후 화천기공은 NC(수치제어) 공작기계, CNC(컴퓨터 수치제어) 밀링머신 등을 국내 최초로 제작해 '공작기계 메카'로 우뚝 솟는다.

또한 일찍이 일본, 유럽, 미국 등 선진국 경쟁업체들을 둘러보며 독자적인 기술개발의 중요성을 절감했고, 제품을 세계시장에 수출해야 '규모의 경제성'을 누릴 수 있다고 판단했다. 이러한 선친의 통찰력은 주효해 화천그룹은 날로 성장을 거듭했다.

그러나 1970년대 정부의 중화학공업 육성정책에 따라 창원기계공단에 대규모 공장을 짓는 무리수를 두는 바람에 한때 존망存亡의 위기에 빠지기도 했다. 그때 임직원들이 자발적으로 나서 봉급 보류를 감수했고, 운영자금을 변통해 왔다. 모두가 선친의 리더십과 인격을 믿고 이룬 '고난 극복기'였다. 화천은 노·사 화합의 상징적 회사로 이름을 떨쳤다.

회사 규모가 커지면서 선친께서는 주변으로부터 부동산 투자, 업종 다각화 등을 여러 차례 권유받았지만 "쇳물 먹고 살아온 사람은 다른 물 마시면 안 된다"면서 유혹을 뿌리치셨다고 한다.

선친께서는 1998년 경영일선에서 물러나 독서와 명상의 시간을 보내다 2004년 타계하셨다. 그 후 화천그룹은 창업자가 주창한

기계와 함께 걸어온 외길

'공업보국'이라는 설립이념을 지켜 사세社勢를 키우고 내실內實을 다져 오고 있다.

한편, 청년 시절부터 국악에 심취해 몸소 판소리 고수鼓手를 자임하곤 했던 선친께서는 숱한 국악인들을 물심양면으로 도와 오늘날 한국 전통음악이 꽃을 활짝 피우는 데 일조했다. 이러한 뜻을 기리고자 화천그룹은 2010년 서암문화재단을 설립하여 전통문화예술의 계승과 발전을 위해 서암전통문화대상을 제정하여 시상하고, 장학사업, 전통예술 공연지원 및 학술연구에 대한 지원사업을 펼치고 있다.

선친 서암의 자서전은 생전인 2002년 출판된 적이 있다. 유가儒家의 가치인 겸양이 몸에 밴 선친께서는 자서전을 비매품으로 발간하여 가까운 지인과 화천 임직원에게만 증정하였다. 이를 읽은 분들은 한결같이 "서암의 치열한 삶에 엄청난 감동을 받았고, 화천을 이해하는 데 큰 도움이 됐다"는 반응을 보였다.

세월이 흐르면서 이 자서전은 더욱 구하기 어려운 '희귀본'이 되었고, 화천그룹 안팎에서 서암 자서전을 재출간해 달라는 요청이 쇄도했다. 이에 서암 탄신 100주년을 맞아 기존의 자서전을 보완하고 서암 서거 이후의 화천그룹 발전상과 서암문화재단 활동상을 별첨하여 새로운 모습의 서암 자서전《기계와 함께 걸어온 외길》을 낸다.

이병철李秉喆 삼성그룹 창업주의 자서전인《호암자전》과 정주영鄭周永 현대그룹 창업주의 평전인《영원한 도전자 정주영》을 펴낸 나남출판에서 서암 자서전을 출판하게 돼 더욱 뜻깊다 하겠다. 모쪼록 이 책이 널리 읽혀 서암께서 실천한 불굴의 기업가 정신 entrepreneurship이 이 땅의 여러 젊은이들에게 전파되어 한국 경제의 새로운 도약의 기폭제가 되기를 기대한다.

2016년 7월
권영열(화천그룹 회장)

'기계 인생' 70년 세월을 돌아보며

내 나이 열여섯 살 때 전주全州의 한 주물공장 견습공으로 취직해서 쇳물 인생, 기계 인생을 시작한 지 어언 70년의 세월이 흘렀다. 지금 이 글을 마무리하는 순간에 그 세월 속에 차곡차곡 쌓인 숱한 애환들이 주마등처럼 스쳐 간다.

집안 형편이 어려워서 하고 싶은 공부를 중도에 포기하고 기계와 인연을 맺어 한평생을 오로지 기계와 더불어 살아왔지만 나는 내가 걸어온 이 길을 한 번도 후회해 본 적이 없다.

요즘처럼 안전장치며 성능 좋은 설비가 제대로 없었던 옛날, 쇠를 녹여서 주물을 뜨고 또 그것을 깎고 다듬어서 기계를 만드는 일은 무척 고되고 위험한 일이었다. 하지만 나는 언제 어디서고 함께 일하는 사람들보다 먼저 시작하고 늦게 끝내는 습관을 길렀다. 쉬는 시간이나 휴일에도 한가하게 쉬어 본 기억이 거의 없다.

'어떻게 하면 나보다 한발 앞선 숙련공들을 따라잡을 수 있을까?'

'내가 부족한 점을 어떻게 하면 빨리 고칠 수 있을까?'

'어떻게 하면 지금보다 더 나은 기술을 개발하고 성능 좋은 기계를 만들 수 있을까?'

이런 생각으로 늘 바빴다.

그러면서도 고된 줄을 몰랐다. 간혹 일이 뜻대로 풀리지 않아서 마음이 편치 않을 때나 실의에 빠졌을 때도 기계를 찾았다. 아무도 없는 공장 안에서 기계에 둘러싸여 그 기계들을 손으로 어루만지면 이상하게 우울하던 기분이 풀어지고 새로운 아이디어며 용기가 생겼다. 내게 기계는 단순한 쇳덩이 그 이상이었다. 나처럼 숨을 쉬고 혼을 가진 생명체였다. 어느덧 그 기계들과 마음으로 대화를 나눌 수 있게 되었다.

1945년 해방이 됐을 때, 내가 일하던 철공소의 일본인 주인 시게우라 씨가 내게 공장을 맡아 달라고 했다. 이것이 오늘날 화천의 시작이었다. 그때 나는 어떤 어려움이 있더라도 반드시 화천을 우리나라 공작기계 발전의 선구자로 만들겠다고 다짐하고 내 모든 것을 바쳐 왔다.

어쩌면 나는 쇠와 더불어, 기계와 더불어 살아가야 할 길을 제대로 찾은 것인지도 모른다. 그래서 누가 물으면 나는 기꺼이 "다시 태어나도 기계 만드는 일을 하고 싶다"고 대답한다.

돌이켜 보면 회사가 문을 닫느냐 마느냐 하는 위기도 여러 차례 있었다. 1970년대 초 제1차 오일쇼크 당시와 제2차 오일쇼크와 정치적 격변이 겹쳤던 1980년대 초가 그중 제일 심했다. 만든 제품은 팔리지 않고 자나 깨나 돈 걱정에 피가 마르는 것 같았다.

회사를 살리기 위해 고생해 온 일부 사원들과 부득이 헤어지는 아픔을 겪기도 했는데, 그때 일들을 생각하면 지금도 가슴 한구석이 아려 온다. 아울러 그 어려웠던 시절에 봉급을 반납하고 부친의 퇴직금까지 구사자금으로 동원하여 회사를 살리는 데 발 벗고 나섰던 화천가족들의 고귀한 단결력과 희생정신 또한 자랑스러운 기억으로 떠오른다.

나는 평생의 좌우명으로 '성실'과 '정직', '끈기'를 얘기한다. 기계와 더불어 살아온 내 생애가 그러했듯이, 한번 마음먹고 선택한 일이면 몸과 마음으로 열심을 다하는 것이 성실이다. 잘못된 선택만 아니라면 세상에 성실로써 이루지 못할 일이란 없다고 믿는다.

자기 삶과 일에 성실한 사람은 '정직'할 수밖에 없다. 자신의 능력에 어울리는 분수를 알고, 주어진 여건에서 최선을 다하는 성실한 사람이 누구를 속이고 정도正道가 아닌 샛길로 빠지는 편법을 쓸 리가 없다. 그것은 남을 속이는 일이기 이전에 곧 자신을 속이는 일이다. 나는 성실誠實과 정직正直은 이름만 다른 한뜻이라고 확신한다.

이렇게 성실하고 정직한 사람은 비록 능력이 조금 부족하더라도 주위에서 가만두지 않고 도와주어 반드시 성공하게 만든다. 성실과 정직이야말로 사람의 마음을 움직여서 신임을 얻게 하는 최상의 덕목이요 처세술이기 때문이다. 그래서 "지성至誠이면 감천感天"이라고 하지 않았던가.

성실의 자세를 작심삼일作心三日로 끝내지 않고 줄기차게 이어 나가도록 해주는 힘이 '끈기'이다. "낙숫물이 댓돌을 뚫는다"라든가, "서당개 3년이면 풍월을 읊는다"라는 말들은 과장이 아니다. 무슨 일이든 끈질기게 매달려야만 숙련자가 되고 전문가가 될 수 있다. 남보다 좀 나은 반짝이는 재주만 믿고 여기 기웃, 저기 기웃 하면서 기회만 엿보는 사람은 작은 성공은 거둘지 모르나 큰일을 도모할 수 없다.

기업도 마찬가지다. 요즘 급변하는 무한경쟁시대에서 살아남기 위해서는 끊임없는 변화만이 살길이라고 외치는데, 그 속뜻이 자신의 근본마저 버리고 돈벌이 잘되는 새로운 일에만 관심을 돌리라는 뜻은 결코 아닐 것이다.

"구관舊官이 명관名官"이란 말도 있듯이, 지금까지 우리가 해왔고 그래서 제일 잘할 수 있는 우리의 일에 변함없이 성실과 끈기로써 임하되, 시대의 변화에 따라 그 추구하는 방법을 맞추어 가야 할 것이다.

이런 차원에서 보면 우리 화천은 누구보다 변화에 앞장서 온 기업이라고 감히 말할 수 있다. 피대선반과 기어구동식 선반, 이어 NC선반과 머시닝센터의 개발에 선구적인 역할을 하였고, 근래에는 국내 최초의 고유모델을 개발해 기술장벽이 높은 세계 공작기계 업계에서 당당히 어깨를 겨룰 수 있게 되었다.

나는 국내 산업발전 추세에 시기적절하게 대응하는 동시에 일관된 공작기계 외길을 걸어오면서 거둔 이런 결실들에 큰 보람과 자부심을 느낀다.

나름대로 열심히 살아온다고는 했어도 막상 되돌아보니 특별히 내세울 것이 없어 부끄럽다. 이 자서전은 내가 이제껏 살아오면서 겪고 느낀 것들을 더 보탤 것도 없고 뺄 것도 없이 솔직하게 기록한 것이다.

내 인생의 전부라고 해도 과언이 아닌 화천 임직원들과 나의 사랑하는 가족들, 그리고 나를 아끼는 친지들이 애정 어린 눈으로 이 책을 읽어 준다면 큰 기쁨으로 여기겠다.

이 글을 읽는 사람들이 기업가요, 가장家長, 친지이기 이전에 한 인간으로서의 나를 발견했으면 한다. 그리고 나름대로 열심히 살려고 노력했던 한 인생 선배의 삶 속에서 자신의 삶에 보탬이 될 한마디 공감이라도 얻을 수 있다면 더없는 보람이 될 것이다.

이 기회를 빌려 그동안 화천의 발전과 내 인생의 성숙에 도움을 주신 모든 분들께 감사드리며, 삼가 이 글을 어머님 영전靈前에 바친다.

2002년 9월 14일 광주 동명동 서재書齋에서
權昇官

기계와 함께 걸어온 외길

화천그룹 창업자 서암 권승관 자서전

차례

제 1 부

고난과
모색의 세월

1장

힘겨웠던 성장시절

나의 고향과 가문

내 고향은 김제金堤다. 더 정확히 말하자면 전라북도 김제군 부
량면扶梁面 옥정리玉亭里이고, 탯자리는 원평院坪 낙수동 외갓집 마을
이다.

김제는 전라북도의 서부 중앙에 위치하여 가까이 서해바다 계화
만으로 연결되고, 동으로는 완주군과 전주시에 이어져 있다. 또한
남으로는 정읍시와 부안군에 이웃하며 북으로는 만경강 건너의 옥
구군이나 익산시와 마주 보고 있다. 대체로 동남쪽이 높고 서북쪽
은 낮은 편이다.

이 지방은 토양이 기름질 뿐만 아니라 기후가 따뜻하고 비가 넉
넉히 내려 농사를 짓기에 알맞다. 그래서 아주 옛날부터 농사가 이
루어졌으며, 백제시대에는 이 너른 들에 물을 대기 위해 '벽골제'

19

고난과 모색의 세월

라는 큰 둑을 쌓았다. 벽골제의 '벽골'은 김제군의 옛 이름으로 '볏골', 곧 '벼의 고을'을 의미한다.

지금 그 벽골제의 자취는 거의 사라졌지만 바로 이곳에 조선조 태종이 만들었다는 석조 수문이 있어서 어릴 때부터 익히 보고 자랐다. 이 수문이 후일 내가 저수지나 큰 강의 철제 수문을 제작하게 되는 인연으로 이어진 것이 아닌가 하는 생각을 해보기도 한다.

지명으로서 김제는 통일신라 때부터 쓰여 온 이름이다. 백제 때는 벽골군碧骨郡이었고 고려 초에는 전주에 딸린 고을이었다. 김제군에는 한자로 쇠 금金 자가 붙은 땅 이름이 많다. 금구면 금구리, 금산면 금산리, 금성리, 부량면 금강리 등이 모두 쇠 금金 자를 쓰는데, 신라 때부터 이들 고장에서 사금이 많이 생산되었다는 사실과 연관이 있다. 김제군의 '김' 자도 본디는 '금'으로 읽었다고 한다.

내 어린 시절만 해도 김제군 백구면 석담리 공술부락의 공술엿과 백구면 부용리 수룡구지 마을의 식혜가 유명한 특산물이었다. 어렸을 적에 먹어 본 공술엿은 맛이 좋고 딱딱하지 않으며 빛깔이 고왔다. 예전에는 임금님 수랏상까지 올라간 진상품이기도 했다. 또한 구지마을의 식혜는 밥이 잘 삭아 달고 맛이 좋기로 널리 알려져 있다.

나는 1916년 음력 7월 12일 아버지 권재학權在學 씨와 어머니 언양 김씨彦陽 金氏 사이에서 2남 3녀 중 장남으로 태어났다. 원평 낙수동 외가에서 세상 빛을 본 지 백일이 넘어서야 옥정리의 본집으로 왔다고 한다. 지금은 지형이 바뀌어서 나의 옛 고향집은 강으로 변해 버렸는데, 어쨌든 이 마을에서 최근까지 재식 당숙이 사셨다.

내 고향 마을에서는 한때 송宋씨네와 권權씨네의 집안 간 알력이 심했다고 한다. 이 다툼으로 송씨 측이 우리 집안을 동학군에 고자질하는 바람에 조부께서 잡혀가게 되었다. 배를 타고 압송되는 도중 조부는 강물에 뛰어들어 살아나셨고, 대신 작은할아버지께서 희생을 당했다. 그런 연유로 내 선친께서 이곳으로 양자를 드셨고 지금도 내가 이분의 제사를 모시고 있다.

나는 안동 권씨 시조 태사공太師公 할아버지의 35대손(36세손)이 된다. 우리 안동 권씨 가문이 호남지역에 자리를 잡은 것은 중시조인 서령공署令公 할아버지께서 조선조 선조宣祖, 1552~1608 임금 시절에 이곳 현감으로 부임해 오시면서부터다.

서령공 할아버지는 이 고을의 처녀와 혼인하고 잠시 다른 고을의 현감도 지내시다가 이곳에 돌아와 뿌리를 내리고 사셨다. 그렇게 해서 지금까지 400년 이상을 우리 안동 권씨 가문이 이 지역에 터를 지켜 온 셈이다.

우리 집안 어르신네 중에는 높은 학문을 이루어 벼슬길에 나선 분도 계셨으나 대부분은 농사를 지으며 사셨다. 나의 증조부 상손공相巽公은 개화에 일찍 눈뜨신 분이었다. 당시 김제평야에서 생산되는 곡식으로 한양 등지를 오가며 장사를 하셨고 상당한 재산을 모아 후대에 물려주셨다.

용익春益 할아버지는 선대로부터 물려받은 재산을 더 많이 늘려서 연간 1천 석을 거둬들일 만큼의 지주가 되셨는데, 역시 선대의 업인 쌀장사를 잘 이어 간 덕분이었다. 당시 할아버지 댁에는 농사를 짓는 머슴만 10명이 넘었으며, 날마다 수십 명의 동네 아낙네들이 집안일을 거들면서 얹혀 지낼 만큼 부유했다고 한다.

나의 어머니는 1남 3녀 중 장녀이셨다. 외아들인 외삼촌은 일본으로 건너가 세상을 뜨셨고, 2대 독자인 외사촌 동생이 현재에도 일본에서 살고 있다. 그런 관계로 외조부의 묘소를 내가 직접 광주 시내 장등동 산 한 자락을 사서 모셔 오게 되었다.

어머니는 열다섯 살 되던 해 당신보다 두 살 아래인 아버지와 혼인하셨다. 상당 기간 아기를 갖지 못하시던 어머니는 결혼하신 지 5년째가 되던 어느 여름날 밤 큰 새 한 마리가 집안으로 날아드는 태몽을 꾸신 뒤 나를 낳으셨다고 한다.

기울어 가는 가세家勢

할아버지께서는 슬하에 아들만 5형제를 두셨는데 나의 아버지가 넷째였다. 처음에는 경주 김씨慶州 金氏와 결혼하여 큰아버지인 구한九韓 씨만을 보시고 사별하는 바람에 전주 류씨全州 柳氏를 재취로 맞아들이셨다.

전주 류씨로부터 셋째 백부인 재휴在烋 씨, 나의 아버지, 그리고 다섯째 재직在職 씨가 태어났다. 그리고 중간에 둘째 백부가 되시는 재풍在豊 씨가 계셨는데, 이분은 또 다른 부인한테서 얻은 자식이었다.

백부 재풍 씨는 자신이 서출이란 소외감 때문이었는지 항상 부모님이나 주위 친척들에게 불평과 불만을 터트리며 날이면 날마다 술로 세월을 보내시다가 나중에는 집을 나가 소식이 끊겨 버렸다. 현재까지 어떻게 되셨는지 그 후손들은 있는지 알 길이 없다. 다만 절에 들어가 스님이 됐다는 풍문이 한때 들려왔을 뿐이다.

조부께서 수백 두락의 전답을 소유한 지주인 터라 집안사람들의 생활은 풍족한 편이었다. 어머님이 시집오실 때만 해도 집안 구석구석 살림살이에 부유한 집안의 윤기가 배어 있었다고 한다. 이런 집안에서 태어난 나 역시 어린 시절은 남부럽지 않게 보낼 수 있었다.

그러나 내가 태어나 자랄 무렵의 우리나라 사정은 1910년 경술국치를 당한 뒤 일제의 토지수탈 마수가 한반도 전역으로 뻗쳐 가던 중이었다. 내가 어릴 적에 태인의 구마모토熊本 농장, 익산의 호소카와細川 농장, 후지모토藤本 농장, 김제의 이시카와石川현 농업주식회사, 옥구의 미야자키宮崎 농장 등 일본인 농장들이 한국인 농토를 수탈하던 기억이 생생하게 남아 있다.

일제의 마수는 우리 집안이라고 비켜 갈 리 없었다. 갖가지 구실과 명목을 내세워 토지를 빼앗기 위해 혈안이 되었고, 그래도 끈질기게 버티자 터무니없는 죄목을 덮어씌워 집요하게 괴롭혔다. 어렸을 적 일본도刀를 허리에 찬 순경이 신사복 차림의 사내를 대동하고 다짜고짜 집에 들이닥쳐서는 이런저런 일을 해야겠으니 협조를 해달라거나 쌀을 내놓으라며 괴롭히곤 하던 기억이 난다.

이 무렵 큰 백부 구한 씨는 분가하여 정읍군 덕천면에 사셨고, 셋째 백부인 재휴 씨가 조부를 모시고 살았다. 당시 서당에서 글줄깨나 읽으셨던 재휴 백부님은 일본인들의 횡포에 몹시 분개하셨지만 나라를 빼앗긴 백성이 무슨 힘이 있어 그들을 당하겠느냐며 날이면 날마다 술과 투전으로 세월을 보내셨다.

"내가 너희 놈들한테 재산을 빼앗기느니 차라리 술집이나 투전판에다 뿌려서 우리 백성들에게 나눠 주는 편이 낫겠다."

백부님은 늘 이렇게 말씀하시며 자포자기自暴自棄한 심정이셨던 것 같다. 연세 70이 넘으셔서 집안일을 재휴 백부에게 맡기셨던 조부께서도 일본인들의 모진 등쌀에 몸져눕고 말았다.

아버지와 재직 숙부께서도 글을 배우셨지만 이 두 분은 워낙 성격이 유순해서 형님의 그 같은 행동을 만류하지 못하셨다. 가끔씩 어머님이 "재산 거덜 나겠다"며 한숨이라도 지을라치면 아버님께서는 "다 속이 있어서 그럴 터이니 참견 말라"고 나무라시곤 하셨다. 이런 분위기는 당시 땅마지기나 가지고 공부깨나 했다는 지역 유지들에게 있어 일반적인 정서였다.

우리 백성들의 자포자기하는 분위기에 편승한 일제는 매년 엄청난 토지를 강점해 나갔다. 그들은 한번 빼앗겠다고 마음먹은 토지는 어떠한 수단과 방법을 동원해서라도 기어이 차지하고 말았다. 돈으로 매수를 하다가 안 되면 갖가지 명목의 죄를 뒤집어씌웠으며, 그러고도 안 되겠다 싶으면 주재소로 데리고 가서 온갖 방법으로 괴롭혔다.

우리 집안의 재산도 이런 식으로 상당 부분을 빼앗겼다. 처음에는 조부께서 한양을 왕래하시며 사귄 높은 양반들의 도움으로 그럭저럭 농토를 지킬 수 있었지만 결국에는 마을에 일인들이 들어오면서 더 이상 버티지 못하였다.

그러는 사이 내 나이 5살이 되던 1921년 음력 12월 28일, 할아버지는 화병으로 몸져누운 지 3년여 만에 75세를 일기로 세상을 뜨셨다.

할아버지께서는 유산의 절반을 장자인 구한 백부에게 물려주었고 나머지는 아래 네 아들에게 똑같이 분배했다. 이때 아버지가 물려받은 재산은 벼로 쳐서 수백 석에 달하였다.

그러나 당시로서는 상당했던 이 재산은 오래가지 못하였다. 재휴 백부의 투전판 밑천으로 빌려주셨다가 몽땅 날려 버리고 만 것이다.

이때부터 우리 집안의 가세는 급격히 기울었다. 끝내 끼니를 잇기 어려운 지경까지 몰리자 아버지는 어머니와 나, 그리고 동생 예쁜이를 데리고 정읍군 덕천면으로 이사를 갔다. 거기에서 아버지는 재직 숙부의 논밭 일부를 나누어 일구며 생활하게 되었다.

모진 가난 속에서

정읍에 이사 온 지도 2년이 지났다. 일곱 살이 되던 그해 덕천보통학교에 입학했다. 어머니 손을 잡고 학교에 가서 입학식을 하고 책을 받아 돌아온 그날의 기쁨을 지금도 잊을 수가 없다.

학교를 다니는 하루하루는 마냥 즐겁기만 했다. 학교에서 돌아오면 언제나처럼 바느질에 여념이 없으신 어머니의 잔심부름을 하고 공부도 열심히 했다. 공부하다가 모르는 것이 있으면 어머니께 묻곤 했는데 그때마다 어머니는 귀찮다 않으시고 자상하게 가르쳐 주셨다. 그때 어머니는 나에게 이렇게 말씀하셨다.

"승관아, 한번 배운 것은 꼭 기억을 해서 똑같은 것은 다시 묻지 않도록 해야 한다. 나무가 봄이 되면 꽃을 피우고 열매를 맺는 것처럼 사람도 배우는 시기가 있단다. 배울 때는 한눈팔지 말고 정신을 가다듬어 열심히 해야 한다. 그리고 밖에 나가 놀 때는 활발하고 명랑하게 놀도록 해라."

또한 공부보다 더 중요한 것은 '사람답게 사는 것'이라고 누누이 이르시면서 "어디서든 어른을 만나면 공손히 대하라"고 가르치셨다. 그러면서도 당부하는 것은 잊지 않으셨다.

"한번 옳다고 마음먹은 일은 어떤 어려움이 닥치더라도 기어코 해내야 한다."

비록 어린 나이였지만 어머니의 이러한 말씀을 귀담아들으며 열심히 공부했다.

당시 학교에서는 내가 제일 어렸다. 나보다 적게는 한두 살, 많게는 여덟 살이 많은 학생들도 수두룩했다. 그렇다 보니 학교에서도 귀여움을 많이 받았고 자연히 학교생활이 무척 즐거웠다.

보통학교 생활의 즐거움은 1년도 채 가지 못했다. 작은아버지가 논밭을 모두 남에게 팔아 버려 우리가 지을 땅이 없어진 때문이었다. 농사짓는 일 외에 특별히 손에 익은 일이 없었던 아버지는 또다시 그곳을 떠나지 않으면 안 되었다.

철없던 나는 생활의 위기보다도 즐거운 학교를 그만두어야 한다는 사실이 한없이 슬펐다. 어머니께서도 내가 1년 만에 학교를 그만두어야 한다는 데 대해 크게 상심하셔서 눈물을 흘리시며 우선은 먹고 살아야 하니 조금만 참자고 나를 달래셨다.

우리는 다시 정읍군 정주읍井州邑 수성리水城里로 이사했다. 거기서도 아버지는 뾰족한 일거리를 찾지 못하였고 어머니가 남의 집 바느질 일감을 가져다가 밤낮없이 삯바느질을 하여 근근이 생활을 꾸려 나갔다. 나도 낮이면 정읍 뒷산에 올라가 나무를 해다가 살림에 보태거나 남의 집 소나 돼지에게 먹일 꼴을 베어다 주고 밥을 얻어먹곤 했다.

이같이 힘겨운 생활 속에서도 어머니는 조금도 누굴 원망하거나 탓하지 않으셨다. 모든 게 주어진 운명이려니 하고 체념하시는 것 같았다. 그러면서도 나에게는 늘 "사람이란 가진 것이 많든 적든 정직하게 살아야 한다"며 귀에 못이 박히도록 정직을 강조하셨다.

가난에 겨운 생활 속에서 동생 복순이와 승만이가 태어났다. 식구가 늘면서 우리 가족은 먹는 날보다 굶는 날이 더 많았다. 이 무렵 나는 만 사흘 동안 한 끼도 먹지 못해서 어지럼증을 느낀 적도 있었다.

그때를 회상하면 왠지 모를 설움에 지금도 목이 메곤 한다. 어린 시절에 겪었던 이런 어려움이 훗날 재화에 눈뜨고 경제생활을 작심하게 만들었는지도 모른다.

내가 열 살쯤 됐던 해인가, 어머니의 삯바느질로 하루 먹고 하루 굶는 생활을 이어가던 어느 날 죽을 끓여서 막 먹으려는데 가까운 친척 한 분이 오셨다. 친척의 방문을 맞아 갑자기 뾰족한 도리가 없으셨던 어머니는 당신의 몫을 손님에게 접대하고 말았다. 그것도 몰랐던 나는 부엌에 물을 마시러 나갔다가 어머니가 삶은 비름 나물을 된장에 무쳐서 잡숫고 계신 것을 보았다.

또 어느 해인가는 이른 봄날 먼 데서 친척 두 분이 오셨다. 점심을 자시고 나자 그분들이 떠나겠다고 일어나셨다. 그때도 어머니는 "이럴 때 하룻밤 자고 갈 수 있는 형편이 되었으면 얼마나 좋을꼬" 하시면서 눈물을 글썽이셨다. 어머니의 간절한 이 말씀은 어린 내 가슴을 저리게 하면서 강한 충격을 주었다.

사람은 제아무리 인정이 많아도 가진 것이 없으면 그 정을 베풀 길이 없다는 이치를 그때 깨달았다. 그래서 일찍부터 나는 개인뿐만 아니라 국가도 경제적 기초가 튼튼해야 떳떳할 수 있다는 신념을 가지고 지금까지 살아왔다.

"여자는 약하지만 어머니는 강하다"는 말이 있다. 우리 어머니는 우리의 모진 가난을 헤쳐 내시며 꿋꿋하게 살아오신 분이다. 가난한 살림에 많은 식구를 거느리고 그래도 구김살 없이 반듯하게 살자고 하다 보니 고초가 더 크셨으리라. 그런 어머니의 모습이 나에게 더욱 강한 의지를 심어 주었다.

짧게 끝나 버린 학창의 꿈

그럭저럭 내 나이 열두 살이 되었다. 하루는 할아버지 제사차 큰집에 다녀오신 어머니께서 조용히 나를 부르시더니 말씀하셨다.

"내일 짐 싸들고 완주에 살고 있는 재직 작은아버지 집으로 가거라."

작은집에서 다시 학교를 다니라는 것이었다. 큰집 제사에 오신 작은아버지께서 "승관이만은 가르쳐야 한다"고 말씀하셔서 그리 된 것이었다.

다시 학교를 다닐 수 있게 되어 뛸 듯이 기뻤다. 그동안 까맣게 잊고 있던 옛날의 학교생활이며 선생님의 얼굴이 떠올라 그날 밤은 잠을 이루지 못하였다.

거의 뜬눈으로 밤을 새운 나는 아침밥도 먹는 둥 마는 둥 하고 완주군 용진면龍進面 금상리今上里에 있는 재직 숙부 댁으로 향하였다. 정읍에서 완주까지는 100리가 넘었다. 그러나 아버지가 밤새워 삼아 주신 짚신을 신고 떠나는 발걸음은 가볍기만 했다. 이제 날마다 산에 올라가서 나무를 하지 않아도 되고, 다시 공부를 하게 되었다는 사실에 힘든 줄을 모르고 100리 길을 걸어갔다.

나는 소양所陽보통학교 2학년에 편입했다. 작은집에서 학교까지는 걸어서 한 시간이 훨씬 넘게 걸리는 15리(약 6킬로미터) 길이었다. 그러나 매일 오가는 이 길도 전혀 멀거나 힘들다는 생각이 들지 않았다. 공책 한 권, 연필 한 자루 변변히 사 쓸 수 없는 형편이어서 선생님에게 꾸중도 여러 번 들었지만 그런 것은 아무런 문제가 되지 않았다.

그때 내 나이는 다른 학생들보다는 서너 살이 많은 편이었다. 뒤늦게 다시 공부를 시작하기도 했지만 무엇보다 정읍에서 고생하시는 부모님 얼굴이 떠올라 한눈팔지 않고 열심히 공부에 매달렸다. 그렇게 해서 내 성적은 처음 막 들어왔을 때를 빼고는 내내 상위권에 속할 수 있었다. 내 처지를 잘 이해한 선생님도 많은 관심을 가져 주시며 칭찬을 아끼지 않으셨다.

작은집의 형편 역시 부유한 편은 아니었다. 그래서 나를 학교에 보내 주신 것만으로도 고마울 뿐 더 이상의 것은 바라지 않았다. 필요한 책이 있으면 옆자리 친구의 책을 빌려다가 밤새 베껴서 익혔고, 학교에서 빌릴 수 있는 책은 모조리 빌려다가 읽었다. 그 시절 학교에서 빌릴 수 있는 책이라야 일본의 역사서나 위인전이 고작이었지만 나는 내용을 가리지 않고 읽었다.

작은집에서 지낸 지 어느덧 두 해가 흘러 4학년이 되었다. 이때 정읍의 우리 집안 형편은 내가 학업을 더 이상 계속할 수 없도록 만들었다.

그때까지도 집 떠나올 때 입었던 무명바지에 무명저고리만을 줄

곧 입고 지냈다. 봄이고 겨울이고 그 옷 한 벌만 입고 지내자니 다른 아이들에 비해 남루하기가 이를 데 없었다. 그래도 꿈이 있어 창피하지 않았다. 옷이 더럽다 싶으면 냇가에 나가서 직접 빨아 입었다. 냇가 풀밭이나 바위 위에 빨아 널었다가 채 마르지 않은 옷을 입고서 말릴 때도 많았다.

4학년 여름방학이었다. 하루는 방학숙제를 하고 있는데, 작은어머니께서 부르시더니 이렇게 말씀하셨다.

"승관아, 이번 방학 때는 집에 가서 옷이라도 한 벌 해 입고 오는 것이 낫겠다."

그 말씀을 듣자 정읍에 있는 가족들의 모습이 선하게 떠오르며 견딜 수 없는 그리움이 일어났다. 그렇지 않아도 방학숙제만 얼른 끝내 놓고 집에 돌아갈까 하던 참이었다. 내친 김에 얼마 안 되는 책가지들을 챙겨 들고 정거장으로 나갔다.

작은어머니가 마련해 주신 여비로 난생 처음 기차에 올랐다. 엄청나게 큰 쇳덩이가 바람처럼 빨리 달려가는 모습은 언제나 나의 가슴을 설레게 하고 신비감에 젖게 했다. 내가 그 기차를 탄 것이다.

기차를 타고 가면서 많은 생각을 하였다. 지난 2년간의 학창시절, 기쁘고 슬펐던 일들, 가난한 살림살이에 고생하시는 부모님과 동생들. 그리고 언젠가는 나도 그 기차 같은 것을 만들어 보고 싶다는 강한 열망에 사로잡히기도 했다. 아직 떠오르는 생각이 많기만 한데 기차는 너무도 빨리 정읍에 도착하였다.

'우리 집이 조금만 더 먼 곳에 있었더라면….'

이런 부질없는 공상을 하며 기차에서 내린 나는 증기를 내뿜으며 이내 달려가는 기차를 한동안 더 바라보았다.

'방학이 끝나면 다시 저 기차를 타고 돌아갈 수 있겠지.'

이런 기대감을 품고 집으로 가는 발길을 재촉했다. 그러나 그 짧은 기차여행이 다시는 내가 학교로 돌아갈 수 없는 마지막 여행이었음을 알게 되기까지는 긴 시간이 걸리지 않았다. 지금 돌이켜 보면 참으로 안타까운 일이었으나 당시 우리 집안의 형편으로는 별도리가 없었다.

집에 돌아온 나는 그간 학교생활이며 작은집에서 있었던 크고 작은 일들을 어머니께 소상히 말씀드렸다. 작은어머니께서 "방학이 끝나 돌아올 때는 새 옷 한 벌 해 입고 오라"고 하신 말씀까지 전했다.

그러나 그때 우리 집안의 형편은 나에게 새 옷 한 벌 지어 줄 처지가 못 되었다. 내 말을 조용히 듣고 계시던 어머니는 눈물을 훔치며, 차마 하시기 어려운지 띄엄띄엄 이렇게 말씀하시는 것이었다.

"승관아, 공부를 포기해라. 먹지도 입지도 못하면서 어떻게 공부할 수가 있겠느냐. 지금 우리 형편에 너에게 옷을 지어 주기는 어렵다. 그러니 집에서 우리와 함께 지내자."

이때 내 나이가 열네 살이었으니까 어머니의 마음이 어떠하셨으리란 것쯤은 이해할 수 있었다. 어머니의 말씀을 듣고 나도 이렇게 말씀드렸다.

"어머니, 이제부터는 제가 일을 해서 집안 살림을 돕겠습니다. 저는 비록 여기서 공부를 포기하지만 동생들만은 어떻게든 제가 벌어서 가르쳐 보겠습니다."

가난 속에서도 내게 큰 기쁨을 주고 꿈을 키워 준 학창시절은 이렇게 끝나고 말았다. 그래서 나의 학력은 완주군 소양면 소양보통학교 4학년 1학기 중퇴가 전부인 셈이다.

잊을 수 없는 이씨네 부부

이때까지도 우리 집은 어머니의 삯바느질에 의지해 여섯 식구가 근근이 살아가고 있었다. 이런 판국에 내가 다시 돌아왔으니 우리 집의 식생활은 한층 더 어려울 수밖에 없었다. "없는 집 살림에서는 한 사람의 입이 호랑이보다 무섭다"는 말이 실감나던 시절이었다.

평소 아버지는 굶으면 굶었지 남 앞에서 자신의 어려움을 입에 올리지 못하시는 분이었다. 나도 그런 아버지를 닮아서 사흘을 굶고도 어디 가서 밥이나 곡식 한 줌 얻어먹어 본 적이 없다.

더구나 이 무렵 어머니의 바느질 일감도 점점 줄어들었다. 일제의 수탈이 극성을 부리면서 너도나도 어려워만 가는 형편이라 일을 맡기는 사람이 그만큼 줄어든 탓이었다. 어머니는 궁리 끝에 좀

더 큰 고장으로 나가서 살길을 찾아보자며 군산群山으로 이사할 것을 제의하셨다. 뾰족한 대책이 없으셨던 아버지도 어머니의 제의를 따랐다.

우리는 다음 날로 간단한 가재도구만을 챙겨서 군산으로 향했다. 요즘 같은 고속버스는 고사하고 트럭조차 구경하기 어려웠던 터라 우리는 군산까지 걸어서 갔다. 도중에 잠시 쉬어 갈 요량으로 옛날 할아버지 댁에서 일을 도우며 함께 살던 사람들을 찾아갔다.

옛 주인의 가족이라 따뜻하게 맞아 주고 위로해 주던 그들이 고맙기만 했다. 아는 집이 없을 때는 길바닥에다 가마니나 볏짚을 깔고 자기도 했다. 이렇게 해서 일주일 만에 군산에 조금 못 미친 목천포에 이르렀다.

이곳에는 할아버지 댁에 꽤 오래 살면서 얼마간의 재산을 모은 이씨네가 살고 있었다. 우리는 지친 몸을 이끌고 무작정 그 집을 찾아갔다. 낯선 군산 땅에서 마땅히 찾아갈 만한 사람은 그들밖에 없었기 때문이다.

그들은 옛날 식구를 다시 본 듯 우리를 반갑게 맞아 주었다. 우리는 이 집에서 일주일이 넘도록 먹고 자고 했다. 그러나 더 이상은 염치가 없었다. 일주일이 지나던 날 우리는 그 집을 나와 군산 시내로 들어갔다. 그들은 우리가 떠날 때 얼마간의 밀가루와 보리쌀을 내주었다. 낯선 세상에서 그들이 베풀어 준 이 따뜻한 도움은 우리 가족에게 큰 힘이 되었고 오래도록 잊지 못할 정으로 남았다.

시내로 들어왔다고 해서 일거리가 기다리고 있는 것은 아니었다. 하루하루 양식은 바닥이 나고 우리 가족은 다시 먹는 날보다 굶는 날이 많아졌다. 그렇게 한 달이 지났어도 돈 벌 구멍은 보이지 않았다. 나는 쇠를 먹어도 소화가 될 나이에 굶어야 하는 현실이 서러워 눈물도 많이 흘렸다.

드디어 우리 형편은 절박한 한계 상황에까지 몰렸다. 내 자신의 배고픔도 참기 어려웠지만 어린 동생들이 굶고 있는 모습은 차마 볼 수가 없었다. 그냥 앉아만 있다가는 다 굶어 죽겠다는 생각에 어머니와 함께 쪽박을 들고 이집 저집을 돌며 밥을 얻으러 다녔다. 그렇게 얻어 온 밥을 앞에 놓고 식구들이 둘러앉아 먹었다. 밥은 먹고 있었지만 아버지도 어머니도 울고 계셨다.

이때 굳게 결심했다.

'어떻게 해서든지 돈을 벌자. 내가 돈을 벌어서 부모님을 편히 모시고 동생들도 배불리 먹여야겠다.'

그러나 아무리 결심이 굳다 해도 그걸 실천할 여건이 되지 못하니 우리 식구의 배고픔은 해결되지 못하였다. 결국 사흘 동안을 동냥으로 연명한 우리는 다시 이씨네를 찾아갔다. 이때도 그들은 우리 식구를 마다 않고 따뜻하게 맞아 주었다.

이때 그들이 우리 가족에게 베풀어 준 호의를 평생 잊을 수 없었다. 형편이 좋아진 훗날 조금이나마 그때의 은혜를 갚기 위해 1986년엔가 이씨네를 수소문해서 찾았으나 그들 부부는 이미 세상을 떠난 후였다. 할 수 없이 그 자녀들에게만 조그마한 보은報恩의 표시를 한 적이 있다.

이씨 부부는 가족들을 데리고 재차 찾아간 우리 아버지에게 작은아버지가 살고 계신 전주로 갈 것을 권했다.

"형님, 어디에 사시든 그래도 피붙이가 있는 곳이 좋을 것 같습니다."

이 씨는 그러면서 나를 빤히 쳐다보며 말을 이었다.

"한 입이라도 덜어야 할 테니 승관이는 제가 아는 이곳 학교 선생님 댁에 맡겨 잔일이라도 거들도록 하겠습니다."

이렇게 해서 나만 목천포에 남고, 식구들은 모두들 전주로 이사를 했다. 전주로 간 식구들은 재직 숙부의 도움으로 방 한 칸을 얻어 자리를 잡았고 어머니가 떡장사를 하며 지냈다.

나는 이곳 보통학교 선생님의 집에서 나무도 하고 염소도 먹이는 일을 했다. 그렇게 해서 배고픔은 면했지만 그 집에 오래 있고 싶지는 않았다. 먹어도 같이 먹고 굶어도 같이 굶으며 가족과 함께 살고 싶은 열망에 석 달가량을 그 집에서 머물다가 추석을 지낸 뒤 전주의 가족 품으로 돌아갔다.

2장
철공 인생의 시작

주물공장 견습공이 되다

전주의 가족 품으로 돌아오기는 했으나 나에게는 할 일이 없었다. 한동안은 떡장수 어머니를 따라다니며 거들기도 하고 과수원에서 과일을 떼어다 집집을 돌아다니며 팔기도 했다.

그러다가 어머니와 나는 전주시 고사동 노변에다 노점상을 차리고 과일이며 피문어, 떡 등을 팔기 시작했다. 워낙 주변머리가 없어서인지 장사는 별 재미가 없었다. 꼭두새벽부터 밤늦게까지 팔아 봐야 여섯 식구 끼니 해결도 어려웠다.

그러나 이때의 과일행상이 내 운명을 바꿔 놓을 뜻밖의 기회와 만나게 해주었고, 오늘의 화천을 일으키는 씨앗이 되었다.

내가 열여섯 살 되던 어느 여름날이었다.

이날도 여느 때와 마찬가지로 새벽 일찍부터 과일 등을 받아 팔고 있었다. 저녁 무렵이 되자 잔뜩 찌푸린 하늘에서 가는 빗방울이 떨어지고 바람마저 스산해 행인들의 발길이 뜸해졌다. 과일을 찾는 사람도 없고 해서 그냥 치우고 일찍 들어갈까 하던 참이었다.

가끔 우리 노점에 들러 과일을 사 먹던 열두세 살쯤 되는 아이들이 있었는데, 바로 그 아이들이 평소처럼 시커먼 모습으로 노점에 나타났다. 무슨 공장 같은 데서 일하는 애들이라고 짐작을 해왔지만 그동안 얘기를 나눈 적은 없었다. 그날따라 손님도 뜸하고 해서 나는 그 아이들에게 말을 걸었다.

"니네들 어디 다니길래 옷이 그렇게 새까맣냐?"

"솥이랑 보습이랑 만드는 공장에 다녀요."

"그럼 니네들도 품삯 받고 다니냐?"

"안 그럼 뭣하러 다녀요, 일이 얼마나 힘든데."

내 가까이에 그런 공장이 있다는 사실이 너무나 놀라웠다. 그리고 나보다 어린 아이들도 다니는데 나라고 못 다닐 게 있겠나 싶어 하루 품삯은 얼마인지, 어떻게 하면 그런 데를 들어갈 수 있는지 궁금한 것들을 자세하게 물어보았다. 아이들은 하루 품삯으로 25전을 받는다고 했고, 주인에게 잘 사정하면 누구나 들어갈 수 있다는 얘기도 해주었다.

이때까지만 해도 부모님은 형편이 나아지면 나를 다시 학교에 보낼 작정이셨다. 어머님은 늘 이런 말을 입버릇처럼 하시곤 했다.

"승관아, 너만은 학교엘 보내야 하는데…. 너라도 신식교육을 받아야 우리 집안을 다시 일으켜 세울 수 있다. 그러니 언제라도 살림이 좋아지면 너는 학교에 가야 한다."

나 역시 당장은 형편이 어려워 과일을 팔고 있지만 어느 때인가는 학교에 다시 다닐 수 있으리라는 기대를 갖고 하루하루를 지내던 참이었다. 그러나 그 소년공들을 만나고부터는 학교에 가서 공부를 할 것인가 공장에서 일을 할 것인가로 마음이 크게 흔들리기 시작했다.

내가 꼭 공부를 해야 하느냐, 그렇지 않으면 공장에 들어가 기술을 배워야 하느냐의 문제를 놓고 여러 날 동안 고민이 이어졌다. 집안의 장래를 위해 나만이라도 공부를 시키겠다는 부모님을 생각하면 공장에 들어가려는 용기가 사라지곤 했다. 그러나 한편으로 나 때문에 가족들이 모두 고생을 견뎌야 할 것을 생각하니 그 또한 참기 어려웠다.

결국 가족들 누구에게도 상의하지 않고 '전주주물공장'을 찾아갔다. 일본인 주인인 고바야시小林는 나를 보더니 몇 번씩이나 물었다.

"쇠붙이 다루는 일은 무척 고되고 어려운 일인데 어린 네가 할 수 있겠느냐?"

"물론입니다. 염려 마세요."

나는 큰 목소리로 다짐했다.

고바야시는 일본인이면서 우리말을 곧잘 했는데, 나는 그저 이 공장에서 써주기만 한다면 아무리 힘든 일이라도 해내겠다며 취직을 간청했다. 당돌하면서도 집요한 나의 태도가 밉지는 않았던지 일본인 주인은 나를 받아 주겠다고 응낙했다. 그러고는 나의 가족 사항을 자세히 물어보았다.

나는 그동안 보통학교 4학년을 중퇴한 일이며 현재 내가 처한 어려운 사정까지를 하나도 숨김없이 모두 말하였다. 한참 동안 내 얘기를 듣고 있던 고바야시는 결심이 섰는지 내 등을 두드려 주며 이렇게 말했다.

"내일부터 공장에 나와 열심히 기술을 배워 요다음에 이 나라에서 1등 가는 기술자가 돼라."

그 순간 뛸 듯이 기뻤다. 나의 어려운 처지를 이해하고 일자리를 주었으니 어찌 고맙지 않겠는가. 그에게 감사의 인사를 하고 집으로 돌아왔다.

집에 돌아온 나는 이날 있었던 일을 어머니께 말씀드려야 좋을지 안 드려야 좋을지를 몰라 망설였다. 어머니께서는 내가 공부 열심히 해서 쓰라린 가난을 극복하고 사회에 보람된 일을 하여 기울어진 가문을 일으켜 세워 주기를 바라셨다. 이런 어머니의 뜻을 저버리게 되었으니 차마 공장에 다니겠다는 말씀을 드릴 수가 없었다.

그러나 어차피 엎질러진 물이었다. 그날 밤 아버지가 저녁을 드시고 마실 나간 틈을 타서 조용히 어머니께 주물공장을 다녀온 일이며 그에 대한 나의 포부를 말씀드렸다.

"어느새 네가 그런 생각들을 하게 되다니, 어찌 내 마음이 아프지 않겠느냐. 부모를 잘못 만나 네가 이 고생을 하는구나. 남의 집 애들처럼 좋은 옷에 맛난 음식 한번 입지도 먹지도 못하고 가난한 부모를 돕겠다고 공장에 들어간다니 이게 모두가 내 잘못이다."

어머니는 나를 당신의 품에 꼭 안으시고는 나의 두 손을 꼭 쥐기만 하셨다. 어머니의 몸은 떨고 있었다. 어머니는 낮은 목소리로 중얼거리셨다.

"승관이 너는 꼭 공부를 해야 되는데, 공부를 해야만 나중에 쓸모 있는 사람이 될 텐데…."

일이 이렇게 되긴 했지만 나는 어려서부터 기계 다루는 일을 남달리 좋아했다. 그래서 공부를 하게 되더라도 기계 계통의 공부를 하리라고 마음먹곤 했었다.

이렇게 해서 다음 날부터 전주주물공장에 출근하게 되었다. 그 공장에서는 솥, 쟁기, 보습, 아궁이 등을 만들었다. 기능공이 10명쯤 되었고, 나 같은 이른바 시다바리(견습공) 소년들이 14명 더 있었다.

일은 숙련공 1명당 소년공 1~2명이 조를 이루어서 했다. 내가 처음 맡은 일은 구워져 나온 제품에 붙어 있는 쇠붙이 조각이나 흙을 청소하는 단순작업이었다. 당시 이곳 숙련공들이나 우리는 월급을 받는 게 아니고 하루 일하는 양에 따라 일당을 받았다. 숙련공의 경우 하루 동안 쟁기나 보습을 100개 정도 만들고, 일당으로

2원 25전을 받았다. 그리고 나 같은 소년공들에게는 그들이 받은 일당 가운데서 25전을 떼어 주었다.

첫날 나가서 그 25전을 받았다. 일은 새벽 3시부터 저녁 7~8시까지 계속됐는데, 나같이 어린 소년에게는 무척 힘든 작업이었다. 그래서 대부분의 사람들은 아침밥과 점심을 싸 와서 공장에서 먹고 일을 했다. 그러나 나는 그럴 형편도 못 되었다.

공장의 식사시간이 되면 짐짓 밥을 먹는 체하며 우물가로 나갔다. 거기에서 샘물에 목을 축이거나 손발을 대충 씻은 뒤 남들이 안 보이는 헛간이나 공장 뒤편에서 시간을 보냈다. 그 시간 동안 나는 밥을 먹는 대신 어떻게 하면, 그리고 언제쯤 나도 숙련공이 될 수 있을까 하고 궁리했다.

입사해서 사흘 동안을 고되게 일하고 나니 다음 날 아침 세숫대야에 시뻘건 코피가 마구 쏟아졌다. 세수를 하다 말고 방으로 들어와 쑥을 비벼 코를 막았다. 그런 내 모습을 보신 어머니께서는 연방 눈물을 훔치셨다.

이 무렵부터 걱정이 된 어머니는 매일 새벽이면 나보다 먼저 일어나 정화수를 떠놓고 자식의 무사안녕을 기원하셨다. 지금 돌이켜 보면 그때부터 하루도 빼지 않고 올리신 어머니의 치성 덕택에 오늘날의 화천이 생겨나고 내가 이처럼 건강하게 기업을 일으킬 수 있지 않았나 싶어 새삼 뼛속 깊이 감사하게 된다.

당시 우리 어머니의 정성은 동네 사람들의 칭송이 자자할 정도로 열성이셨다. 나도 어머니를 따라 어려운 일이 있으면 부처님께 불공을 드렸다. 이런 불공 덕분인지 처음에 몇 번 코피를 쏟은 후로는 별 탈 없이 공장 일을 계속할 수 있었다.

이때부터 드리기 시작한 불공을 지금까지 나는 계속하고 있다. 특별히 종교적인 차원에서 극락왕생을 기원한다기보다, '공든 탑이 무너지랴'는 속담도 있듯이 매사에 공을 들이고 정성을 다하면 결과도 좋을 것이란 믿음 때문이다.

또한 나는 지금까지 낚시라든가 사냥 같은 취미를 핑계로 살상殺傷을 해본 일이 없다. 평소에도 내 집무실에 불상을 모셔 놓고 지극정성이 필요하겠다 싶으면 향 피워 묵념하곤 했다. 집사람이 불교를 신앙하는 것도 나의 이런 성향과 무관하지 않을 것이다.

얘기가 잠시 빗나갔지만 나는 그때 공장에서 품삯으로 받는 25전을 꼬박꼬박 어머니께 드렸다. 어머니는 이걸 받아서 쌀도 사고 반찬도 사고 아버지의 옷가지도 사셨다. 그때마다 어머니는 내가 대견스러운지 꼭 껴안아 주곤 하셨다. 어머니가 껴안아 주실 때면 내 마음은 한없이 기뻤다.

일당 숙련공 시절

내가 버는 돈으로 식구들의 식생활이 다소나마 해결된다는 보람에 아침부터 점심까지 굶으면서도 하는 일이 피곤하거나 고된 줄을 몰랐다. 사람은 누구나 남보다 잘살고 행복하기를 원한다. 그런데 그 행복의 조건은 무엇일까? 나는 그것이 자신이 처한 현실에 대한 만족에서 오는 것이라고 생각한다. 그때는 정말 행복했다. 그리고 어머니께서도 내가 벌어다 드리는 그 적은 액수의 돈만 가지고도 마음이 든든하고 배가 부르다며 기뻐하셨다. 더 열심히 일해서 더 많은 일당을 받아다가 어머니께 드리고 싶었다.

공장에서 쉬는 시간에도 손에서 일을 놓지 않았다. 어떻게 하면 좀더 좋은 물건을 만들까 하고 다른 사람들이 만든 물건과 비교해 가면서 남에게 뒤지지 않으려고 애를 썼다. 그렇게 하니까 서로 내 밑에서 배우려고 밥도 사고 과자도 사면서 나를 따랐다.

어느덧 열아홉 살이 되었다. 주인은 내 일당을 25전에서 45전으로 올려 주었다. 쉬고 계시던 아버지께서도 집주인의 주선으로 전주에 있는 정미소에 일자리를 얻어 나가시게 되었다.

이때부터는 나도 도시락을 싸들고 다닐 수 있게 되었다. 이제는 사람들의 눈을 피해 우물가를 배회하거나 뒷간에 숨어서 시간을 보낼 필요가 없게 되었다. 처음 도시락을 싸간 날 그것을 여봐란듯이 펼쳐 놓고 먹던 때의 당당한 기분을 나는 잊지 못한다.

돌이켜 보면, 일본인들은 참으로 잔인했다. 그들은 우리 조선사람을 사람으로 보는 게 아니라 노예나 짐승으로 취급한 것 같다. 그들은 조선사람들을 뼛골 빠지게 부려서 만든 물건을 조선시장에 내다 팔아 큰돈을 벌고 있었다. 그러면서도 대부분의 종업원들에게는 겨우 입에 풀칠이나 할 수 있는 일당을 주었다.

그들이 공장에서 조선사람인 우리를 대하는 태도를 보면 정말 그들도 인간인가 싶을 때가 한두 번이 아니었다. 주물공장은 지금도 마찬가지지만 하루 종일 쇳물이 펄펄 끓는 불구덩이 속이다. 그래서 뜨거운 쇳물에 언제 어디를 델지 모르는 위험이 늘 도사리고 있다. 조심을 한다고 하지만 공장에서는 손가락이나 발가락을 데는 사고가 수시로 발생한다.

몹시 무덥던 여름날 한번은 이런 일이 있었다. 펄펄 끓는 쇳물바가지 통을 밖으로 옮기다가 잘못하여 내 농구화 위에 엎지르고 말았다. 그 바람에 내 오른쪽 발은 심한 화상을 입었다.

"권 상, 내가 언제 쇳물을 발에다 부으랬나? 나는 일을 시켰지 사고를 내라고는 안 했다."

갑자기 당한 일이라 어쩔 줄 모르고 쩔쩔매고 있는데 주인인 고바야시가 못마땅하다는 투로 나무라는 것이었다.

이 순간 온몸의 피가 거꾸로 치솟는 것 같았다. 당장이라도 달려들어 그를 때려눕혀 버리고 싶었지만 가까스로 참았다. 단지 코를 씩씩거리며 "저 왜놈 새끼를, 새끼를 그냥…" 하면서 욕을 퍼부었는데 고바야시는 못 들은 체하고 공장 밖으로 나가 버렸다.

이 사고로 넉 달 동안이나 고생했다. 사고가 나던 날 밤 내 오른쪽 발은 심하게 부어올랐다. 그리고 온몸에 옴 같은 물집이 피어올라 가렵고 아파서 견딜 수가 없었다. 병원에 찾아가 치료를 받을 형편도 못 되어 그냥 집에 누워 끙끙 앓을 수밖에 없었다.

내가 공장에서 다쳤다는 소식을 들은 재직 숙부가 완주에서 급히 오셨다. 그러고는 당신 집으로 나를 데려다가 의원을 불러 진찰을 받게 하고 화상에 좋다는 약들을 구해다가 치료해 주셨다.

이때 사람이 사는 울타리 안에는 유사시에 발 벗고 나서서 서두르는 친지가 있어야 하고 돈도 가져야 함을 깨달았다. 만약 나에게 그런 작은아버지가 안 계셨더라면 그때 어떻게 됐을까. 숙부님에 대한 고마운 정이 새삼 크게 느껴진다.

이 사고로 집에서 치료를 받는 넉 달 동안 일본인 주인은 한 번도 찾아온 일이 없었다. 마음속으로 너무나 괘씸하고 부아가 치밀어 다시는 그 공장에 가지 않겠다고 다짐했으나 몸이 낫고 보니 그 공장이 아니면 달리 갈 곳이 없었다. 아직 나는 특별한 기술자가 아니었다. 그동안 배운 것이라야 틀에 쇳물을 부어서 농기구 따위나 만드는 기술이 고작이었다.

하지만 지금 돌이켜 보면 그때 나의 기술은 그 방면에서 숙련공 수준에 이르렀던 것 같다. 해가 바뀌고 내 나이 스무 살이 되자 내 일당도 처음보다 3배나 올랐다. 일당이 오르는 만큼 생활도 나아졌다. 주인은 불평이나 불만 한 번 나타내지 않고 묵묵히 일만 하는 나를 붙잡아 두기 위해 이렇게 조금씩 일당을 올려 주었던 듯싶다.

그는 여간해서는 일당을 올려 주지 않았다. 자기한테 꼭 필요하다고 인정되는 사람에 한해서만 큰 생색을 내가면서 조금씩 올려 주곤 했다. 그의 이런 잔꾀를 아는 조선인 공원들은 알게 모르게 골탕을 먹이기도 했다. 주인이 잠시 공장을 비울 때나 일을 마치고 돌아갈 때 공장 안에 있던 공구나 쇠붙이 등을 훔쳐다 팔곤 한 것이다. 두말할 것도 없이 발각되는 날이면 그날로 공장에서 쫓겨나야 했다. 어떤 경우에는 경찰에 넘겨져 혹독한 고문을 당하기도 했다.

그러나 이같이 골탕 먹이는 행동의 당사자가 잡히는 경우는 거의 없었다. 다들 남의 물건을 훔쳐다 파는 행위가 잘못인 줄은 알았지만 그들은 절도를 한다기보다 일본인의 횡포에 반항한다고 생각했다. 그들은 그가 물건을 잃고 분에 못 이겨 미친 듯이 날뛰는 꼴을 즐겼던 것이다.

어쨌건 나는 한 번도 그런 일에는 가담하지 않았는데, 성격이 소심한 탓도 있었으리라. 하지만 더 큰 이유는 어렸을 적부터 어머니가 "사람은 언제 어디서나 정직해야 오래간다"라고 입이 닳도록 하신 말씀이 내 가슴에 새겨져 있었기 때문이다.

광주 파쁘 철공소에 발탁

내가 전주주물공장에 취직하여 일한 지도 어언 8년이 가까워지고 있었다. 나이가 들고 기술이 늘면서 수입도 그만큼 많아졌다. 처음 들어올 때만 해도 하루 일당은 25전이 고작이었다. 이것이 대충 2~3년마다 배로 올라 24세가 되었을 무렵에는 2원을 받게 되었다. 어느덧 상당한 액수의 대우를 받게 된 것이다. 그러니까 일당 2원을 받는다면 한 달 30일을 하루도 쉬지 않고 일할 경우 60원이라는 높은 수입을 올릴 수 있었다.

하지만 일감이란 항상 쌓여 있는 것이 아니었다. 일이 있을 때만 그때그때 일당을 받았기에 평균해서 한 달에 30~40원 벌이는 되었다. 이 무렵 쌀 한 가마 값이 12원 정도 했으니까 분명 적은 수입은 아니었다.

당시 나에게 무엇보다도 중요한 것은 수입도 수입이려니와 내 적성에 맞는 기계 다루는 일을 한다는 사실이었다. 남들은 이 일에 쉬 싫증을 내고 게으름 피우기 일쑤였다. 그러나 나는 이 일이 하면 할수록 재미있었다.

어쩌다가 기분 상한 일을 당하거나 복잡한 일로 우울할 때도 주물을 만지거나 기계를 다룰라치면 잡념이 말끔히 가시곤 했다. 나스스로도 '나는 기계 인생인 것 같다'는 생각을 했을 뿐만 아니라 주위 사람들이 "저놈은 기계를 만지려고 세상에 태어났다!"며 칭찬인지 빈정거림인지 모를 얘기들을 할 때도 싫지가 않았다.

요즘도 가끔 '만약 그때 내가 주물공장이 아닌 다른 공장에 들어갔더라면 어찌 됐을까! 과연 지금처럼 성공할 수 있었을까?' 하는 생각을 하면서 감사한 마음으로 살아가고 있다.

스무 살 때쯤의 어느 봄날이었다. 공장에 일감도 없고 특별히 손볼 일도 없는 한가한 시간이었다. 그때 공장 친구들과 어울려서 유명하다는 역술가를 찾아가 난생 처음 사주를 본 적이 있다.

깊은 산중의 도사 같은 모습을 한 그 노인은 나를 보자마자 손부터 덥석 잡더니 외쳤다.

"평생을 쇳물과 함께 지낼 팔자여."

내가 놀라 눈을 크게 떠 그를 바라보자 그는 말을 덧붙였다.

"더 큰 곳으로 나가야 돈도 벌고 이름도 얻을 수 있겠네. 때가 되면 자네를 찾는 귀인이 나타날 테니 그 사람을 따라가서 더 많은 일을 배우도록 하게."

그 노인의 말을 곧이곧대로 믿은 것은 아니지만 적어도 내 적성과 포부를 꿰뚫어 보는 것 같아 이후 더욱 열심히 일했다.

그가 말한 귀인은 좀처럼 나타나지 않은 채 1년이 가고 2~3년이 지났다. 어느 봄날, 공장 안에 풍문이 돌았다.

"광주의 큰 공장에서 기술자를 데려가기 위해 사람이 왔다."

그 소문을 듣자마자 왠지 모를 흥분에 사로잡혔다. 흥분이 채 가시기도 전, 그날따라 일찍 일을 마치고 공장 문을 막 나서려는 참이었다. 누군가가 나를 찾아왔다는 것이었다.

그는 광주 도모에鞆 철공소鐵工所에서 일한다는 윤대복이라는 사람이었다. 일본말 발음으로는 '도모에'이지만 한자 파鞆를 쓰므로 '파 철공소'라고 부르는 편이 편했다. 윤 씨는 나를 공장 근처 주막으로 데리고 갔다. 그는 나를 비롯해서 전주에 있는 공장 기술자들을 발탁하러 온 사람이었다.

그는 파 철공소가 주로 전남도청 공사를 하청 받아 하는데, 이번에 큰 물량을 맡았지만 기술자가 부족하니 함께 광주로 가자고 했다. 조건은 실로 파격적이었다. 1인당 150원의 선금 외에 매월 150원의 수입을 보장하겠다고 장담했다.

한 달 내내 일해 봤자 50원 벌기가 어려운 것이 전주에서의 실정이었다. 도대체 파 철공소라는 데는 무슨 일이 그렇게도 많은 곳인가 싶었다. 그때 역술가 노인네의 말이 문득 떠올랐다. 광주로 가기로 마음먹고 선금 150원을 받아 집으로 돌아와서는 부모님과 상의했다.

아버지께서는 나의 광주행을 한사코 만류하셨다.

"일가친척도 없고 아는 사람도 없는 광주에까지 뭣 하러 가려고 하느냐. 여기서 식구들과 함께 지내자."

그러나 어머니의 판단은 아버지의 뜻과는 달라서 광주로 나갈 것을 권하셨다.

"사람도 크게 되려면 서울로 가는데 승관이도 앞으로 기술자로 대성하려면 좀더 큰 곳으로 가야 되지 않겠느냐."

어머니 말씀에 따르기로 하고 선금으로 받은 150원 가운데 100원을 어머니께 드렸다. 그리고 50원은 만일을 대비한 비상금으로 지닌 채 윤 씨와 약속한 3월 15일 광주로 향했다. 함께 발탁된 동료 기술자 서종섭, 서남근, 김영덕, 이종훈 씨 등과 함께였다.

지금은 전주와 광주가 불과 1시간 정도의 가까운 거리지만 1940년 당시만 해도 기차로 5시간을 달려야 했다. 광주행 기차 안에서 내 마음은 기대와 불안감이 교차하여 복잡했다.

'어떻게 해서든지 기술을 더 배워서 우리 집안을 일으켜 세우겠다!' 이런 포부와 함께 어떤 일들이 기다리고 있을지 모르는 앞날에 대한 걱정이 그것이었다.

우리는 밤 8시가 조금 넘어 광주역에 도착하였다. 윤 씨의 안내를 받아 지금의 금남로 5가에 있는 메이지마치明治町라는 하숙집에 여장을 풀었다. 그러고는 밖으로 나와 공장도 한 바퀴 둘러보고 금남로 등 시내 여기저기를 돌아다녔다.

오늘의 광주는 인구 130만 명이 넘는 광역시로 성장했지만 그때만 해도 전주나 별반 다를 게 없었던 것으로 기억된다. 한 가지 다른 것이 있다면 광주 사람들이 전주 사람들에 비해 다소 악착스럽고 진취적이며 부지런하다는 인상을 받았다는 것이다.

그리고 내가 광주와 '연때'가 맞아 그랬는지 전주 사람들이 타지방 사람들에게 다소 배타적이라면 광주 사람들은 우리 같은 외지 사람들까지도 따뜻하게 감싸 주는 듯싶었다. 또한 광주는 무등산이 풍기는 포근한 인상 덕분인지 인심도 좋은 것 같았다. 이때 인연을 맺은 광주에서 60년 가까운 세월을 살아왔다.

눈 내린 광주의 포근함

광주에서 맞은 첫날 아침, 그날은 하얀 눈이 쌓여 있었다. 서설瑞雪이라는 느낌이 들어 상쾌하였다. 1940년 3월 16일, 우리는 당시 광주시 대의동 17번지에 있던 파 철공소로 첫 출근을 했다.

주인은 일본인 시게우라繁浦貞次郎이며 파 철공소에서는 주로 전남도청 토지개량과에서 발주한 저수지나 큰 강의 농업용수를 막는 철제 수문水門 등을 하청 받아 제작하고 있었다.

우리는 첫날부터 곧바로 철제 수문 제작에 들어갔다. 일감은 전주와 마찬가지로 청부로 맡겨졌다. 쇠를 녹여 수문 1개를 만드는 데 얼마라는 식의, 일종의 도급 방식이었다. 많은 돈을 벌려면 자연히 많은 양을 소화하지 않으면 안 되었다.

남들은 보통 아침 8시에 출근해서 저녁 6시면 퇴근했다. 그러나 나는 1시간 먼저 공장에 나와 일하고 퇴근 또한 1시간 이상 늦추었다. 그러면서도 내가 만든 물건을 주인은 항상 마음에 들어 했다. 내가 특별히 기술이 더 뛰어났던 것은 아닐 것이다. 단지 똑같

파 철공소 시절의 권승관 회장

은 물건이라도 나는 끝마무리까지 열과 성을 다했고, 내 손을 거친 제품은 다시 손볼 필요가 없도록 신경을 썼을 뿐이다.

한 달을 일하고 나니 약속대로 150원이란 수입이 손에 들어왔다. 나는 하숙비 12원을 제외하고는 한 푼도 다른 데 쓰지 않았다. 이렇게 석 달이 지나자 400원이 넘는 큰돈이 쌓였다.

석 달째 일한 삯을 받던 날 전주에서 온 일행들과 함께 공장 부근의 대폿집에 모였다. 우리는 뚝배기에 막걸리를 가득 부어 마시면서 호기롭게 말했다.

"얼마 안 가면 우리도 한밑천 잡을 수 있겠다!"

그러나 그날 밤 막걸리를 마시며 기대했던 '한밑천'의 꿈은 다음 날 오후에 여지없이 깨지고 말았다. 일본인 주인 시게우라는 우리 다섯 사람을 사무실로 부르더니 청천벽력 같은 말을 하는 것이었다.

"이제 일감이 떨어졌다. 그래서 다섯 명을 모두 데리고 있을 수가 없으니 두 사람만 남기고, 세 사람은 다른 데 취직을 시켜 주겠다."

그동안 우리가 너무 열심히 일한 탓에 일감이 바닥나 버린 것이다. 우리는 한동안 서로의 얼굴만 쳐다볼 뿐 무슨 말을 해야 할지 알 수 없었다. 한참 후 나는 정신을 가다듬고 일본인 주인에게 말했다.

"그러면 우리 중에 누구를 남기고 누구를 내보낼 건지 말해 주시오."

"권 상이 함께 일하고 싶은 사람을 한 사람만 고르시오."

뜻밖에도 시게우라는 이렇게 말하고는 횡하고 밖으로 나가 버렸다.

참으로 난감했다. 모두들 하숙집에서 의논해 보기로 하고 공장 문을 나섰다. 무거운 발걸음으로 하숙집에 도착할 때까지 누구 한 사람 말을 꺼내지 못했다. 저녁도 먹는 둥 마는 둥 하고 내 방에 모였다.

한동안의 침묵이 흐른 뒤, 서종섭이 먼저 전주로 돌아가겠다고 입을 열었다. 뒤이어 김영덕, 이종훈도 같이 전주로 가겠다는 뜻을 밝히면서 서남근과 나에게 악수를 청하였다. 그들은 모두 솜씨가 좋고 기술이 있기 때문에 어딜 가도 밥벌이는 할 수 있는 친구들이었다.

광주라는 생판 모를 타향에 함께 왔다가 그렇게 헤어진다는 것이 여간 가슴 아프지 않았다. 우리는 그날 밤 하숙집 근처 대폿집에서 막걸리 잔을 기울이며 석별의 아쉬움을 달랬다.

광주에 남은 나와 서남근은 도급이 아닌 월급을 받고 일하게 되었다. 월급은 60원이었다. 전에 비하면 3분의 2가 깎인 액수였지만 일감이 없다는 데는 어쩔 도리가 없었다.

당시 광주에는 내가 일하는 파 철공소 말고도 6개의 철공소 계통 공장이 더 있었다. 자동차 등의 부품을 만드는 야타니八谷, 그리고 대인동 구舊 시외버스 공용터미널 부근엔가 야타니가 직접 운영하는 신발공장이 있었고, 겸하여 농기구 수리소인 야타니 공장이 지금의 대성약국 아래에 있었다.

또 옛 광주여객 옆에 건축자재를 생산하는 시오다鹽田 공장이 있었고, 지금의 신한은행 광주지점 부근에 단지丹治철공소가 있었으며, 대인동 파출소 옆에 군수물자를 생산하는 정기흥업精機興業 회사 등이 있었다. 남광주역 부근엔가 철공소가 하나 더 있었는데, 지금은 그 이름이 기억나지 않는다.

우리는 한 달에 이틀씩은 쉬었다. 쉬는 날이면 시내도 돌아다니고, 광주공원이나 사직공원에 나가 시가지를 바라보면서 '나는 언제쯤 내 집을 가질 수 있을까' 하는 생각에 잠기기도 했다. 때로는 무등산에 올라가 타향살이의 피곤을 달래거나 그리운 고향을 그려 보곤 했다.

3장
근면이 가져다준 안정

가족들의 광주 이사와 결혼

파 철공소로 오고 난 후부터 나의 생활은 점차 안정을 찾았다. 그 무렵 월급 60원은 꽤 큰 수입이었다. 대부분의 조선사람들은 물론이고 어지간한 일본인 종업원보다 많은 수입이어서 중류사회의 생활은 할 수 있는 위치에 오르게 되었다. 매월 받는 봉급 가운데 하숙비와 약간의 용돈만을 남겨 놓고 40원 정도씩을 전주에 있는 가족들에게 보냈다.

1년 뒤인 1941년 3월에는 전주에 있는 가족들을 광주로 모셔왔다. 공장 일도 좋고 돈 버는 것도 좋았지만 가족과 헤어져 지낸다는 것이 견디기 어려워서였다. 이때 가족에 대한 그리움이 어떤 것인지를 뼈저리게 느낄 수 있었다. 특히 쉬는 날이면 떨어져 있는 어머니와 아버지, 동생들의 얼굴이 떠올라 당장에라도 전주로 달려

가고 싶은 마음이 굴뚝같았다. 무엇보다 혼자 고생하시는 어머니를 떠올리면 더 이상 헤어져 산다는 것이 큰 불효인 것만 같았다.

아버지는 한사코 전주에서 살고 싶다 하셨지만 나는 간곡히 설득하여 광주행을 결정하였다. 그리하여 산수동 근처에 방 한 칸을 얻어 가족들이 모두 모이게 되었다. 여섯이나 되는 식구가 거처하기에는 몹시 비좁은 공간이었다. 그러나 한 가족이라는 마음에 불편한 줄 모르고 행복하게 지낼 수 있었다.

지금도 변함없는 생각이지만 행복이란 이런 것이 아닐까 싶다. 여섯 식구가 단칸방에서 생활한다는 것이 불편이야 했지만, 서로 주어진 형편에 만족하면서 오순도순 정답게 지내는 것, 그 이상의 무엇에서 더 큰 행복을 느낀 기억이 내게는 없다.

인간의 행복과 불행이란 각자 마음먹기에 달려 있는 것이지 결코 화려한 집과 좋은 옷, 맛있는 음식에 있지 않다는 사실을 나는 지나온 생애를 통해서 깨달았다.

이 무렵 부모님과 가까운 친구들은 이제 입에 풀칠이나마 할 수 있고 그만하면 직장에서 출세도 한 셈이니 장가를 들어야 한다고들 성화였다. 벌써 내 나이도 스물네 살이고 보니 나 스스로도 결혼은 때늦은 감이 없지 않았다. 그 시절만 해도 열 대여섯부터 시작해 대개는 스물이 되기 전에 결혼하던 때여서 스물네 살이면 한참 늦은 축에 속했다.

결혼 초 가족사진

　그러나 아직 내 형편에 결혼은 얼른 엄두가 나지 않았다. 사실 직장만 있었지 벌어 놓은 것이라곤 없었기 때문이다. 그런데 내 결혼 문제는 뜻밖으로 순조롭게 풀려 나갔다.

　당시 우리가 세 들어 살던 집주인이 나를 보고 누차 결혼을 권유했고, 자기 이모네 딸을 나에게 시집보내기 위해 우리 부모님과 이미 약조를 이룬 것이었다. 그 무렵 어머니는 오래전부터 내 외종조부가 "승관이의 배필은 여덟 살 차이가 나는 사람이라야 오래 산다"고 하신 말씀을 곧잘 들려 주셨다.

신부 쪽 부모님은 신랑 될 사람이 딸 굶기지나 않겠나 해서 두 분이 번갈아 가면서 나의 일하는 모습을 몰래 지켜보고 갔다 한다. 장인 되신 분은 작업장에서 시커먼 작업복을 입고 땀 흘리며 일하는 나를 보고 집에 돌아가 "무등산에 내다 버려도 제 밥벌이는 할 놈"이라고 하시면서, "안동 권씨면 그것만으로 양반이 아니냐"며 두루두루 만족해 하셨다고 한다.

그래서 신부 얼굴 한 번 못 보고 결혼을 하게 되었다. 1941년 12월 집주인의 중매로 광산군 서창면에서 농사를 짓는 지참봉 응현池應鉉 씨의 장녀인 지갑례池甲禮 규수와 처가에서 결혼식을 올렸다.

일본인 주인에게 100원을 빌리고 내가 가지고 있던 돈 50원을 합쳐 150원을 가지고 결혼식을 올렸다. 말이 결혼식이지 찬물 한 그릇 떠놓고 올리는 혼례나 다름없었다.

하숙을 쳐서 살림을 돕다

나의 결혼으로 우리 식구는 일곱으로 늘어났다. 하루는 어머니께서 집을 한 채 사서 하숙을 쳐보는 것이 어떻겠느냐고 넌지시 나의 의중을 떠보셨다. 어머니는 나 혼자 벌어 일곱 식구를 거느리기 힘들 테니 하숙이라도 쳐서 나의 짐을 덜어 주고자 하셨던 것이다.

문제는 돈이었다. 궁리 끝에 다시 한 번 공장 주인에게 부탁해 보기로 하였다. 큰 기대는 하지 않았는데 주인은 마치 나의 제의를 기다리고 있었다는 듯 흔쾌히 돈을 빌려주었다. 그가 비록 조선을 강점하고 있는 일본인들 중 한 사람이기는 했지만 그때만큼은 그렇게 고마울 수가 없었다.

일본인 주인에게서 무이자로 빌린 돈으로 처음에는 공장 근처에 집을 사려고 했다. 그러나 당시 공장이 있던 대의동과 인근의 장동, 광산동, 충장로 1~3가, 금남로 1~3가 등 중심가의 집들은 모두 일본인들이 차지하고 있으면서 조선사람들에게는 일절 팔지를 않았다. 그래서 하는 수 없이 그때 살고 있던 산수동 근처에다 집을 장만했다. 대지 70평에 네 칸짜리 한옥이었는데, 지금 생각해도 상당히 큰 집이었다. 여기다 새로 방 두 칸을 달아냈다. 두 칸은 우리 식구들이 살고 네 칸에 하숙생을 받았다.

이 무렵 하숙생은 내가 다니는 파 철공소 직원과 광산농협 직원, 그리고 교사, 학생 등이었다. 하숙을 시작할 무렵 식량사정이 극히 나빠졌는데, 일제가 태평양전쟁을 일으키면서 조선 땅의 식량을 대거 일본으로 징발해 갔기 때문이다.

다행히 나는 일본인 공장에 다니고 있어서 이 공장에 할당된 쌀을 받아 겨우 생활은 할 수 있었다. 그러나 하숙을 치는 일은 무척 힘이 들었다. 사실 말이 하숙이지 변변한 살림살이 하나 없어서 사과 궤짝을 엎어 놓고 찬장으로 쓸 정도였으니 오죽했겠는가.

밥 지을 때는 보리쌀을 갈아서 쌀과 섞었는데, 이걸 가는 돌확이

제법 값이 나가서 고민이었다. 그래서 매일 이웃집 돌확을 빌려 사용했는데, 미안하기도 하고 눈치가 보였다. 결국 큰맘 먹고 저지르는 심정으로 돌확을 사들였다. 이걸 사다가 집안에 들여놓았을 때의 뿌듯한 기분을 지금도 잊지 못한다.

나는 하숙 칠 식량을 대기 위해 자전거를 타고 친구가 싸전을 하는 송정리까지 가서 쌀을 사다 날라야 했다. 내가 사온 쌀은 이른바 야미(뒷거래)로 사는 것이어서 싣고 오다가 일본인 순사에게 들키는 날에는 쌀은 말할 것도 없고 자전거까지 빼앗겨야 되는 판이었다.

한번은 돌고개 부근에서 일본인 순사에게 들키고 말았다. 순사는 겁에 질려 어쩔 줄 모르는 나를 다짜고짜 주재소로 끌고 갔다. 끌려가던 도중 묘안이 떠올랐다. 평소 우리 공장에 자주 놀러 오는 일본인 형사가 있었는데 그의 심부름이라고 둘러댄 것이다. 그러자 방금 전까지 험상궂던 그의 얼굴이 갑자기 펴지면서 왜 진작 말하지 않았느냐며 빨리 가라고 돌려보내 주었다. 이후로도 그 일본인 형사 이름을 팔아서 위기를 모면한 적이 몇 번 더 있었다.

일본인 사장의 신임

이 무렵 동생 승만이가 집에서 놀고 있었다. 그래서 내가 다니는 파 철공소 선반부에서 기술을 배우도록 주선했다. 그때 공장 선반 책임자는 나를 전주에서 데려온 윤대복 씨였다. 나는 동생을 윤 씨에게 맡기며 기술을 가르쳐 달라고 부탁했다.

그런데 어찌된 일인지 윤 씨는 다른 애들한테는 기술을 가르쳐 주면서도 유독 승만이한테는 석 달이 넘도록 허드렛일만 시키는 것이었다. 보다 못한 내가 윤 씨를 찾아가서 이유를 따지다가 한바탕 싸운 적이 있었다. 이런 일이 있고 난 후부터 윤 씨와 나 사이에는 보이지 않는 앙금 같은 것이 쌓이게 되었다.

평소 윤 씨는 일본인 사장이 나를 편애한다는 피해의식에 사로잡혀 있는 것 같았다. 한번은 주인이 고향에 다녀와야겠으니 나더러 공장의 모든 책임을 맡아 달라고 한 적이 있었다. 그는 특히 직원들이 물건을 몰래 빼내는 일이 없도록 철저히 감시해 줄 것을 당부하고 나의 다짐까지 받은 뒤 길을 떠났다.

그런데 주인이 없는 사이에 일이 생겼다. 땔감이 무척 부족했던 시절이라 도회지의 일반 가정에서는 흔히 톱밥이나 맵저(왕겨) 등을 땔감으로 사용했다. 하루는 어머니가 톱밥이나 맵저를 때려는데 공장에서 풀무를 하나 만들어 줄 수 없느냐고 하셨다. 이 땔감들은 축축해지기가 일상이어서 불길이 잘 일지 않을 뿐 아니라 연기가 많이 났다. 풀무가 큰 도움이 되지만 물건이 귀해서 구하기가 어려웠다.

어머니가 모처럼 하시는 부탁이라 안 된다는 말씀은 못 드렸지만 속으로는 '하필 주인이 없을 때 이런 부탁을 하신담' 하면서 께름칙한 마음을 떨칠 수 없었다. 나는 점심시간을 쪼개 하루 30분씩 20일간에 걸쳐 풀무 한 대를 완성시켰다.

막상 만들기는 했으나 얼른 집으로 가져갈 엄두는 나지 않았다. 궁리 끝에 공장에서 함께 일하는 주인 조카인 기쿠지菊口에게 자초지종을 설명하고 풀무 값으로 5전을 맡긴 뒤 집으로 가져왔다. 그리고 얼마 안 있어 주인이 돌아왔다.

주인은 돌아온 길로 나를 사무실로 부르더니 따지듯이 물었다.

"너를 믿고 모든 일을 맡겼는데 그런 네가 풀무를 만들어서 몰래 집으로 가져갔다니 어찌된 일이냐?"

풀무 만드는 것을 처음부터 지켜본 선반부 윤 씨가 주인이 돌아오자마자 일러바쳤으리란 생각이 언뜻 들었다. 아니나 다를까, 내가 있었던 일을 사실대로 얘기하자 주인도 윤 씨가 일러 줘서 그리 알았노라고 하는 것이었다. 그 길로 윤 씨를 찾아가서 한바탕 싸움판을 벌이고 헤어졌다.

그 다음 날이었다. 아직 화가 안 풀린 윤 씨가 출근하자마자 주인집으로 쫓아 들어가 담판을 요구한 모양이다.

"나를 택하든지 승관이를 택하든지 양자택일을 하시오. 승관이를 내보내면 내가 있을 것이고 승관이를 두신다면 내가 나가겠습니다."

그러나 주인은 윤 씨에게 의외로 냉담하게 대한 모양이다.

"난 권 상을 잘 압니다. 그를 내보낼 생각이 없으니 당신이 알아서 하시오."

윤 씨는 그날로 짐을 챙겨 공장을 떠나 버렸다. 윤 씨가 떠나자 주인은 공장의 모든 책임을 나에게 맡겼다. 나는 그때부터 물건의 주문이며 제작, 수금, 공장 직원들의 관리 등 공장 내의 전반적인 일들을 모두 맡아 하게 되었다.

이때 파 철공소에는 선반 설계기술자로 다나카田中란 사람이 있었다. 나는 이 사람과 친하게 지냈다. 특히 내 쪽에서 그를 가까이 했는데, 그는 "일류 기술자가 되려면 도면 보는 방법과 중심찾기를 알아야 한다"며 시간이 날 때마다 알아듣기 쉽게 가르쳐 주곤 했다.

그와 나 사이에 역시 껄끄러운 민족감정이 자리하고는 있었지만 나는 일을 배우는 관계에서만은 그런 것을 상관하지 않았다. 그리고 그도 나와 모든 일을 상의해서 처리했다.

다나카는 처음에는 쉬운 것부터 시작해서 점점 전문적이고 학술적인 것까지 단계적으로 나에게 가르쳐 주었다. 나는 어려운 것일수록 빨리 익히려고 열심히 외우고 풀어 보고 그려 보곤 했다. 퇴근 후 집에 돌아와서도 밤늦게까지 낮에 배운 것들을 복습했다.

그때의 노력으로 나는 도면 보는 방법이며 선線을 연출하는 방법 등을 터득하게 되었다. 이렇게 근 1년 동안 도면 기술을 배우고 나자 내 기술은 크게 향상되었고 모든 일에서 월등한 실력을 발휘할 수 있었다.

동생 승만이, 사고를 당하다

나와 함께 파 철공소에서 일하는 승만이도 점차 기술이 늘었다. 승만이의 기술이 향상됨에 따라 하는 일도 달라졌다. 선반부 허드렛일을 처리하던 단계를 넘어 직접 원동기를 다루는 더 어려운 일이 맡겨졌다. 그만큼 주인의 인정을 받았다는 증거였다.

어린 승만이에게 힘에 겨운 일이기는 했다. 하지만 승만이 역시 착실하고 꼼꼼해서 주인의 당초 의도대로 자신이 맡은 일을 제법 잘 해내고 있었다. 그러던 8월의 어느 날이었다. 금방이라도 비가 쏟아질 것 같은 무더운 날씨였다.

갑자기 "사람 살려!" 하는 비명 소리가 온 공장 안을 공포로 몰아넣었다. 하던 일을 멈추고 비명 소리가 난 쪽으로 황급히 달려갔다. 그런데 이게 웬일인가. 차마 볼 수 없는 광경이 내 눈앞에 벌어져 있었다. 동생 승만이가 원동기 피대에 한쪽 팔이 감긴 채 천장에 매달려서 살려 달라고 울부짖고 있는 것이 아닌가.

내 눈을 의심했다. 그러나 분명 원동기 피대에 한쪽 팔이 감긴 사람은 내 동생 승만이였다. 그 순간 온몸의 피가 거꾸로 솟구치고 모골毛骨이 송연했다. 너무도 놀란 나머지 한동안 무얼 어찌해야 좋을지 알 수 없어 허둥대기만 했다.

승만이의 비명 소리는 계속됐고 뒤늦게야 정신을 차린 나는 모터의 스위치를 껐다. 겨우 피대를 거꾸로 돌려 승만이를 빼냈을 때 피대에 감겼던 그의 왼팔은 시멘트 바닥에 내동댕이쳐진 엿가락처럼 부서져 있었다.

이 참담한 상황에서 나는 한동안 승만이를 부둥켜안고 "이제 우리는 어쩌면 좋으냐!"라고 외치며 통곡했다. 그러는 사이 내 몸도 온통 승만이의 부서진 팔에서 흘러내린 핏물로 흠뻑 젖고 말았다.

팔이 잘려 나간 승만이는 곧바로 병원으로 옮겨져 석 달이 넘도록 치료를 받았다. 그러나 한번 떨어져 나간 팔은 다시 되찾을 수 없었다. 이렇게 해서 내 동생 승만이는 영영 장애인이 되고 말았다.

승만이가 병원에서 퇴원하던 날 일본인 사장은 나를 부르더니 "앞으로 승만이를 내 자식처럼 생각하고 데리고 있을 테니 나에게 맡겨 달라"고 말했다. 불행 중에도 사장의 그런 마음 씀씀이는 고맙지 않을 수 없었다. 이후 승만이는 사장의 잔심부름을 거들며 계속 함께 일할 수 있었다.

4장
주인으로 새 출발

해방

태평양전쟁이 막바지에 이르자 일제는 우리 민족에 대한 인적·물적 수탈을 더욱 발악적으로 자행하였다. 수많은 한국인을 군수기지 노동자와 전선의 총알받이로 내몰았고, 가정의 필수품인 솥이나 농기구, 심지어 놋그릇, 숟가락, 소나무 뿌리에 이르기까지 가능한 모든 물자를 징발해서 전쟁의 마지막 제물로 삼았다.

이런 가운데 1945년 8월로 접어들자 파 철공소에는 저녁이면 일본인들끼리만 모여 밤늦도록 무슨 얘기인가를 나누는 일이 잦아졌다. 자세한 내용은 알 수 없었지만 상황이 일본에 불리하게 돌아가고 있다는 것만은 느낄 수 있었다.

이상한 낌새는 사장이 보관하던 우리나라 유명 예술인들의 그림이며, 글씨, 도자기 등 골동품들을 어디론가 실어 나르는 것만으로도 알 수 있었다. 평소 골동품들을 깨끗이 손질하여 보관하는 그를 보고 "이런 것들은 대체 뭣에 쓰려고 그리 소중하게 다루느냐"고 물은 적이 있었는데, 그는 서화書畵며 도자기 등 옛것에 대한 가치를 나름대로 설명해 주었다.

어쨌든 그들은 패망이 가까워진 것을 알아채고 자신들이 진귀하다고 여긴 우리 문화재들을 챙기기에 바빴던 것 같다. 내가 처음 이 공장에 왔을 때만 해도 서화 몇 점과 청자, 백자 등 도자기 몇 점이 고작이었는데, 자세히 보았더니 그가 내보낸 물건만 해도 4톤 트럭으로 1대분은 족히 넘을 것 같았다. 참으로 통탄하지 않을 수 없는 일이었다.

8월 15일, 광주는 동이 트면서부터 짙은 안개에 싸여 있었다. 이 날따라 거리 곳곳에는 이른 아침부터 사람들이 삼삼오오 모여들기 시작했다. 모두들 라디오에서 방송하기로 한 '금일 정오에 있을 천황(일왕)의 중대발표'에 관심이 쏠려 있는 것 같았다.

무거운 긴장감이 감돌기는 공장도 마찬가지였다. 중대발표에 대한 궁금증 때문에 다들 일손을 제대로 잡지 못한 채 사무실 쪽으로 귀를 기울이고 있었다. 오전 일이 거의 끝나 갈 무렵이 되자 평소 우리 주인과 가까이 지내던 일본인들이 하나둘씩 공장 안의 사장 자택으로 모여들기 시작했다. 평소와는 달리 모두들 풀이 죽어 있었으며 어딘가 초조해 보였다.

이윽고 정오를 알리는 시보에 이어 일왕 히로히토裕仁의 힘없는 목소리가 라디오에서 흘러나왔다.

"나의 선량하고 충실한 신민이여 ⋯. 나는 오늘 정부에 명하여 미국, 영국, 중국 및 소련 정부의 공동성명을 무조건 수락할 것을 통고하노라."

이렇게 시작된 일왕의 무조건 항복 방송은 한참 동안 계속되었다.

공장 안의 직원들은 그때까지만 해도 '항복'이니 '해방'이니 하는 말의 뜻을 잘 몰라 서로의 얼굴만 쳐다보았다. 그로부터 얼마후 시게우라 사장이 나를 불렀다. 도시락을 먹다 말고 사장에게 달려갔다.

"오늘부터 조선은 해방이 됐다. 그러니 오늘은 일을 하지 말고 집에 돌아가도 좋다. 그리고 조만간 이승만 박사와 김구 선생이 돌아와 나라를 세우는 일을 하게 될 것이다. 이 두 사람은 아주 훌륭한 분들이니 자네들이 잘 받들어 모셔야 할 것이다."

하도 갑자기 들은 얘기라 당장 그 자리에서 무슨 말을 해야 좋을지 몰랐다. 그저 '아, 이제 우리도 나라를 되찾는구나' 하는 생각뿐이었다고나 할까.

다시 공장으로 돌아와 직원들에게 사장의 말을 전하고 모두들 집으로 돌아가도 좋다고 했다. 그러고 나서 방금 전까지 하던 일을 마저 끝낼 요량으로 기계를 만지고 있는데 사장이 내게로 왔다. 그는 오늘은 그만 돌아가라고 하면서 한 가지 부탁이 있으니 내일 오

고난과 모색의 세월

전 10시까지 공장으로 좀 나와 달라고 했다.

다음 날 약속대로 오전 10시에 공장으로 나가자 사장은 나를 반갑게 맞으면서 석 달 전 곡성군 입면에 설치한 양수기 대금을 좀 받아다 달라는 것이었다. 때가 때인지라 본인이 나서지 못하고 나에게 부탁한 것이었다.

그 길로 자전거를 타고 곡성으로 향했다. 오전 10시에 출발해 오후 5시경에야 곡성군 입면에 다다를 수 있었다. 입면 사무소에 들어가려고 하는데 일본인 순사가 나를 불러 세우는 것이었다. 아마 그때까지도 시골에서는 광복이 된 줄 모르고 있는 것 같았다.

순경은 어디서 무엇 때문에 왔느냐며 꼬치꼬치 캐물었다. "당신은 광복된 줄도 모르느냐?"며 쏘아붙이고 싶었지만 행여 대금을 받는 데 지장이 있을까 싶어 꾹 참았다. 광주 파 철공소에서 면사무소에 공사대금 받으러 왔다고 했더니 친절하게 들여보내 주었다.

면장은 벌써 돈을 준비해서 기다리고 있던 참이라며 선선히 내주었다. 요즘 가치로 1억 원쯤 되는 거금이었다. 돈을 챙긴 후 면장에게 이렇게 일러 주었다.

"면장님, 이제는 우리나라가 광복이 되었소. 어제 일왕이 정식으로 무조건 항복을 하였답니다."

그때까지도 면장은 광복이 무슨 말인지를 모르고 오히려 묻는 것이었다.

"광복? 광복이라니 그게 무슨 뜻이오?"

나는 다시 이렇게 말하고는 면사무소를 나왔다.

"일본이 대동아전쟁에서 연합국에 져 항복했으니 이제 일본 놈 세상은 끝났단 말입니다."

그날은 이미 날이 저물어 가까운 마을에서 하룻밤을 자고 다음 날 광주 공장으로 돌아갔다. 돈을 확인한 사장은 무척 반가워하면서 나를 안방으로 데리고 들어가 이렇게 말했다.

"우리는 곧 본국으로 떠난다. 공장 안에 있는 것은 아무것도 손대지 않고 떠날 테니 당신이 맡아서 해봐라. 그리고 돈도 좋고 물건도 좋고 지금 당장 당신이 필요한 것이 있으면 말해 봐라."

나는 다른 것은 필요 없으니 공장만 맡겨 달라고 했다. 사장은 공장 문서와 함께 그동안의 정情이라며 일본도刀 한 자루도 내게 남겨 주었다. 그는 이런 얘기도 했다.

"나는 일본서 친구 기다무라北村와 함께 훈도시(아래속옷) 바람으로 조선에 건너왔다. 나는 파 철공소를 시작하고 기다무라는 식당을 열어 둘 다 많은 돈을 벌었으니 우리는 조금도 서운하지 않다. 오직 내 공장에서 열심히 일해 준 조선사람들에게 감사할 뿐이다. 더 이상 내가 바랄 것은 없으니 장차 자네가 이 공장을 맡아 뱃심 있게 운영을 해보라."

파 철공소 관리인이 되다

민중운동가 함석헌咸錫憲, 1901~1989 선생의 말처럼 우리의 광복은
정말 도둑처럼 갑작스레 찾아왔다. 광복이 되자 그동안 생활을 제
약해 오던 등화관제도 없어졌고, 배급을 주던 식량이나 각종 물건
들이 한꺼번에 쏟아져 나와 북적거렸다.

그러나 준비 없이 맞이한 광복이라 모두들 갈피를 잡지 못하고
우왕좌왕하였다. 나 역시 일본인 사장으로부터 공장을 넘겨받기는
했으나 어떻게 해야 좋을지를 몰랐다. 그래서 공장 문을 닫아 둔
채 세상 돌아가는 사정을 관망만 하고 있었다. 사장과의 언약도 있
고 해서 틈틈이 공장에 나와 기계를 손질하거나 사장의 이삿짐 싸
는 일이나 도왔다.

시게우라 사장은 1945년 10월 다른 일본인들과 함께 목포로 내
려가 배를 타고 본국으로 떠났다. 사장이 떠나자 나는 공장으로 이
사를 했다. 사장은 귀국 전, 그의 소유로 되어 있던 공장 부근의 집
문서(약 20채)를 나에게 넘겨주고 갔다. 그러나 그것들에는 욕심이
없었다. 설사 내가 욕심을 부렸다고 한들 내 차지가 되었을지는 미
지수다. 일본인들이 떠나고 난 우리 사회의 질서는 그야말로 문란
하기 짝이 없었으니 말이다. 일본인이 비운 집이면 어느 집이고 먼
저 차지한 사람이 주인이던 판국이었다.

나는 오로지 내가 일할 터전인 공장 하나만으로 만족했다. 공장

으로 이사를 마쳐 놓고 광복과 더불어 이리저리 흩어졌던 공장 기술자들을 찾아 나섰다. 다시 기계를 돌리기 위해서였다. 모두들 내 권유에 흔쾌히 응해 주었다.

이러는 사이 미군정이 시작되어 그해 9월 23일에 미군 장교인 길버트가 군정지사로 부임해 왔다. 길버트는 미국 유학을 다녀온 최영욱崔泳旭 씨를 한국인 지사로 임명하였다. 당시 최영욱 씨는 광주 황금동에서 서석병원이라는 이름으로 개업한 의사였다.

이 무렵 사회 혼란상은 이루 말할 수 없었다. 특히 과거 일본인 소유였던 적산에 대한 불법매매 또는 부당소유가 커다란 사회문제로 대두되고 있었다. 광주에서만도 2천여 세대에 달했던 일본인들은 귀국에 앞서 그동안 가깝게 지내던 한국인에게 집을 지켜 달라고 부탁하거나 헐값에 매매하는 등 어수선한 실정이었다.

당시 광주 청년대와 치안대가 일본인이 소유했던 가옥의 불법 점유를 막는 데 안간힘을 썼다. 그러나 하룻밤 사이에 일인들이 두고 간 가옥의 대문에 서너 명의 한국인 문패가 나붙는 촌극까지 빚어졌다.

이런 상황에서 미군정은 9월 25일을 기해 일체의 적산을 동결하고, 12월 4일에는 그 소유권을 군정에 귀속하기에 이르렀다.

한편 기업체들에 대한 적산관리는 전남도청 광공과에서 관리인을 선정해 맡기도록 하였다. 이때 관리인 선정에는 연고권을 가장 중요시하였다. 그럼에도 오늘날 전방과 일신방직의 전신인 종연방

적 전남공장, 전남도시제사공장 등 대기업은 중앙에서 내려온 사람이 관리인으로 선정되었고, 규모가 작은 공장이나 주조장, 극장, 여관 등은 비교적 연고권이 잘 지켜졌다.

나는 그해 10월 전남도청 광공과로부터 파 철공소의 관리인으로 선정되었다. 이리하여 11월 1일부터 '파 철공소'라는 이름을 그대로 사용한 채 공장 문을 열었다.

당시 대부분의 적산 기업체들은 일본인들이 장악했던 경영과 기술, 그리고 자본의 부족으로 원활한 가동이 어려운 실정이었다. 더욱이 관리인들은 기업을 일으키겠다는 의욕은 없고 일인들이 남기고 간 재고품 정리에만 급급했다. 그래서 오늘날까지 건전하게 발전해 온 기업체는 전방과 일신방직, 전남제사 등 몇몇 업체에 불과하고 나머지는 얼마 지나지 않아 흐지부지 문을 닫고 말았다.

내가 관리인으로 지정된 파 철공소와 같은 공장도 광주에 8개나 되었지만 내가 맡은 공장과 호남철공소(대표 서남석)를 제외하고는 대부분 경영미숙과 자금부족으로 문을 닫았다.

파 철공소 불하

광복 직전 파 철공소는 일본인 사장이 나름대로 착실히 운영하여 도청이나 도내 토건업자들로부터 일 잘하는 공장으로 상당한 명성을 얻고 있었다. 이 같은 명성이 내가 공장을 맡아 운영하는데 큰 도움이 되었음은 물론이다.

파 철공소는 광복 전에 꽤 많은 양의 일감을 주문받아 놓고 있었는데, 나는 우선 도청 농지개량과에서 주문받았다가 광복으로 중단된 영광 법성포 배수갑문 제작부터 시작해 석 달 만에 끝냈다. 이어서 토건업자들이 맡겨 온 수문 제작 등의 일을 착실하게 해나갔다.

앞에서도 언급했지만 이때 나는 고향 김제에서 벽골제의 석조 수문을 관심 있게 바라보곤 했던 어린 시절을 새삼 떠올리며 수문 제작과 내 인생과의 어떤 운명적인 관계에 대해 생각해 보았다.

규모는 작았지만 그래도 경영을 하는 입장이 되었으므로 이때부터 나는 업무에서 다음과 같은 세 가지 원칙을 세워서 실천하였다.

첫째, 제품을 제대로 만들어야 한다.
둘째, 약속을 지킬 줄 알아야 한다.
셋째, 생산된 제품의 이익을 생각하자.

이 세 가지 원칙은 이후 공장을 운영하고 화천을 이끌어 나갈 때도 변함없이 지켰다. 특히 '장사에는 신용이 최선의 상술'이라는 점을 제일 중시하여 고객과의 약속을 생명으로 여겼으며, 함께 일하는 공장 사람들에게 늘 강조하였다.

이렇게 신용을 앞세운 운영이 광복 전 일본인 시게우라 사장이 쌓아 올린 명성과 자연히 연결되어 공장은 순조롭게 가동되었다. 일감은 날로 늘어났으며, 직원들의 사기도 높고 수입도 많아졌다.

미군정 시절 한번은 이런 일이 있었다. 어느 날 미군 소령이 공장으로 나를 찾아와서 큰 빵틀을 하나 만들어 달라고 했다. 소령이 대충 그려 준 대로 약 일주일 만에 주문한 빵틀을 완성했다. 얼마 후 빵틀을 찾으러 온 미군 소령은 '오케이'를 연발하며 나를 당시 광주 북동에 있던 농협창고로 데리고 가는 것이었다.

그 농협창고에는 미군에게 공급될 설탕이며 담배, 밀가루, 씨레이션, 우유 등이 가득 쌓여 있었다. 소령은 대뜸 빵틀 제작 대금으로 여기에 있는 물건 가운데 당신이 필요로 하는 것을 얼마든지, 무엇이든지 가져가도 좋다면서 골라 보라고 했다.

당시만 해도 그 물건들은 우리나라에서 좀처럼 구하기 어려운 것들이었다. 다음 날 리어카를 빌려 창고 안에 쌓여 있던 설탕 50 포대를 빵틀 대금으로 가져왔다. 그걸 가져다가 일부는 집에서 먹기 위해 남기고 나머지는 내다 팔아서 꽤 큰돈을 만들 수 있었다.

이후 미군부대의 크고 작은 일들을 많이 해주었다. 그때마다 돈으로 대금을 주지 않고 담배 아니면 다른 물건으로 지불했다. 덕분에 이 무렵 우리 집에는 양담배가 넘쳐 났다. 그때나 지금이나 술은 못 마시지만 그때까지는 담배도 피우지 않았다. 그런데 집안에 쌓여 있는 양담배를 호기심에서 한 대 두 대 피우기 시작한 것이 그만 지금까지 계속 피우게 되고 말았다.

해방공간의 혼란한 사회상 속에서도 나는 공장 일에만 전념했다. 파 철공소가 만들어 낸 농기구며 철봉 등의 체육기구들은 날개 돋친 듯이 팔려 나갔다. 돈도 꽤 많이 벌었다. 그러나 나에게는 제품을 팔아 돈을 벌겠다는 생각보다 공장을 쉬지 않고 돌리는 일이 더 절실했다.

당시만 해도 물자가 워낙 귀한 형편인 데다 화폐가치마저 자고 나면 폭락했기 때문에 공장을 계속 가동하려면 돈이 들어오는 족족 원자재를 확보하는 데 재투자하지 않으면 안 되었다. 그 시절 나는 원자재인 쇠붙이를 수집하기 위해 전국을 누비고 다녔다. 요즘처럼 교통이 좋지 못해서 열차 지붕 위에 올라타고 이동하기도 밥 먹듯 했다.

1948년 8월 15일, 대한민국 정부가 수립되고 미군정이 종식되었다. 출범 이후 정부는 미군정에 의해 관리되던 일본인 '귀속재산'을 이양 받아 이듬해인 1949년부터 개인들에게 불하하기 시작했다. 관리자 지정 때와 마찬가지로 불하 역시 연고자에게 우선권이 주어졌다.

그 무렵 전남도청 상공과장으로 있던 한 지인으로부터 "배경 좋은 어떤 사람이 당신의 공장을 뺏으려 한다"는 얘기를 듣고 서둘러 불하 신청을 했다. 이리하여 1950년에 파 철공소를 불하받았다.

당시 나에게 이 불하대금은 엄청난 돈이었다. 그러나 다행히 불하가 있기 1년 전에 사두었던 지가증권地價證券이 크게 올라 그 이익금으로 불하대금의 절반을 충당할 수 있었다.

1949년 6월 정부는 일제강점기하에서 더욱 심화된 봉건적 토지 소작관계를 청산하기 위하여 경자유전耕者有田의 원칙하에 대대적인 농지개혁을 단행하였다. 이 농지개혁은 유상몰수, 유상분배 방식으로 실시되었는데, 정부는 농지 소유 지주들에게 현금 대신 지가증권을 발행해 주고, 농지를 분배받은 소작인들에게는 연부상환에 의해 대금을 지불토록 하였다.

그런데 당시 많은 지주들이 현금을 손에 쥐기 위해 이 지가증권을 내다 팔았고, 팔려는 물량이 많아지면서 가격이 크게 떨어졌다. 나는 이렇게 돌아가는 세상 형편을 전혀 모르고 있었으나 당시 귀속재산을 처리하던 관재국의 한 지인으로부터 "이것을 사두면 나중에 큰돈이 될 것"이라는 귀띔을 받고 그동안 공장을 돌려 벌어놓은 돈을 몽땅 털어 지가증권을 사두었던 것이다.

농지개혁으로 전통적인 지주계층이 몰락하면서 우리나라 농업

구조는 소유면적 천 평 정도의 소농 중심으로 재편되었다. 이것이 향후 규모의 경제 측면에서 농업경쟁력 약화의 한 요인이 되기도 했으나, 당시 지주들에게 농지보상금으로 발행했던 지가증권의 상당부분이 건전한 산업자본으로 전환됨으로써 국가의 낙후된 공업 발전에 큰 구실을 한 것 또한 사실이다.

한국 공작기계공업의 선도자가 된 화천의 탄생도 이 지가증권에 힘입은 바 크다는 점에서 나의 당시 선택은 나름대로 보람 있는 일이었다고 평가한다.

이렇게 불하절차를 마무리함으로써 정부 귀속재산의 관리인이던 나는 명실상부한 파 철공소의 주인이 되었다. 1932년 16세의 나이로 처음 주물공장에 발을 들여 놓은 후 20년 가까이 오로지 근면과 성실로 이룬 꿈이었다.

어머니의 별세

파 철공소의 번창과 함께 가난했던 우리 식구들의 형편도 점차 나아져 어느 정도는 풍족한 생활을 누릴 수 있게 되었다. 나에게도 이제부터는 식구들 밥은 굶기지 않겠구나 하는 안도감이 생겨났다.

그런데 생활이 좀 나아지나 싶으니까 갑자기 어머니께서 병환을 얻어 자리에 누우시는 것이 아닌가. 부잣집에서 태어나 어려움 모르고 살아오시다 우리 집안으로 시집오신 어머니는 30년간 고생이란 고생은 안 해본 것이 없으셨다.

부잣집 아들로 자랐지만 자식들 벌어 먹이는 데는 무능하기만 했던 남편을 만난 시간부터 형언할 수 없는 고생은 예고되어 있었다. 어머니는 우리 집안의 가난을 마치 당신의 숙명인 양 참아 내셨다. 형언할 수 없는 곤궁 속에서도 비굴하거나 체념하지 않고 지혜롭게 살아오신 분이었다.

어머니의 병환을 고쳐 드리기 위해 백방으로 수소문하여 좋다는 약이란 약은 모두 지어 드렸다. 나중에는 병원에 입원시켜 수술까지 받으시게 하였다. 그러나 1947년 9월 29일(음력) 병원에 입원하신 지 석 달 만에 53세의 아까운 연세로 내 곁을 영원히 떠나시고 말았다.

어머니는 운명하시면서 내 손목을 꼭 쥐어 주셨다.

"승관아, 승관아."

내 이름만을 몇 번씩이나 부르셨다.

어머니 병 하나 고쳐 드리지 못하고 바라만 보고 있어야 하는 내 자신이 너무도 민망하여 눈물이 마구 쏟아졌다. 속으로 '이게 불효구나 불효…' 하고 외쳐 보았지만 어머니는 내 손을 잡은 채 조용히 눈을 감으셨다. 지금도 어머니 임종 때만 생각하면 나도 모르게 눈물이 앞을 가린다. 자식 된 내 정성이 부족하여 어머니가 돌아가신 것만 같았다.

내 일생에서 어머니의 죽음과 같이 슬프고도 고통스러운 일은 없었다. 참으로 앞이 캄캄해져 어찌할 바를 몰랐다. 인생은 덧없다고들 한다. 나는 가끔씩 그 슬프고도 고통스러운 시간을 회상하면서 어머니에 대한 그리움에 젖곤 한다. 우리 인생은 지난날의 생활이 어떠하였든 간에 과거를 회상하며 그리워하게 되는 것인가 보다.

시곗바늘이 분초를 새기면서 앞으로 나아가듯이 우리 인생도 한 순간 한 순간을 꼬박꼬박 이어 나가야 한다. 이 시간을 인간은 단 1초도 단절하거나 뛰어넘지 못한다. 그러니 인간의 운명을 인간이 어찌 주재할 수가 있겠는가.

이후 상당 시간 어머니를 잃은 슬픔에서 헤어나지 못했다. 하늘같이 믿고 의지했던 어머니의 따뜻한 그늘이 하루아침에 걷히면서 일손도 잡히지 않고 의욕도 줄어들었다. 온상에서만 자라 온 가녀린 묘목이 어느 날 갑자기 들판의 풍우 아래 내던져진 것 같은 난감함이 오래도록 나를 지배했다.

우리가 처음 광주로 이사 와서 살았던 산수동의 야산에 어머니를 모셨다. 그러다가 1962년 7월 8일(음력) 아버지가 세상을 떠나셨을 때 광주시 광산구 서창동 백마산 기슭에 선영을 마련하고 두 분을 나란히 합장해 드렸다.

5장

전쟁의 와중에서

6·25전쟁 발발

탱크를 앞세운 북한 인민군이 광주에 들어온 것은 정확히 1950년 7월 23일이었다. 그러니까 남침 후 한 달이 다 되어 가는 시점이었다. 인민군이 쳐들어온다는 소문이 전파되면서 광주 시내는 피란을 떠나려는 인파로 온통 벌집을 쑤셔 놓은 것 같은 분위기였다.

이날 오전 10시 광주역을 마지막으로 떠나던 피란 열차의 표정이 잊히지 않는다.

"뚜우, 뚜우…."

열차는 비명을 지르며 미처 타지 못한 시민들의 아우성을 뒤로한 채 서서히 미끄러져 나갔다. 기차도 못 타고 자동차도 못 탄 시민들은 바리바리 이고 지고 오직 두 발로 걸어서 시내를 빠져나가고 있었다.

화순 너릿재와 나주로 빠지는 광주-목포 간 도로 위는 피란민 행렬로 인산인해人山人海를 이루었다. 달구지에 탄 사람, 어린애를 등에 업은 부녀자, 솥단지를 들쳐 멘 청년, 부모를 잃고 울어 대는 어린이, 그야말로 가도 가도 끝없는 아비규환阿鼻叫喚의 연속이었다.

이들이 빠져나간 광주 시내는 하루아침에 빈 성냥갑처럼 폐허의 도시로 돌변하여 금방이라도 유령이 나올 것만 같은 괴괴하고 썰렁한 분위기였다. 나도 식구들을 데리고 어디론가 피란을 가긴 가야겠다고 마음먹으면서도 마음을 정하지 못하고 있었다.

그때 장남 영열이가 다섯 살이었고, 둘째 영두는 그해 5월 17일생으로 아직 강보에 싸인 핏덩이였다. 이 어린 것들을 데리고 어디를 간단 말인가. 몇 번이고 망설였다. 결국 죽어도 여기서 죽고 살아도 여기서 살자는 생각에 그냥 집에 눌러앉아 사태를 관망하기로 하였다.

그러나 이날 오후가 되면서 인민군 선발대가 쏘아 대는 포성 소리가 공장 근처에서 들려왔다. 갑자기 두려움과 함께 이러다가는 정말 어떻게 되는 것이 아닌가 하는 불안감이 엄습하기 시작했다. 급한 대로 공장을 동생에게 맡기고 아버지 친구가 계시는 지산동의 딸기밭으로 향했다.

아니, 그런데 이게 웬일인가. 우리 식구들이 농장다리를 지나 지금의 법원 근처 교도소 농장 길을 바삐 걷는데 느닷없이 인민군 선발대가 우리 앞에 불쑥 총을 겨누며 나타난 것이다. 온몸의 피가 멈추는 듯하고 사지가 벌벌 떨렸다.

그들은 우리를 보고 뭐라고 말을 하였다. 하지만 너무도 놀란 나는 무슨 말을 하는지 알아듣지 못하고 멍청히 그들을 바라만 보고 있었다. 그랬더니 총을 든 인민군이 물었다.

"남조선 개새끼들 어디 있느냐?"

"모두 도망가고 없소."

"우리 인민군이 너희들을 해방시키러 왔다."

"……."

인민군이 그 길로 시내를 향해 돌진해 간 덕분에 우리 식구 모두가 무사할 수 있었다. 우리는 아버지 친구가 살고 계신 딸기밭 초가집에서 일주일을 넘게 숨어 지냈다.

한곳에만 오래 있을 수 없어서 8월 초에는 월산동에 있는 처남 지상선의 집으로 옮겼다. 그런데 인민군이 광주에 들어온 지 한 달쯤 지난 8월 하순께 갑자기 도청에 본부를 둔 인민위원회 광공과에서 동생을 통해 급히 출두하라는 연락이 왔다. 정해진 날짜에 나오지 않으면 공장에 불을 지르겠다는 협박이 조건으로 붙어 있었다.

뒷일을 생각해서 그네들이 오라는 날짜에 도청으로 갔다. 책임자인 듯싶은 사람이 나타나서는 공장을 접수하겠으니 언제고 자기네가 요구하는 날짜에 비워 줄 수 있느냐는 것이었다. 상황이 상황인지라 그러마고는 했으나 나도 이렇게 요구했다.

"좋습니다. 공장은 가져가되 일자리는 빼앗지 말아 주시오."

이 같은 나의 요구에 책임자는 한동안 생각하더니 말했다.

"좋소. 동무의 말대로 할 테니 집에 돌아가서 기다리시오."

돌아오는 길에 공장에 들러 동생에게 방금 인민위원회에서 한 말을 전하고, 혹시 그네들이 와서 물건을 달라고 하거든 군소리 말고 모두 내주되 가져간 물건을 어디다 사용하는지만 잘 봐두라고 일렀다.

내가 이렇게 한 것은 우리 공장에 있는 물건은 모두가 널찍한 철판이나 철봉대 등의 쇠붙이뿐이어서 가져간댔자 그 장소만 알아두면 언제고 다시 찾아올 수 있으리라는 판단에서였다.

내 판단은 적중했다. 인민군은 얼마 후 유엔군의 공습이 있자 우리 공장 안에 있던 철판이란 철판은 모조리 빼내어다가 방공호 뚜껑으로 사용했다. 그들이 파놓은 방공호는 주로 서석동 일대와 옛 광주세무서 자리에 많았다. 그들은 또 공장에 있던 전기 용접기까지 죄다 가져다가 철판이나 쇠파이프를 자르는 데 쓰고는 백운동에 버려두었는데, 나중에 이것도 철판과 함께 찾아올 수 있었다.

그러나 광주의 적치敵治 3개월 동안 나와 우리 가족들이 겪은 심리적, 경제적 어려움은 이루 말할 수 없이 컸다. 그동안 일을 해주고 대금을 받지 못한 경우가 더 많았다. 그런 데다 철판 같은 원자재를 구입하느라 수중의 돈을 모두 써버린 형편이어서 살아갈 일이 캄캄했다.

우리 식구도 문제였지만 공장 직원들 문제도 큰일이었다. 하는 수 없이 염치 불구하고 그동안 일해 주고 돈을 받지 못한 사람들을 찾아다니며 대금을 달라고 사정을 했다. 그러나 난리 통에 누구 한 사람 선뜻 돈을 내주는 사람이 없었다.

당시 광주 월산동에 있는 고려도자기 공장으로 돈을 받으러 찾아갔는데, 난리 통에 돈은 무슨 놈의 돈이냐며 꼭 받아 갈 테면 돈 대신 도자기라도 가져가라는 것이었다. 정말 화가 치밀었으나 '세상인심이란 이런 것인가' 하고 한탄을 하다가 결국 도자기를 싣고 와서 직원들에게 나눠 주었다.

엎친 데 덮친 격으로 집에서는 식량마저 바닥이 났다. 앞날을 예측할 수 없는 전쟁 중이라 누구를 찾아가서 쌀 한 톨 꾸어 달라고 얘기할 처지가 못 되었다. 하는 수 없이 집안에 있는 물건을 내다 팔아 식량을 구할 수밖에 없었다. 전쟁 소식을 전해 주던 라디오를 인민군에게 5만 원을 받고 팔았으며, 나중에는 공장의 쇠 자르는 톱까지 팔아서 겨우 연명을 해나갔다.

열 길 물속은 알아도 한 길 사람 속은 모른다

전쟁은 실로 세상을 제멋대로 만들었다. 며칠 전까지만 해도 다정하게 지내던 가까운 이웃들이 하루아침에 등을 돌리고 마치 자기네들만의 새 세상을 만난 것처럼 날뛰었다.

지금은 죽고 없지만 이웃에 토건업을 하는 김 아무개라는 사람이 있었다. 전쟁이 나기 전까지 우리는 사업상 가까이 지내는 사이였다. 이 무렵 나는 그에게 공사를 해주고 20여만 원의 대금을 받지 못한 채 전쟁을 만났다.

　몇 차례 그를 만나 공사대금을 요구하였다. 그러나 그는 뚜렷한 이유 없이 공사대금을 차일피일 미루더니 인민군이 광주를 점령하자마자 2만 원을 들고 와서는 이렇게 억지를 쓰는 것이었다.

　"내가 가진 전 재산이오. 이것으로 모든 관계를 청산합시다."

　어이가 없어 한동안 그의 얼굴을 쳐다보았다. 내가 아무 말도 하지 않자 스스로도 어색했던지 가져온 돈 2만 원만 휑하니 던져 놓고 달아나듯 돌아가 버렸다.

　그런 일이 있고 난 후 얼마 지나지 않아 그는 팔뚝에다 붉은 완장을 차고 갖가지 못된 짓을 다 하고 다녔다. 평소에는 전혀 그럴 것 같지 않던 사람이 갑자기 좌익으로 돌변한 것이다. 그는 자기 집까지 인민군 내무위원회에 내맡겨 사무실로 쓰도록 할 만큼 열성적이었다.

　참으로 열 길 물속은 알아도 한 길 사람 속은 모를 일이었다.

　그런가 하면 이런 사람도 있었다. 우리 식구가 광주 월산동 처남 집에서 일주일을 보내고 다시 무등산 잣고개 너머에 있는 밤실 부락으로 거처를 옮겨 남의 집 방 한 칸을 빌려 지낼 때의 일이다.

　하루는 식량을 구하기 위해 시내를 정처 없이 헤매다가 우리 공장 옆(지금의 수미호텔 자리)에서 방앗간을 하는 김이식이란 사람을 우연히 만났다.

그는 나를 보자마자 반가워하면서 이렇게 얘기하였다.

"어디서 어떻게 지내고 있는가? 굶지나 않는가? 우리 집에 밀가루가 좀 있는데 필요하면 가져다 먹으라."

세상에 이렇게 고마운 사람이 어디 있는가 싶었다. 그 길로 밀가루 두 포대를 얻어다가 식구들의 허기진 배를 채울 수 있었다.

지금의 계림극장 부근 대인시장에서 쌀가게를 하던 국 씨도 잊을 수 없는 사람이다.

김이식 씨에게서 얻어 온 밀가루도 바닥이 나고 다시 식량을 구하러 다니던 나는 혹시나 싶어 가끔씩 식량을 팔아먹던 국 씨 가게에 들러 사정 얘기를 하였다. 그랬더니 그는 돈 한 푼 받지 않고 쌀 한 말과 보리 한 말을 선뜻 내주는 것이었다. 쌀값은 세상 좋아지면 그때 갚으라면서.

한창 전쟁 중에 쌀과 보리 같은 곡식은 황금을 주고도 구하기 힘든 귀한 식량이었다. 그런데 그것을 거저 내주는 그의 인심에 정말 가슴 찡한 고마움을 느끼지 않을 수 없었다.

고난과 모색의 세월

죽을 고비를 넘기다

나는 잣고개 너머 장원동에 살면서도 낮이면 시내에 내려와 장태석, 이남렬, 정원면, 박상기 씨 등과 자주 만나 그간의 안부며 각자 목격한 인민군의 만행 얘기, 그리고 모모 인사들이 누구의 고자질로 붙잡혀 가 고문당했다는 소문 등 세상 돌아가는 얘기를 나누었다.

우리들 중 이남렬, 박상기는 왜정 때 만주에서 광복군光復軍으로 활동했고 광복이 되자 광주에 돌아와 '신생청년단'을 조직하여 이 지방 청년들의 교양교육과 애국정신 등을 고취시켰다. 그들은 6·25로 광주가 인민군의 수중에 떨어지자 '광주정신대'란 조직을 만들어 적치하의 게릴라 활동을 전개하기도 했다.

이 같은 낌새를 눈치챈 인민군은 이남렬, 박상기 등을 체포하기 위해 혈안이 되어 있었다. 당시 우리가 자주 만난 곳은 지금의 조선대학교로 들어가는 서석동 철길 옆의 장태석이 숨어 지내던 집이나 대인시장 근처에 있는 이남렬의 집이었다.

유엔군이 9월 28일 인천에 상륙했다는 소문이 돌기 시작하면서 광주에 있던 인민군이 안절부절못하는 모습이 역력했다. 그런데 이들이 어떻게 알았는지 우리 일행이 이남렬의 집에서 자주 모인다는 정보를 잡고는 이 집을 덮쳐 왔다.

그러나 체포하려는 이남렬이 없자 그중 몇 놈이 집 안방을 차지하고 앉아 누군가 나타나기만 하면 붙잡으려고 대기하고 있었던 모양이다. 나는 그런 줄도 모르고 공장을 지키고 있던 동생 승만이에게 공장 단속을 이르고서 평소와 다름없이 이 집으로 와서 막 "남렬이!" 하고 부르려는 참이었다.

그때 갑자기 남렬이의 형수씨가 대문 밖으로 나오면서 눈을 깜짝이며 달아나라는 손짓을 하는 것이었다. 나는 그 길로 무등산 쪽을 향해 냅다 뛰었다. 한참을 달아나다가 거의 잣고개쯤에 도착해서야 한숨을 돌렸다. 나중에 안 사실이지만 이때 잡혔더라면 영락없이 어디론가 끌려가 그들의 손에 죽었을지도 모를 일이었다. 지금도 그때 일을 생각할라치면 몸이 떨리고 한기가 느껴진다.

잣고개에서 가쁜 숨을 몰아쉬며 시내 쪽을 내려다보니 멀리 줄을 이은 인민군의 후퇴행렬이 보였다. 바로 그 행렬의 앞에서 손을 뒤로 묶인 우익 인사들이 고개를 떨군 채 끌려가고 있었다.

이때 이남렬은 광주정신대원들과 위험을 무릅쓰고 광주교도소로 달려가 교도소를 폭파하고 그곳에 갇혀 있던 우익 인사들을 구출하였다. 그 공로로 이남렬은 수복 후 박기병 대령으로부터 표창을 받기도 하였다.

피란을 떠나지 않은 이유

전쟁이 스치고 지나간 광주 거리는 그야말로 암흑과 혼란만이 가득한 폐허의 거리였다. 우선 먹을 식량이 없으니 사방천지에 도둑질이 횡행하였고 갖가지 약탈 사건이 빈번했다.

특히 식량을 쟁여 두었던 식량영단 창고(광주 전신전화국 자리) 앞은 연일 식량을 구하려는 사람들로 장사진을 이루었다. 때로는 성난 군중들이 창고 문을 부수고 들어가 닥치는 대로 식량을 약탈해 가기도 했다.

나 역시 식량을 구하지 못해 호구지책糊口之策이 어렵기는 마찬가지였다. 누군가 나에게 식량영단에 있는 쌀을 훔쳐다 먹어도 된다고 귀띔을 해주었지만 아무리 어려워도 사람으로서 그런 짓을 해서는 안 된다고 타일러 못 하게 말렸다.

일부 시민들은 인민군이 후퇴한 틈을 이용하여 인민군이 흘리고 간 물건들을 훔쳐 갔다. 우리 공장 근처에 인민군 내무위원회가 들어 있던 김 아무개의 집 등에는 상당량의 총과 식량이 비축되어 많은 사람들이 복면을 쓰고 떼 지어 몰려가 이런저런 것들을 가져 갔다.

이래서는 안 된다고 생각했다. 우려되는 대목이 있어 동생 승만이에게 총을 있는 대로 공장에 갖다 두게 했다. 이때 20여 자루의 총을 가져다가 얼마 후 경찰서에 넘겨 준 적이 있는데, 그 총들을 자세히 살펴봤더니 녹이 슬었거나 오래되어 사용할 수 없는 것이 대부분이었다.

이러는 가운데 사회는 서서히 질서가 잡히고 나는 공장 문을 열기 위한 작업에 들어갔다. 그러나 전쟁의 와중에서 적치 3개월의 공백으로 일감이 있을 리 없었다.

한편으로 공장 복구에 힘쓰면서 다른 한편으로는 그동안 숨어 지냈던 장태석, 이남렬 등과 함께 공산 치하에서 제 세상인 양 날뛰었던 김 아무개를 우리 집에 불러다 놓고 혼쭐을 내주었다. 이때 그는 사태 파악을 잘못해 그리 됐으니 한 번만 용서해 달라고 싹싹 빌었다. 이후 그는 인민군에 적극 부역한 혐의로 경찰서에 붙잡혀 가게 되었다.

이러는 사이 그해도 저물고 새해가 밝았다. 그런데 이게 웬일인가. 국군과 유엔군이 압록강까지 밀고 올라가 곧 통일이 될 거라는 소문은 한 달도 채 못 되어 중공군의 가세와 함께 1·4후퇴가 시작됐다는 소문으로 바뀌었다.

또다시 피란 행렬이 줄을 이었다. 9·28수복 후 장태석 등과 어울려 다니면서 인민군에 찰싹 붙어 다니던 김 아무개를 욕한 일이며 인민군의 만행을 비난한 일들이 비수처럼 나의 뇌리를 스쳤다. '그래, 이번에 다시 잡히는 날에는 목숨을 부지하기 어렵겠구나' 하는 두려움이 들었다.

우선 살고 보자. 그러기 위해서는 피란을 서둘러야 했다. 막상 피란을 가겠다고 작정은 했지만 심란하기 짝이 없었다. 아내는 아내대로 이 어린 아이들을 데리고 어디를 갈 것이냐며 걱정이 태산이었다. 그래도 다른 도리가 없어 가재도구며 비상식량을 구해서 채비를 차리고 이웃에 사는 편철우 씨와 함께 제주도로 떠나기로 합의를 보았다.

나는 피란을 떠나기에 앞서 편철우 씨와 함께 내가 어려울 때면 찾아가 도움을 청하곤 했던 광주 백운동의 정창순이라는 사주 보는 영감님을 찾아갔다. 당시 정창순 씨는 이 지역에서 이름이 꽤 알려져 있었다.

그는 우리를 보자마자 피란을 한사코 만류하는 것이었다. 그는 무슨 확실한 영감靈感이라도 받은 듯 분명한 어조로 말했다.

"이번 오랑캐놈들은 절대로 오산을 넘을 수 없을 터이니 안심하고 있으라."

꼭 가야 한다면 오랑캐가 대전에 왔을 때 가도 늦지 않을 것이라며 그냥 이곳에 있으면서 사태를 관망하라고 했다.

웬일인지 나도 노인의 말에 일견 수긍이 갔다. 그 길로 집에 돌아와 싸두었던 짐을 풀고 전쟁 상황을 관망키로 하였다. 그 노인의 말대로 공산군은 더 이상 내려오지 못한 채 전쟁은 끝났다.

6장
화천시대를 열다

'파 철공소'에서 '화천'으로

앞에서도 얘기했지만 전쟁 중에 인민군이 공장에서 가져간 물건들은 모두 쇠붙이여서 대부분 다시 회수할 수 있었다. 이것이 내가 다시 공장을 돌리는 데 큰 도움이 되어 주었다.

공장 물건의 회수 작전이 끝나자 나는 흩어졌던 직원들을 한 사람 두 사람 찾아 나섰다. 6·25 전 36명이던 직원들 가운데 인민군의 꾐에 빠져 노동조합을 결성하고 나를 이른바 부르주아 계급으로 몰아 제거하려다가 동조세력을 얻지 못해 실패한 몇몇 사람을 제외하고는 다들 별다른 피해 없이 공장으로 다시 나왔다.

공장 문을 열기 전에 공장 상호를 종전의 '파 철공소'에서 새로운 이름으로 바꾸고 싶었다. 한국 사람으로서 일본식 상호를 그대로 둔다는 것이 늘 마음에 걸렸기 때문이다. 우리식 상호로 바꾸려

고난과 모색의 세월

는 내 생각에 주위 사람들도 대찬성이었다.

새로운 상호로 처음에는 '고려', '대한', '광주', '무등', 그리고 내 고향인 '김제' 등 8가지 정도를 검토하였으나, 하나같이 너무 단순한 느낌이 들어서 이거다 하고 정할 것이 없었다.

고심 끝에 《주역》周易 등 동양철학에 조예가 깊은 정창순 씨를 찾아가 '철물을 다루는 업종의 특징을 잘 담아내면서도 항구적인 발전을 상징하는 이름이면 좋겠다'는 생각을 밝히고 도움을 청했다. 그렇게 하여 탄생한 이름이 '화천'貨泉이다.

화천이라는 이름 속에는 '재물이 샘처럼 솟아난다', '샘에서 재물이 쏟아진다'는 속된 의미를 넘어, 모든 경제활동의 토대요 궁극적인 목적이기도 한 '재화財貨의 원천源泉'이라는 뜻이 담겨 있다. '貨'는 교환행위의 주체가 되는 '화폐의 값을 지닌 물건', 즉 '상품'을 뜻하면서 동시에 '팔다'라는 상행위를 지칭하는 것이요, '泉' 역시 '경제사회에서 통용되는 화폐'를 뜻하면서 '샘물처럼 세상에 널리 퍼져 나간다'는 '지향성'志向性의 의미를 담고 있다.

이렇게 깊은 뜻을 담은 '화천'이란 이름이 마음에 들었다. 주위에서도 이 이름을 마음에 들어 했다. 이리하여 1951년 4월 5일 '파철공소'란 간판을 뜯어내고 '화천기공사'貨泉機工社라는 새 간판을 달았다.

내 공장에서 내 손으로 만드는 철기구들이며 구조물들이 귀중한 재화로서 세상에 널리 퍼져 나간다면 내 공장은 물론 국가 경제발

전에도 기여하게 되리라는 기대감에 마음이 뿌듯했다.

아직 전쟁 중이라 한동안은 일감이 별로 없었으나 사회가 차츰 안정을 되찾아 가면서 일거리도 늘어났다. 전쟁으로 파손된 각급 학교의 교문 수리와 담장 보수, 들끓는 도둑을 막기 위한 가정집의 철책 설치 등이 주요 일감이었다.

그러는 사이 전란 중 부산으로 일시 피란 갔던 전남도청이 다시 돌아와 도정을 보기 시작하였으며, 다른 관공서들도 하나둘 본연의 업무를 개시함으로써 전쟁으로 혼란했던 사회 분위기는 점차 정상을 되찾아 갔다.

관공서를 중심으로 파괴된 시가지며 건물, 가옥 등의 복구작업이 시작되었다. 특히 이 무렵 절친한 친구인 건설업자 장태석이 동란 전에 공사를 시작했다가 중단한 광주 양림다리 공사를 재개하면서 다리공사에 들어가는 교량의 철책 일을 맡겨 왔다.

장태석과 아끼고 도우며

오늘날 교량 건설은 다른 대형 건설사업에 비해 별것이 아닐는지 모른다. 그러나 6·25전쟁을 전후한 시절만 해도 교량 건설은 규모도 최대 수준이었고 아무나 쉽게 따내기 어려운 일이었다.

지금은 크게 위축된 모습이지만 1950~1960년대만 해도 장태석은 전남지방 건설업계의 대부代父로 통할 만큼 실력자이자 광주에서 다섯 손가락 안에 드는 재산가였다. 그는 건설업 말고도 광주 양림동의 정미소와 사동의 광명주조장, 대인동의 최고급 여관인 전남여관, 금동에 있던 남도극장 등을 소유하고 있었다.

그가 건설 방면에서 해낸 큰일을 보면, 1950년대에 전남의 명물로 통했던 나주대교를 비롯하여, 광주고등법원 건물, 광주 갑부 현준호 씨의 영암 간척지사업, 각급 학교 건설사업 등으로, 광주·전남지방의 크다는 건설공사를 도맡아 하다시피 하였다. 특히 나주대교는 당시 우리 기술로 만든 가장 긴 다리였다.

그와는 둘도 없는 친구 사이였다. 내가 장태석과 처음 알게 된 것은 파 철공소에서 일할 때였다. 이때 그는 광주의 일본인 건설업자 밑에서 청부업 현장책임자로 있었는데, 공사에 소요되는 철골 일을 우리 공장에 맡기러 들락거렸던 것이다. 게다가 고향이 남원으로 내 고향인 정읍과 가까웠다. 이런저런 연유로 해서 우리는 더욱 가깝게 지냈다.

장태석은 머리 회전이 빠르고 배짱 또한 두둑한 친구였다. 성격이 불같으면서도 정은 많았다. 간혹 그의 불같은 성격 때문에 다른 청부업자들과 마찰을 빚기도 했지만 공사에서만은 빈틈이 없었다. 무엇보다 그는 정치인들이 광주에 오면 앞장서서 접대를 맡곤 했는데, 이런 인연으로 4·19혁명 이후 자유당 정권이 무너지고 민주당 정부가 들어섰을 때 참의원에 출마하여 당선되기도 했다.

그런 그가 광주를 떠난 것은 5·16군사정변이 나고 얼마 지나서였다. 그는 평소 광주 서동에서 고무신 공장을 하는 지인과 가까이 지냈다. 이 사람의 처남이 강원도에서 무연탄 중개업을 하고 있었다. 하루는 그 무연탄 중개업자가 광주에 내려와 강원도의 폐광을 사들여 탄을 캐면 많은 돈을 벌 수 있다며 장태석에게 권했고, 이 말을 들은 장태석은 무슨 생각이 들었는지 그 길로 광주의 재산을 정리해 강원도로 떠났다.

그리고 얼마 뒤에는 서울 노량진과 오류동에 대규모 연탄공장을 차렸다. 그는 강원도의 폐광을 사들여 특유의 사업수완으로 꽤나 많은 돈을 벌었다. 또 서울에 낸 연탄공장에서도 상당한 수익을 올려 재미를 보았다.

그런데 이때 누구의 말을 어떻게 들었는지 서울 노량진과 오류동에 있던 연탄공장을 차례로 처분하고는 인천에 고무를 만드는 데 들어가는 석회석 분말원료 공장을 차렸다. 이때까지만 해도 천하의 돈이 장태석의 것처럼 보일 정도였다. 워낙 재주가 뛰어나고

비범한 머리를 지닌 친구라 나는 그가 하는 일을 바라만 보고 있을 뿐이었다.

애석하게도 일취월장日就月將하던 그의 사업이 이때부터 차츰 사그라들기 시작했다. 이제까지 청부업이나 광산업을 했던 그에게 고도의 전문성을 요하는 석회석 공장은 애당초 맞지 않았던 것이다. 더욱이 석탄은 대중을 상대로 한 장사인 반면 이 원료공장은 특수 한정된 몇몇 공장이나 회사만을 상대해야 했다. 그런 관계로 물건을 팔아야 하는 판로 개척에 상당 기간 어려움을 겪다가 결국 그동안 벌어 놓은 돈만 몽땅 쏟아붓고는 손을 들고 말았다.

그가 사업에 실패한 뒤 얼마 지나서 서울로 그를 찾아갔다. 그때 만난 장태석은 옛날 한창 시절의 그가 아니었다. 그는 예나 다름없이 호기 어린 모습으로 나를 대해 주었지만 이미 내 눈에는 기가 빠진 시들한 사람으로만 보였다.

평소 그의 재주며 머리를 굳게 믿고 있던 터라 가지고 간 2천만 원을 아무 조건 없이 건네주었다. 그리고 힘을 내서 재기하라고 격려했다. 그러나 한번 넘어진 거목은 다시 일으켜 세울 수 없는 것인가. 다시 시작한 사업들은 실패의 연속이었다.

지금도 장태석의 재질에 안타까움을 금치 못한다. 만약 그가 탄광이나 연탄공장, 석회석 원료공장에 손대지 않고 건설업만 계속했더라면 지금쯤은 대한민국에서 손꼽는 재벌이 되었을 것이다. 그는 충분히 그럴 만한 능력과 재주를 지닌 사람이었다.

그가 나주대교를 완성했을 때의 일이다. 당시 광주에 있던 모 언론인이 그의 공사를 꼬집은 일이 있었다. 그는 그 기사를 읽고서 "이 세상에 모든 것은 새것이 좋지만 도로만은 그렇지 않다"는 멋진 말을 남겼다. 여하튼 그는 멋도 풍부한 사람이었다.

이런 그가 마냥 놀고 지내는 것이 안타까워 1975년 광주 동명동에 짓기로 한 내 집과 경남 창원공단의 화천기계 공장 공사를 감독하도록 하였다.

젊은 시절의 장태석은 고집도 세고 머리 회전도 빠르며 일에는 무서우리만큼 대단한 추진력을 발휘한 친구였다. 그뿐인가. 판소리나 북, 장구 등 국악예술 분야에도 남다른 관심을 가지고서 나를 그쪽 길로 이끌어 준 주인공이었다.

결코 짧다고 할 수 없는 내 생애에서 장태석만큼 많은 영향을 준 친구도 드물다. 젊은 시절에 그를 못 만났다면 국악이란 예술세계는 물론 돈을 벌어 어떤 데에 어떻게 써야 할지도 몰랐을 것이다.

남들은 그동안 내가 장태석과 가까이 지내며 그가 내게 맡겨 준 공사 덕분에 돈을 많이 번 걸로 알고 있을지 모른다. 그러나 우리 두 사람 사이는 누가 더 덕을 보고 은혜를 입히고 한 그런 사이가 아니었다. 그냥 마음에서 우러나는 대로 서로를 아끼고 도우며 좋아했던 친구 사이였다.

사실 내가 그의 덕을 전혀 안 보았다고 할 수는 없다. 그렇지만 나는 그가 나에게 맡겨 준 공사에 대해서만은 조금치도 이익을 본다는 생각 없이 친구를 돕는 일념으로 일을 했다. 처음에는 서로의 필요에 의해서 만났지만 서로를 알고부터는 누가 먼저라고 할 것 없이 더불어 의지하고 도우며 변함없이 지내온 것이다. 다만 한 가지 그 친구의 강한 자격지심 때문에 요즘 들어 옛날처럼 지내지 못하는 것이 나로서는 서운할 뿐이다.

앞으로 남고 뒤로 밑지는 사업

회사 이름을 화천으로 바꾼 나는 친구 장태석과 손잡고 사업을 도모해 나갔다. 장태석은 토목공사를 맡고 나는 토목공사에 필요한 철골공사를 주로 하였다.

그러면서 전남도청이나 일선 시·군청에서 발주하는 크고 작은 수문공사를 거의 화천이 도맡아 하게 되었다. 1955년에 시작하여 1958년에 완공한 나주대교 공사를 비롯하여 광주고등법원 공사, 영암 합하농장 공사들이 그때 했던 큰일이다. 화천이 직접 수주한 공사로는 영광군 법성포 배수갑문 수선공사, 장흥군 관산읍 죽청리 앞바다 수문공사, 여천군 소라면 배수갑문 공사 등이 있었다.

공사가 없을 때는 농기구, 발동기, 연탄기계 등을 제작하여 팔았다. 전기가 귀한 때라 소규모 수력터빈을 주문받아 만들기도 하였다. 당시 화천기공사에서 주력으로 삼았던 일은 주물이나 철골 제작이었고, 이런 기계 제작은 철골사업이 없을 때 보조적으로 했던 일이라 큰 성과를 거두지는 못했다. 그러나 이때 쌓아 나간 경험과 노하우는 훗날 선반 제작을 비롯하여 본격적인 공작기계 생산의 귀중한 밑거름이 되었다.

당시 대규모 공사를 맡은 화천이 큰돈을 벌어 떼부자가 된 줄로 아는 사람도 있을 것이다. 그러나 실상은 그렇지 못했다. 분명히 대규모 관급공사를 하면 남는 것이 당연하다. 그러나 내가 지금까지 맡은 관급공사는 속된 말로 앞으로 남고 뒤로 밑지는 그런 공사가 대부분이었다. 이런 실정에서 한때는 세금을 못 내 공장 동력에 차압까지 당하는 어려움을 겪기도 했다.

그럴 수밖에 없는 것이, 1950년대에서 1960년대 사이 우리나라 사회 현실은 부정과 부패가 만연한 분위기였다. 이 무렵 화천이 따낸 공사 규모는 작게는 1천만 원에서 크게는 3천만 원이 넘는 거액이었으나, 공사를 맡겨 놓고 손 벌리는 공무원이 너무 많았다.

공사 줄 때는 말할 것도 없고 도중에 수시로 공장을 들락거리며 손을 벌렸다. 또 공사가 완공된 후 마지막 돈을 내줄 때는 그전에 받아 간 것은 까맣게 잊어버리고 또다시 손을 내밀었다. 나는 남에게 싫은 소리 듣는 것을 싫어하기 때문에 그들이 달라는 액수를 한 푼도 깎아 보지 못하고 모두 주었다. 그러다 보니 이익이 남기는커녕 항상 손해만 보는 형편이었다.

하지만 이렇게 뜯기고 저렇게 뜯기면서도 공사만은 내 실전實錢

을 들여 가며 설계도면에 그려진 대로 제대로 마무리 지었다. 지금도 내가 자신 있게 말할 수 있는 것은 내가 공사했던 배수갑문이나 수문 등은 30년을 넘은 지금까지 그 많은 홍수와 태풍, 해일에도 불구하고 끄떡없이 안전하다는 사실이다.

나는 이런 것을 자랑으로 알 뿐만 아니라 나의 생활신조로 삼아 성실하게 일했다고 자부한다. 가끔 지방에 내려갈 일이 있으면 그때마다 내가 공사했던 곳에 들러 잘못된 부분이 없는지를 살피곤 했다.

1958년경이라고 기억하는데, 한번은 이런 일도 있었다. 영광군 법성포 배수갑문 수선공사를 맡았을 때의 일이다.

배수갑문을 설치하려면 공사에 앞서 물막이 공사를 먼저 해야 한다. 물막이 공사는 토목부문에서 해야 하는데 그때 장태석의 처남에게 도급을 맡겼다. 도청 농지과에서 우리에게 건네준 시방서示方書에 따르면 물막이 공사는 높이 5미터로 하게 되어 있었다. 그런데 막상 공사를 하고 보니 5미터는 형편없이 낮아서 홍수가 한번 지니 금방 무너지고 말았다. 그래서 다음 공사를 진행할 수 없게 되어 버렸다.

내가 전체 공사를 수주했으니 모든 책임은 나에게 있었다. 하는 수 없이 무너져 내린 곳에다 다시 7미터 높이의 물막이 공사를 하도록 하고서 배수갑문을 만들지 않으면 안 되었다.

엄밀히 따지자면 공사를 발주한 당사자가 설계를 잘못했기 때문에 그쪽에 책임이 있다. 그렇지만 모든 손해를 내가 감수하고 그

공사를 끝마쳤다. 이 공사로 나는 큰 금전상의 손해를 입어야 했다. 여태껏 관급공사를 해주고 손해 본 사람은 아마 나밖에 없지 않나 싶다. 그러나 지금껏 누구에게도 그런 말을 하지 않았다.

이 공사를 통해 나는 새로운 돌파구를 찾아야 할 필요성을 느꼈다.

'뭔가 다른 일을 해야지 이런 식으로 나가다가는 자식들 공부시키는 것은 고사하고라도 식구들 굶기고 공장마저 거덜 나지 않을까?'

이런 걱정이 번쩍 든 것이었다.

몇 날 며칠을 혼자 고민했다. 어떤 날은 하루 종일 공장 안에 틀어박혀 궁리했다.

'앞으로 무엇을 만들어야 공장 사람들과 내 식구들을 거느릴 수가 있겠는가?'

일을 마치고 집에 돌아와서도 이런저런 생각에 밤잠을 설치기 일쑤였다. 그러나 좀처럼 좋은 생각이 떠오르지를 않았다. 그렇다고 이런 심사를 누구와 상의할 수도 없는 노릇이라 답답하기만 했다. 누군가에게 이런 고민을 털어놓아 봤자 배부른 소릴 한다고 나무랄 것 같아서였다.

하여튼 업종을 바꾸기는 해야겠는데 좀처럼 묘안이 떠오르지 않았다. 한때는 발동기나 농기구 같은 것을 더 전문적으로 만들어 볼까 하는 생각도 가져 보고 소형 터빈을 본격적으로 제작해 볼까 하는 생각도 해보았으나 확신이 서지 않았다.

7장
풍류 한 시절

북과의 인연

어머니가 갑작스레 돌아가시고 난 후 나의 마음은 한없는 공허감에 빠져들었다. 공장에 돌아와서도 좀처럼 일손이 잡히지 않았다. 즐거운 일을 보아도 기쁘지가 않았다. 상심한 내 마음은 삶의 의욕마저 잃게 했다.

그런 1년여의 세월이 덧없이 흘러갔다. 이런 내 모습을 지켜본 친구 장태석이 어느 날 나를 찾아와 이렇게 말했다.

"어차피 한 번 왔다가 되돌아가는 것이 우리 인간 세상의 이치가 아닌가. 자네가 슬퍼한다고 돌아가신 어머님이 다시 살아오실 수는 없는 법. 그러니 다른 일에 취미를 붙이고 슬픔을 잊는 게 어때."

그러면서 자기와 함께 북을 한번 배워 보자고 권유하는 것이었다. 이 제의를 처음 들었을 때는 별로 마음이 내키지 않았다. 솔직히 말해 당시만 해도 북을 배운다는 것은 돈도 많고 시간도 많은 한량들이나 즐기는 신선놀음이라 여겼다. 그래서 나로서는 결정을 내리기까지 상당한 시간이 걸렸다.

장태석은 포기하지 않고 몇 차례고 나를 설득하였다. 그래 곰곰이 생각해 보니 나라고 해서 배우지 말라는 무슨 법이라도 있겠는가 하며 마음이 움직이기 시작했다. 이리하여 1950년 2월부터 친구 장태석을 따라 북을 배우기 시작했다.

우리는 광주시 양림동 중추당한약방 주인의 사랑채에서 소리꾼을 데려다 북을 배웠다. 처음 시작한 나에게 북은 어머니와의 별리別離로 인한 아픔을 달래 주는 좋은 위안자 구실을 했다. 우리는 매일 낮에는 일을 하고 저녁때면 한약방에 모여 소리꾼이 부르는 진양조 가락에 맞춰 장단을 배워 나갔다.

북이란 게 참 묘한 구석이 있다. 모든 예술이 다 그럴 테지만 치면 칠수록 맛이 나고 어려운 것이 북이었다. 특히 소리꾼의 소리 리듬에 맞춰 북의 간을 맞춘다는 것이 재미는 있으면서도 그렇게 힘이 들고 어려울 수가 없었다.

그러나 나는 아예 자신 없는 일이라며 손을 아니 댔으면 모르되 일단 시작을 했다 하면 남에게 뒤진다거나 중간에 그만두는 일은 결코 하지 않는 성미이다. 하루도 빠지지 않고 열심히 배우고 익혔다. 그렇게 한 석 달 동안 진양조 장단을 치다 보니 부지불식간不知不識間에 북에 대한 자신감이 생겨나는 듯했다.

친구 장태석의 권유로 시작된 북과의 인연

　어느덧 내가 북을 치기 시작한 지도 반년이나 지났을까. 항상 얕은 물에서만 놀던 고기가 좀더 깊은 물로 나가 보고 싶은 충동이 일었다. 그래서 하루는 함께 배운 장태석 등과 어울려 당시 광주 금동에 전문 소리꾼 박동실朴東實, 1897~1968이 운영하는 국악원에 찾아가 그동안 익혀 온 실력을 가늠해 보기로 하였다.

　가볍게 저녁을 물리고 난 다음 장태석이 먼저 북채를 잡았다. 타고난 소리꾼 박동실의 판소리 가락에 맞춰 북을 치며 장단을 맞추었다. 그런데 도대체가 맞아 들지를 않았다. 박동실의 소리는 마치 은쟁반에 옥구슬이 굴러가듯 낭랑하였지만 장태석이 치는 북의 장단은 짧았다 길었다 형편없었다.

장태석은 부끄러웠던지 치던 북채를 나에게 넘겨주었다. 나 역시 장태석과 크게 다를 바 없었다. 완전히 소리와 장단이 따로 놀았다. 그날 밤 우리 일행은 박동실로부터 창피만 톡톡히 당한 꼴이 되었다.

그러나 한편으로 우리가 박동실로부터 당한 창피는 북에 대해 새롭게 눈을 뜨게 하는 좋은 계기가 되었다. 우리는 앞으로 제대로 된 북을 배우기로 의기를 투합했다.

그리하여 당시 광주의 북 치는 세계에서 이름이 널리 알려져 있던, 남동에서 기생들에게 가무를 가르치는 인간문화재 공대일孔大一. 1911~1990과 동명동에서 기생들에게 북을 가르치는 전문 고수를 찾아다니며 북을 익혔다.

이 무렵만 해도 이른바 우리의 전통음악인 국악은 몇몇 전문 소리꾼이나 고수, 그들이 가르치는 기생들에 의해 명맥이 유지되고 있었다. 일반인이라면 극히 일부 돈 있는 한량들이나 취미 삼아 북을 배워 즐기는 것이 고작이었다.

"늦게 배운 도둑이 날 새는 줄 모른다"는 속담이 있다. 말하자면 우리는 그만큼 북에 빠져 있었다. 우리가 한창 북 치는 일에 재미를 붙여 가던 중 6·25가 터졌다. 이 바람에 우리는 상당 기간 북채를 놓지 않을 수 없었다.

안채봉과의 만남

　전쟁으로 인한 사회 혼란이 어느 정도 가시고 우리 사업도 안정을 되찾자 장태석이 배우다 만 북을 마저 배우자고 제의했다. 그래서 다시금 북에 관심을 쏟게 되었다.

　우리는 이 무렵 광주 서석동에서 기생들에게 가무를 가르치며 생활하던 소리꾼 공대일과 동명동에서 북을 가르치는 또 다른 소리꾼의 집을 오가며 북과 장구를 배웠다.

　또 가끔씩은 이들의 집에서 가무를 배우는 기생들과 어울려 그들이 뽑는 판소리를 듣고, 어떤 날은 광주에서 이름 있다는 기생들을 불러서 소리를 듣는 일도 있었다. 때로는 나나 장태석이 그들의 소리에 맞춰 북을 치기도 했다. 처음엔 어설프기만 하던 우리의 북 장단도 시간이 흐르면서 점차 나아졌다.

　어느 날인가 공대일이 연락을 하여 그날 밤 명창기생 안채봉安彩鳳, 1924~1999을 자기 집으로 불러 놨으니 함께 들어 보자는 것이었다. 안채봉은 미모는 아니었지만 광주기예光州妓藝조합에서는 알아주는 소리꾼으로 통했다.

　공대일의 집에 모습을 드러낸 안채봉의 소리는 그때까지 내가 들어 본 소리 중 단연 최고였다. 나는 그녀와의 첫 대면에서 나도 모를 이상한 감정에 빠져들었다. 나만이 아니라 그녀도 마찬가지였다. 그날 밤의 만남이 연정으로 이어진 것이다.

이후 우리는 장소를 옮겨 가며 그녀가 소리를 하고 내가 고수가 되어 어울리게 되었다. 만남의 횟수가 잦아지면서 우리 둘은 친숙한 사이로 발전해 갔다. 거기에는 국악에 대한 나의 관심을 그녀와 함께 나누는 기쁨이 있었고, 그녀의 타고난 재주를 더 키워서 대성시켜 보자는 나의 뜻이 있었다.

이렇게 2년을 함께 지내다 보니 소리하는 그녀의 구석구석을 알게 되었고 어딘지 모르게 아직은 덜 터졌구나 하는 대목을 발견하게 되었다. 서당개 3년이면 풍월을 읊는다고 어느새 5년 가까이 남의 소리를 듣고 북을 배우다 보니 어느 대목은 잘하고 어떤 대목은 어떻게 뽑아야 하는 것쯤은 요량할 수가 있게 된 것이다.

안채봉은 천부적인 목청과 재질을 가졌지만 전체적으로 봤을 때 미흡한 데가 없지 않았다. 나는 이런 안채봉을 더 다듬어야겠다고 마음먹고, 그 같은 뜻을 그녀에게 전하였다. 그녀 역시 자신의 소리가 아직은 완전하지 못해 더 배우기를 희망하고 있었으나 여태껏 실행하지 못했다면서 나의 제의를 흔쾌히 받아들였다.

우리는 한동안 수소문한 끝에 1950년대 이 나라 판소리계의 대부로 통했던 정응민鄭應珉, 1896~1963 선생을 그녀의 스승으로 정하였다. 그래서 그녀를 데리고 정응민 선생이 있는 보성으로 갔다.

안채봉의 소리를 들어 본 정응민은 앞으로 2년 정도만 다듬으면 훌륭한 소리꾼으로 대성할 수 있겠다며 그녀의 재질을 높이 평가해 주었다. 2년이란 수학 기간이 다소 길게는 느껴졌다.

정웅민은 판소리 서편소리제의 1인자인 박유전朴裕全, 1835~1906의 소리를 이어받은 명창 정재근鄭在根, 1853~1914의 조카였다. 삼촌 정재근을 통해 박유전의 서편소리제를 전수한 정웅민은 김찬업金贊業을 통해 김세종金世宗의 동편소리제를 이어받아 이 두 소리제를 자기 소리 이념으로 잘 정돈한 우리나라 동편소리제의 1인자였다. 또한 정웅민은 고향 보성에 있으면서 정권진, 성창순, 성우향, 조상현 등과 같은 명창들을 길러 거대한 판소리 인맥을 형성한 거목이었다.

그녀를 정웅민 선생에게 맡기고 돌아온 나는 한동안 사업에 몰두하느라 그녀를 잊고 있었다. 그런데 1년쯤 지난 어느 날 안채봉이 정웅민의 문하에서 나오고 말았다. 소리를 들어 보니 1년 전과는 많이 달라져 있긴 했다. 남들도 안채봉의 소리가 예전과 많이 다르다며 찬사를 보냈다. 하지만 나의 속마음은 그렇지 못했다. 아직도 완전히 터진 소리라고 하기에는 어딘가 미흡했다. 그런데 왜 그녀는 처음에 마음먹은 2년을 채우지 못하고 나왔단 말인가. 이런 안타까운 마음을 지울 수 없었다.

'만약 2년간의 사사를 제대로 마쳤더라면 김소희나 박초월 못지 않은 명창이 되었을 것을…'

광주국악원이 걸어온 길

6·25가 끝나고 다시 북을 배울 때(1954~1955년경)만 해도 광복 전에 문을 닫았던 광주국악원이 아직 문을 열지 못하고 있었다. 이를 안타깝게 여긴 서동의 최정숙 씨가 1955년에 자기 집 사랑채의 널찍한 대청을 국악원 삼아 사용하도록 배려하였다. 이리하여 한동안 끊어졌던 이 지방 국악의 맥이 되살아나게 되었다.

이렇게 최정숙 씨가 자기 집 사랑채를 국악원으로 사용토록 한 것은 스스로 국악을 사랑하기 때문이기도 했지만, 자신이 가장 아끼던 국악인 임세균이 아무 일도 하지 않고 놀고 지내는 것이 보기에 딱해 그에게 일자리를 제공해 주기 위한 것이 아니었나 싶다.

당시 국악원 회장은 최정기 씨의 아버지인 송산松山 선생이, 원장은 최문기 씨가 맡았다. 소리꾼인 정광수가 판소리를, 성원목이 춤과 가야금을 가르쳤다. 임세균은 국악 외에 거문고 등 정악에도 뛰어난 인재였다.

나와 장태석은 최정숙 씨의 집에서나마 국악원이 문을 열었다는 소식을 듣고 매일 그리로 나가 정광수에게 본격적으로 사사하게 되었다. 아울러 임세균으로부터는 실기와 국악 이론에 대한 강론을 들었다. 이리하여 나는 우리 국악은 물론 예술의 세계가 어떤 것인가에 대해 눈뜨게 되었다.

이때까지만 해도 우리의 전통음악인 국악은 몇몇 전문 소리꾼과 고수, 기생들에 의해 가까스로 그 명맥을 이어오고 있었다. 이들이 그런대로 명맥을 이어온 데는 돈 있는 한량들의 관심도 빼놓을 수 없다.

광주에 국악원이 처음 생긴 것은 1920년대 초 무렵이었다고 한다. 광주 사람으로 맨 먼저 일본에 들어가 개화문명을 살피고 돌아왔다는 최서현崔瑞賢을 비롯하여 예술에 뜻이 있는 유지들이 국악의 전통을 잇자는 데 뜻을 모았다. 그리고 당대의 부호였던 정덕범 씨가 지금의 남동 천주교 뒤편인 옛날 김록호金錄鎬병원 자리에다 초가 세 칸을 희사하여 사용토록 한 것이 광주국악원의 효시라 한다.

이곳에서 기생들에게 창唱과 악기 그리고 춤 등을 가르쳤다. 그 이전에는 현재의 화니백화점 근처에 있던 신흥주조장에다 방을 얻어 기생학교의 명맥을 유지해 왔는데, 그곳에서 기생 지망생들이 김영구, 김복실 등으로부터 창과 춤, 기악을 익혔다고 하며, 특히 앞을 못 보는 김복실은 당대의 명창으로 만인의 심금을 울렸다고 전해진다. 당시의 기생은 음악, 무용에 능숙한 예술인이었고 기생학교는 예술학교인 셈이었다.

당시 이 지방의 유지들이나 한량들은 틈만 나면 남동 예기조합에 나와 국악을 들으며 나라 잃은 설움을 달랬다 한다. 이때 기생들은 낮이면 국악원에서 가무와 예절을 배우고 밤이면 요릿집에 불려나가 일을 했다.

이때 광주의 이름 있는 요릿집으로는 조선사람이 경영하던 현대한극장 입구의 명월관과 미 문화원 자리에 있던 춘목암, 그리고 현 황금동 연회식당 자리에 있던 식도원, 일본인 기다무라가 주인으로 현재의 학생회관 자리에 있던 북촌루, 적십자병원 자리의 춘내가春乃家 등이 있었다.

예기조합은 기생들이 요릿집에 나가 받아 온 출연료 가운데 절반을 운영비로 받아서 꾸려 나갔다. 그 후 예기조합은 기생들로부터 받은 운영비를 모아 뒀다가 정덕범 씨가 희사한 초가집을 헐고 그 자리에다 기와집을 신축하였다. 그리고 예기조합 건물은 23명의 기생 명의로 등기를 마쳤다.

이러는 동안 1941년 12월 7일에 태평양전쟁이 일어났다. 그러면서 예기조합의 명칭도 권번券番으로 바뀌게 되었다. 지금 국창이며 인간문화재로 지정된 김소희, 박초월 등이 모두 광주 권번 출신이다. 그리고 서울 청진동의 장원식당 주인인 주계향과 김비연, 한순애 등도 당대 이 지방을 주름잡던 명기들이었다.

한편 이 무렵 광주의 권번과는 관계가 없지만 유명한 공옥진의 아버지로 지방문화재였던 공대일 그리고 김연수, 정광수, 진도의 양홍도 등이 소리 세계에서 한창 명성을 떨치고 있었다.

그러나 태평양전쟁이 말기로 접어들자 요릿집들이 하나둘 문을 닫으면서 권번도 자연 해산될 운명에 놓였다. 이 바람에 일자리를 잃게 된 광주 권번의 기생들 역시 뿔뿔이 흩어지면서 국악원 운영이 어렵게 되었다.

 당시 일부 친일파 인사들이 그 국악원 건물을 팔아 일제의 비행기 헌납기금으로 바칠 움직임을 보였다. 이 같은 사실을 기생들로부터 전해들은 광주 유지들이 들고일어났고, 이 건물을 팔지 못하도록 당시 광주의 갑부인 지정선 씨의 이름으로 등기를 이전해 두었다.

 그 뒤 광복이 되자 지정선 씨는 아무도 이 건물을 팔아먹지 못하도록 한다며 자가 명의로 된 건물등기를 지수영과 도석수란 유령 인물 명의로 바꾸어 버렸다. 지수영이란 등기부상의 이름은 당시 광주시 불로동에 있던 수영당이라는 노인당의 이름이요, 도석수 역시 이 노인당 내에 세워진 석수명이라는 건물의 이름이었다. 지정선 씨는 광주의 유일한 국악원만큼은 광주 사람이 지켜야 한다는 정의감과 애향심에서 그리한 것이었다.

 이후 우여곡절이 있긴 했으나 최정숙 씨의 배려로 광주국악원의 맥이 계속 이어질 수 있었다.

 나와 장태석은 광주국악원에 나가 임세균으로부터 정악正樂과 거문고를 배우고 가끔씩 공대일, 김명환 등과 어울려 당대의 국창으로 일컬어지는 이동백, 임방울 선생의 판소리 공연을 관람하기도 하였다.

 처음에는 소리꾼들이 무대에 올라가 목에 힘줄을 세우고 소리

질러 대는 꼴이 우습게 여겨지기도 했다. 그러나 이동백의 '새타령'과 임방울의 '쑥대머리' 등을 듣고 있노라면 나도 모르게 노도怒濤와 같은 소리의 물결이 잔잔한 바다로 되돌아온 듯한 격정과 안온함에 감싸이곤 했다.

끊어질 듯 말 듯 이어져 나가는 소리의 연결을 따라 슬픈 대목에서는 가슴을 조이게 하고 희열에 찬 대목에서는 다시 무릎을 치도록 신명을 불러일으키는 그 무쌍한 변화에 넋을 잃기가 한두 번이 아니었다.

이때 '아! 바로 이것이 우리 소리라는 것이구나' 하고 뼈아프게 느끼곤 했다. 그러는 사이 나도 모르게 판소리에 점점 심취해 갔고, 국악인과 자주 접촉을 가지면서 소리의 이론과 수련과정에 관한 경험담을 귀가 닳도록 들을 수 있었다.

국악원에 드나들기 시작하고부터 이 지방의 명창 임방울, 고수 김득수 등과 가깝게 어울릴 수 있었다. 또한 광주의 돈 있고 글줄깨나 읽었다는 지식인, 예술가 등과도 접촉할 기회가 많았다. 그들과의 잦은 만남을 통해 인간세상에서 사교社交의 중요성도 터득하게 되었다.

이때 국악을 모르고 이른바 배웠다는 인사들과의 교류가 없었더라면 아마도 지금쯤은 광주 시내에서 알아주는 구두쇠가 되지 않았을까 하는 생각이 들 때도 있다. 그런 점에서 나를 국악의 세계로 인도해 준 장태석과 나에게 우리 전통예술이 어떤 것인가를 일

깨워 준 임세균 선생에게 항상 감사한 마음을 가지고 있다.

국창·임방울의 고수鼓手 요청

당대의 명창 고수들과 가까이하며 익힌 나의 북 솜씨도 세월이 흐르는 동안 상당히 발전해서 주위 사람들이 알아줄 정도가 되었다. 그렇다고 해서 이것을 자랑하거나 뽐내 본 일은 없다. 그런데 참으로 뜻밖의 인연이 닿았다.

1957년 9월 광주상공회의소가 광주공원에서 '전국물산공진회'를 개최하였다. 그때 기념행사의 하나로 국창國唱 임방울林芳蔚 선생을 모셔다가 공연을 갖게 되었다.

당시 임방울은 천하가 알아주는 명창이라 좀처럼 지방공연 같은 것은 하지 않았다. 더군다나 이 무렵의 임방울은 건강이 좋지 않아 요양 중이었다. 이런 것을 당시 광주상공회의소 회장이던 박인천(금호그룹 창업자) 선생이 간곡하게 권유하여 모셔올 수 있었다.

그 국창 임방울 선생이 광주의 명사들과 만찬을 하는 자리에서 자기의 판소리 고수鼓手로 미천한 나를 천거한 것이었다. 그 요청을 받고 놀라지 않을 수 없었다.

아마도 그 자리에 함께한 인사들은 더 놀랐을 것이다. 만찬회에 참석한 이른바 광주의 명사들은 대부분 나와 가깝게 지내는 사이라 나의 고수 솜씨에 대해 조금씩은 알고 있을 터였다. 그러나 국창 임방울 선생의 장단 요청을 받을 만큼 대단한 줄은 아무도 몰랐을 것이었다.

나는 이 뜻밖의 요청을 정중히 사양하였다. 마음 한편으로는 함께 해보고 싶다는 욕심도 없지 않았지만, 나 자신의 실력과 분수를 너무나 잘 알고 있었다.

이날 임방울 선생이 나에게 고수를 맡아 달라고 한 것은 꼭 나를 자신의 고수로 부르고 싶어서라기보다 여러 인사들 앞에서 나의 북 솜씨를 칭찬해 주려는 뜻으로 받아들였다. 그래서 이렇게 말씀드렸다.

"국창 선생님의 고수 요청은 제게 참으로 영광스러운 일입니다. 하지만 저보다 몇 배 더 훌륭한 고수들이 많으니 그 요청만은 거두어 주십시오."

이런 일이 있은 후 나는 갑자기 광주 시내에서 유명한 고수가 되어 버렸다. 이날 임방울 선생의 판소리 공연무대는 광주 소리꾼 안채봉과 오늘날 이 나라 최고의 명창으로 꼽히는 젊은 나이의 조상현趙相賢이 처음으로 무대에 올라가는 뜻깊은 자리가 되기도 했다. 불행히도 국창 임방울 선생은 이날의 공연을 끝으로 다시 무대에 서지 못한 채 불귀不歸의 객客이 되고 말았다.

판소리에는 '1고수 2명창'이라는 말이 있다. 판소리에서는 소리도 좋아야 하지만 그에 못지않게 북이 더욱 잘 리드하고 따라 주어야 한다는 말이다.

북은 소리꾼의 리듬에 맞춰 앞서거나 뒤처지는 일이 없이 마치 기계처럼 정확해야 한다. 소리가 높을 때는 달밤에 수북이 쌓인 눈길을 걷듯 북이 뒤따르고, 소리가 잔잔할 때는 가슴을 찌르는 듯한 창창한 타격으로 소리꾼의 발길을 안내해야 한다.

또한 매듭을 지을 때는 소리와 북이 이중으로 엇갈려 번져 나가되, 다시 이어질 때는 소리꾼과 고수가 한 줄기 시냇물로 만나듯 조화를 이루도록 해야 한다. 이야말로 인간이 만들어 내는 최고의 예술이 아닐까 싶다.

《악학궤범》서문에 이런 구절이 나온다.

"음악이란 하늘에서 나와 사람에게 머무르고 허무에서 발생하여 천연 자연의 기운에 결성되는 까닭에 사람의 마음을 강하게 하고 그 혈맥을 뛰게 하고 그 정신을 상승시키는 것이다."

인간의 마음을 강하게도 하고 혈맥을 뛰게 할 만큼 상승시키기도 하는 감동적인 소리란 하늘의 소리쯤 되어야 한다는 말은 의미가 깊다. 이런 차원에서 판소리의 정수精髓는 소리에 있지만 그 명창의 소리를 빛내 주는 것은 역시 고수라는 생각이 든다.

고수는 자신의 감정을 억제하고 소리꾼의 감정에 따라가게 마련이다. 풍류란 즐거움만을 추구하는 것이 아니라 인격수양의 수단으로 삼을 때 더 큰 의미가 있는 게 아닌가 싶다.

옛 선비들이 심산유곡에서 자연과 더불어 노래를 듣고 북을 친 것은 단순한 멋이 아닌 자신의 숨결을 고르게 하고 혈맥을 잔잔하게 한 다음 정신을 맑게 가다듬고 배움을 바르고 깊게 하는 수양의 한 수단이었다.

판소리를 흔히 남도소리라 한다. 남도란 충청도, 전라도, 경상도 등 삼도 지방을 흔히 일컫는다. 그러나 조선시대에 판소리 명창들이 태어난 고장을 추려 보면 전라도, 충청도 서부, 경기도 남부, 경상도 등 지역적으로 서남부에 한정되는 것으로 봐서 남도란 이 지역들을 가리킨다고 할 수 있으며 전라도가 그 중심 지역 구실을 하였다.

판소리는 전라도, 충청도, 경기도 남부에 이르는 넓은 지역으로 전승되다 보니 지역에 따라 약간씩 다른 소리제를 갖게 되었다. 그리하여 지역에 따라 동편소리제나 서편소리제, 중고소리제니 하는 여러 가지 지역 소리제가 생겨난 것이다.

동편소리제란 전라도의 동쪽인 전주, 임실, 운봉, 승주, 순천, 남원, 구례, 곡성 지역에서 전승되어 오던 소리제를 말하고, 서편소리제란 전라도의 서쪽인 나주, 함평, 장성, 해남, 강진, 광주 지방 등에서 전승된 소리제를 일컫는 말이다. 그리고 중고소리제란 경기, 충청도 지방에서 전승되어 온 소리제를 말한다.

동편소리의 명창으로는 송흥록, 김세종, 정춘풍 등이 있었다. 서편소리에는 박유전, 정창업 등이 명창으로 꼽힌다. 동편소리와 서편소리의 음악적 특성을 가려내기란 나 같은 아마추어 고수의 입장에서는 힘든 일이지만, 대충 들은 바에 의하면 동편소리는 걸음제가 굵고 대범하며 호령제를 많이 쓰고 소리의 처음을 진중하게 내고 끝을 힘 있게 자르는 반면, 서편소리는 걸음제가 잘고 정교하며 서름제를 많이 쓰고 소리의 처음을 부드럽게 내며 끝을 부드럽게 끈다는 것이 다르다.

그러나 이들 두 소리도 조선 말기로 접어들어 지역적 교류가 잦아지면서 소리제의 특징이 뒤섞여 버리는 바람에 오늘날에 이 두 소리의 차이를 가려내기란 여간 힘든 일이 아닐 수 없다.

조선 말기까지만 해도 전라도에는 찬란한 별과 같은 명창들이 수도 없이 들고 나서 큰 인맥을 형성하며 찬란한 판소리의 역사를 꾸몄다. 오늘날에는 이러한 인맥이 얽히고설켜 그 가닥을 종잡기가 어렵다. 그뿐만 아니라 소리제의 전승이 가닥마다 단절되고 있어 판소리 전승에 어두운 그늘이 드리워 있으니 참으로 가슴 아픈 일이 아닐 수 없다.

옛집을 다시 찾은 광주국악원

잠시 얘기가 빗나갔다. 임방울 선생의 광주 공연이 있고 얼마 안 되어 광주국악원의 사실상의 주인인 최정숙 씨가 세상을 뜨고 말았다. 그가 세상을 뜨자 후원자를 잃은 국악원은 마치 사공 잃은 배 신세나 다름없게 되고 말았다.

최정숙 씨가 별세하고 1년 반쯤 후였다. 하루는 그의 부인이 국악원으로 송산 선생을 찾아와 집을 비워 달라고 요구했다. 최 씨 부인의 당연한 요구에 송산 선생으로서도 별다른 도리가 없었다.

이 무렵 나와 장태석은 국악원 이사로 활동하고 있었다. 그런 관계로 해서 우리는 송산 선생과 여러 차례 만나 국악원 이전문제를 협의해 보았으나 국악원의 자산이 없으니 당장 옮겨 갈 장소를 구할 수가 없었다. 그렇다고 국악원의 문을 닫아 버린다는 것은 국악을 알고 배우러 다닌다는 나의 자존심이 허락하지 않았다.

우리는 궁리 끝에 광복 전에 광주국악원이 들어 있던 그 자리로 옮겨 가는 것이 좋겠다는 데 의견을 모았다. 그에 소요되는 비용은 나와 장태석이 부담하기로 하고 준비작업에 들어갔다.

이때 남동에 있는 옛날의 국악원 건물에는 신금희라는 여성이 지정선 씨로부터 전세를 얻어 음식점을 내고 있었다. 나는 지정선 씨를 만나 전후 사정을 얘기하고 신금희에게 내준 전셋돈은 우리가 낼 터이니 그곳을 다시 국악원으로 쓸 수 있도록 해달라고 부탁했다. 그랬더니 지정선 씨도 그렇게 하는 게 좋겠다며 선선히 응했다. 이에 나와 장태석이 돈을 모아 신금희의 전셋돈을 되돌려주고 약간의 수리를 한 뒤 1958년 10월 이사를 하게 되었다.

광주국악원이 문을 닫은 지 17년 만에 옛집을 찾아 다시 옮기게 된 것이다. 당시 국악원 사람들은 둥지를 잃고 방황하던 새가 다시 보금자리를 찾아 돌아온 것처럼 모두 활기에 넘쳐 보였다.

국악원이 본래의 장소로 옮기고 난 뒤부터 국악에 관심을 보이는 인사들도 점차 많아졌다. 나 역시 더욱 열심히 국악에 빠져들었다. 1961년에는 전주국악원이 주최하는 전국명창대회에도 참가했다.

당시 이 대회는 전국적으로 상당한 명성을 얻고 있었는데, 나는 광주국악원에서 선발한 안채봉 등 3명의 기생을 시발택시에 태우고 대회에 참가했다. 이날 명창대회에서는 남원예기조합 소속 기생 강선홍이 대상을 차지하고 내가 데리고 간 안채봉이 금상을 받았다.

이날 의재毅齋 허백련許百鍊, 1891~1977 선생에 대해 알게 되었다. 우리 일행을 맞아 준 전주국악원장 김희순 씨가 소개했는데, 그날은 경황이 없어 간단한 수인사만 나누었고 며칠 후 다시 그분을 만나 깊은 인연을 맺었다.

의재毅齋 선생에게 아호를 받다

전주 명창대회에 참가하고 돌아온 지 3일쯤 지난 뒤였다. 광주국악원이 전주 대회에서 금상을 차지한 안채봉과 우리 일행을 위해 환영연을 베풀어 주었는데, 그 자리에 의재 선생께서 나와 주셨다.

선생이 국악원에 들어서자 좌중의 인사들이 모두 자리에서 일어나 정중히 그를 모시는 모습을 보고 다시 한 번 부끄러운 마음이 들었다. 잠시 후 나는 틈을 내 전주에 다녀온 얘기를 화제 삼아 첫인사를 드리고 앞으로 자주 찾아뵙겠다고 말하였다. 그랬더니 의재 선생은 다정하게 말을 건넸다.

"권 사장과 장 사장에 대해서는 익히 들어 알고 있습니다. 오늘 만나게 되어 반갑습니다."

그러더니 우리 둘을 번갈아 쳐다보며 물었다.

"아호가 어떻게 되시는지요?"

차분한 어조였지만 그의 말은 무게가 있었으며 좌정한 모습에서 형언할 수 없는 도인의 기품이 엿보여 향연의 자리임에도 함부로 행동할 수 없는 분위기를 자아냈다.

나는 이때까지만 해도 아호가 무엇인지 어떤 의미를 갖는 것인 줄 몰랐다.

"아직 그런 걸 생각해 보지 못했습니다. 어디 저 같은 자에게 아호가 어울리기나 하겠습니까. 때가 되면 말씀드릴 테니 그때 가서 하나 지어 주십시오."

그랬더니 선생은 남자가 바깥출입을 하려면 호가 있어야 한다면서 즉석에서 나에게는 '서암'瑞巖, 그리고 옆에 있던 장태석에게는 '우암'愚巖이란 아호를 지어 주었다. 그러면서 그동안 여러 사람들을 통해 서암과 우암 두 사람이 이 지방 국악 발전에 좋은 일을 많이 하고 있다는 소식을 들어서 잘 알고 있다며 격려까지 해주었다.

아마도 장태석과 내가 국악원을 옮기는 데 돈 몇 푼 낸 것을 두고 하는 말씀 같았다. 큰돈도 아닐뿐더러 뭐 칭찬받고자 한 일은 더더욱 아니었다. 하지만 만인의 존경을 받는 의재 선생에게 칭찬을 듣고 보니 내가 한 일에 대한 보람이 느껴지면서 앞으로도 저런 분들이 바라는 일이라면 더 앞장서서 많은 일을 해야겠다고 다짐했다.

이날을 계기로 의재 선생과 아주 가깝게 되었다. 회사에 어려운 일이 있거나 개인적으로 복잡한 문제가 생기면 선생이 기거하는 무등산 계곡의 춘설헌으로 찾아가 상의도 드리고 조언의 말씀을 듣곤 하였다. 또 명절 때나 한가한 시간에도 그분을 찾아가 뵙고 선생의 작품 세계며 세상 돌아가는 얘기들을 나누기도 했다.

그분을 찾아뵙는 일이 빈번해지고 그림에 대한 대화 시간이 많아지면서 의재 선생이 즐겨 그리는 남종화에 대한 감상법도 자연히 익히게 되었다. 그럴 때마다 의재 선생은 "내 집까지 올라온 서암을 빈손으로 돌려보낼 수 없다"며 손수 그린 소품 1점씩을 봉투에 담아 주곤 하였다. 때로는 나의 필요에 의해서 그분의 작품을 받기도 하였다.

그 후 20여 년 동안 의재 선생과 교분을 가졌지만 단 한 번도 그림을 거저 받아 본 적이 없다. 의재 선생 역시 값어치를 따져 그림을 그리는 것이 아니라 순수한 창작에만 몰두하였다. 선생의 이런 정신이 작품의 예술성으로 승화되고 선생의 인격을 높인다고 생각했다.

나는 24세에 광주에 와서 줄곧 살아오는 동안 나보다 훌륭한 어른이나 친구들을 많이 사귀었다. 그렇지만 의재 선생만큼 오랫동안 존경심을 갖고 받들어 모신 분은 그리 많지 않다.

선생의 훌륭한 인품과 특히 나라를 사랑하는 지도자의 면모는 내가 그분을 받들고 따르기에 모자람이 없었다. 그는 우리 민족의 뿌리를 찾고 이 나라 개국 이념인 '홍익인간'의 정신을 몸소 실천하려고 노력했다. 그의 이런 노력을 지켜보면서 나라와 민족을 사랑하는 애국애족이 어떤 것인지, 또한 그것을 어떻게 실천해야 하는지를 깨달을 수 있었다.

내가 친구 장태석을 통해 국악을 배우고 예술세계에 눈을 떴다면 의재 선생을 통해서는 기업경영을 어떻게 하는 것이 바람직한가 하는 철학을 배웠다 해도 과언이 아니다. 만약 예술만 알고 기업경영에 대한 철학이 없었다면 단기간에 많은 이익을 낼 수 있는 부동산 투기나 사채놀이로 부富만 좇았을지 모른다.

실제로 화천의 경기가 한창 좋을 때 주위로부터 이런 권유를 여러 번 받기도 했다. 솔직히 드러내 놓고 좋아하지는 못했지만 나도 그런 권유에 전혀 마음이 없지는 않았다. 하지만 지금껏 나는 부동산 투자로 돈을 벌어 본 적이 없을뿐더러 사채놀이 따위는 생각조차 해본 일이 없다.

내가 의재 선생과 교분을 가지면서 선생에게서 직접 받은 그림과 시중 화방에서 사들인 그림만도 족히 수백 점은 될 것이다. 한때 광주 시내에서 나만큼 의재 선생의 그림을 많이 소장했던 사람도 없으리라. 그렇지만 그 그림들이 지금은 불과 서너 점밖에 남아 있지 않다.

그렇다고 내가 선생의 그림 등을 돈을 받고 팔아 본 일은 단 한 번도 없다. 나는 의재 선생의 그림들을 잘 보관해 두었다가 평소 내가 도움을 받았거나 고맙게 생각해 온 여러 분들에게 보답의 의미로 선물하곤 했다. 내가 이런 일을 하게 된 것도 모두가 의재 선생의 나라 사랑하는 정신을 몸소 실천하려고 노력한 데서 기인한 바가 크다.

선생은 늘 단군사상이야말로 우리 땅에서 생성하여 완성된 우리 민족 고유의 '정통사상'이라고 강조하였다. 그리고 밖에서 들어온 '외래사상'은 그 나름대로의 계통을 이어 '전통사상'은 될 수 있을지언정 결코 '정통사상'은 될 수 없다고 주장하였다.

선생은 단군의 개국이념인 홍익인간 사상이 희박해지면 국세가 쇠잔하였고, 그 사상이 투철할 때는 국세도 당당했다는 사실을 이 민족 만년사萬年史가 증명한다고 역설했다.

나아가 선생은 오늘날 우리 민족이 강대국의 콧김을 물리치고 힘차게 일어설 수 있는 길은 바로 홍익인간의 사상을 일으켜 단군 정신을 선양하는 것이라 지적하고, 약소국가일수록 민족주의를 바탕에 두지 않고는 강대국들의 등쌀에 살아남을 수 없다는 논지를 폈다.

의재 선생은 이 같은 당신의 소신을 실천하기 위해 광주 무등산 중턱 천제단에 개천궁開天宮을 세우려고 전시회도 열고 추진위원회까지 만들었다. 그러나 안타깝게도 그 뜻을 이루지 못한 채 세상을 뜨고 말았다.

제 2부

─────

화천과 더불어
공작기계와 더불어

1장
공작기계에 도전하다

내 손으로 만든 최초의 선반

업종을 바꾸어야겠다고 마음먹은 지 반년쯤 지난 1959년 3월 어느 날이었다. 초봄의 해맑은 햇살이 창문 틈을 통해 공장 안에 있는 선반旋盤 위에 쏟아지고 있었다. 한참 동안 그 빛나는 햇살을 바라보며 상념에 잠겼다.

바로 그때였다. 뭔지 모를 영감靈感이 내 머릿속을 강하게 때리는 것 같은 기분을 느꼈다. 나도 모르게 '옳지 바로 저거다!' 하는 생각이 언뜻 머릿속을 스치고 지나갔다.

그때만 해도 선반이라는 기계가 있기는 했는데 우리나라 어디에도 그것을 제작하는 곳은 없었다. 이 영감은 내가 운명적으로 기계 인생을 걸어 나가는 결정적인 계기가 되었다. 곧 햇살에 빛나는 선반 앞으로 다가가 그 기계를 유심히 살펴보았다.

"그렇지, 이걸 만들어 팔아 보자."

무언가가 가슴에 차오르는 벅찬 감정에 사로잡혀 공장 안을 새삼스럽게 둘러보았다. 그리고 곧 설계사 차학준을 불렀다. 그에게 선반을 스케치해서 설계도를 그려 보라고 지시했다. 그는 일본에서 공업학교를 나온 기술자였다. 나는 그가 선반을 설계하는 동안 내내 함께 숙식을 하며 지냈다.

그가 기계를 스케치해서 도면을 만들기까지는 2개월이 걸렸다. 그리고 설계대로 모형을 뜨고 주형鑄型을 만들어 쇳물을 붓기까지는 또다시 2개월이 소요되었다. 나는 선반 설계를 시작한 날부터 제작이 되어 나오는 날까지 하루도 빠짐없이 부처님께 빌었다.

드디어 주형에 쇳물을 붓는 날이 왔다. 나는 아침 일찍 일어나 찬물에 목욕재계한 뒤 새 옷으로 갈아입고 용선로鎔銑爐에 불을 지폈다. 이날따라 용선로의 불길도 유난히 활활 타오르는 것 같았다.

나는 정성을 다하여 용선로의 마지막 점검을 끝낸 뒤 다시 한 번 그 앞에 엎드려 마지막 치성을 올리고 쇳물을 주형에 부었다. 이 과정에서 뜨거운 쇳물 몇 방울이 발등에 떨어졌는데, 나는 그로 인한 통증도 느끼지 못한 채 일에 몰두해 있었다.

3개의 주형에 쇳물을 모두 붓고 나니 온몸에서 땀이 비 오듯 쏟아졌다. 이 또한 전혀 의식하지 못하였다. 이때의 내 모습을 본 공장 직원들은 그 자리에서는 감히 어떤 말도 걸 수 없을 만큼 엄숙했다고 나중에 들려주었다.

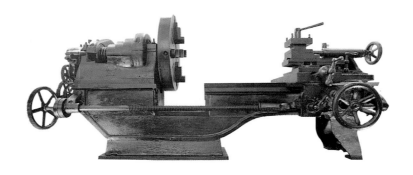

나의 이 같은 정성이 하늘을 감동시켰는지 처음으로 시도한 선반 제작은 시작한 지 반년 만에 완성을 보게 되었다. 1959년 8월의 어느 날, 최초의 선반(피대선반) 3대가 탄생된 그날의 기쁨과 벅찬 감격을 결코 잊을 수가 없다.

이렇게 만든 선반을 우선 우리 공장에서 사용해 보았다. 의외로 성능이 좋다는 결론을 얻었다. 자신감을 얻은 나는 5대를 더 만들었다. 그리고 새로 만든 5대를 서울 원효로에서 선반을 판매하는 김금산 사장에게 보내 팔아 보도록 하였다. 대당 가격은 9만 원으로 결정했다.

보내 놓고도 구매자의 반응이 어떨 것인지 좀체 마음이 놓이질 않았다. 그런데 이게 웬일인가. 기계를 올려 보낸 지 닷새도 안 되어 연락이 왔는데, 다 팔렸으니 또 만들어서 보내 달라는 것이었다.

김금산 사장의 전화를 받고 뛸 듯이 기뻤다. 모두가 내 세상인 것처럼만 보였다. 나는 마치 어린애처럼 이곳저곳을 돌아다니며 즐거워 어쩔 줄을 몰랐다.

또다시 10대의 선반을 더 만들어 서울로 보냈다. 이것 역시 얼마 안 가 모두 팔렸다며 기계를 판 돈과 새로운 주문서가 날아왔다.

이 무렵 우리나라에는 대전의 남선기공사와 대구의 대구중공업, 배달수 공장 등 3군데의 공장에서 우리가 생산하는 것과 비슷한 선반을 제작하고 있었다. 그러나 화천이 만든 기계가 우수할 수밖에 없었던 것은 사장인 내가 주물에 관한 한 따를 사람이 없다고 자부할 만큼 직접 관여하고 있었기 때문이다.

특히 주물에서 가장 중요한 사항은 양질의 원료인데, 나는 이 무렵 군 사격장의 탱크 파편들을 사들여 그것으로 주물을 부었던 것이다. 강도 면에서 일반 쇠보다 월등히 좋은 쇠인 탱크 재료를 원료로 썼으니 선반의 품질이 좋은 것은 당연했다.

기어구동식 선반 제작

선반을 제작하고부터 회사의 자금사정도 훨씬 나아졌다. 소비자들의 반응도 좋았고, 전후 복구기를 지나 산업활동이 활기를 띠면서 기계 수요가 급신장하는 대외 여건을 고려할 때 앞으로의 전망도 밝게 내다보였다. 이때부터 화천기공사는 수문제작 같은 관급공사에서는 서서히 손을 떼고 선반을 비롯하여 발동기, 연탄기계 등 기계류 제작 전문 메이커로 자리를 잡아 나갔다.

곧이어 피대선반에만 만족하지 않고 좀더 편리하고 성능 좋은 선반을 만들 수 없을까 하고 궁리하게 되었다. 한번은 수금도 할 겸 해서 서울의 대리점을 찾았다. 그때 대리점 사장이 이렇게 권했다.

"지금 외국에서는 기어구동驅動식 선반이 개발돼 잘 팔린다 하네요. 한번 만들어 보는 게 어떻겠소?"

늘 염두에 두고 있던 일인 데다 대리점 사장의 권유까지 받고 보니 당장 시작해야겠다는 도전의식이 생겼다. 공장으로 돌아오는 바로 그날부터 기어구동식 선반 제작에 착수할 작정이었다.

그런데 때마침 공장에서 설계를 맡고 있던 차학준이 개인사업을 하겠다며 공장을 그만두겠다는 것이었다. 그는 새 기계 제작에 없어서는 안 될 기술자라 한동안 그를 붙잡으려고 애를 썼으나 그는 자신의 결심을 꺾지 않았다.

몹시 난감했다. 우선 설계를 하고 목형木型을 떠야 주물을 붓든지 말든지 할 것이다. 바로 그 일을 해야 할 차학준이 나가 버렸으니 이러지도 저러지도 못하게 되었다. 그렇다고 먼 산만 쳐다보고 있을 수도 없는 일이었다. 어떻게 해서든지 새로운 기계를 만들어 보고 싶었다.

하루는 공장장으로 있는 박신형과 기계에 관한 한 손재주가 뛰어난 범희봉을 사무실로 불렀다. 그들과 이 문제를 상의해 보기 위해서였다. 이 두 사람에게 서울 대리점에 들러서 들은 얘기며 그동안 줄곧 새 기계에 대해 관심을 가진 내 속마음을 들려주고, 현재 우리의 기술 능력으로 기어구동식 선반을 만들 수 있겠느냐고 물었다.

이에 대해 공장장은 우리 기술 수준으로는 도저히 불가능하다고 말했다. 그의 판단에도 일리가 있었다. 겨우 피대선반 정도를 만드는 화천으로서는 기어구동식 선반을 제작하겠다는 것은 분명 모험이요 무리가 따르는 일임에 틀림없었다.

그러나 범희봉의 견해는 좀 달랐다. 그가 어떻게 나의 속마음을 읽었는지 용감하게 나섰다.

"제가 한번 만들어 보겠습니다."

그는 정규 교육을 많이 받지는 않았어도 기계를 다루는 일이나 만드는 일에서만은 집념이 대단하고 재주가 비상했다. 무엇보다 사장인 내가 무슨 일을 하려고 하는지를 재빨리 간파해서 자기가 앞서 대처하는 그런 사람이었다. 한번 도전해 보겠다는 그의 마음에 큰 고마움을 느꼈다. 만약 그때 범희봉마저 안 된다고 잡아뗐더라면 나도 포기했을지 모른다.

이 문제를 놓고 두 사람이 사무실에서 한동안 갑론을박甲論乙駁을 벌였다. 공장장이 안 된다고 하는 일을 부하 직원이 된다고 우기니 공장장의 입장이 뭐가 되겠는가. 일단 두 사람을 내보내고 한참을 더 숙고한 끝에 도전해 보기로 결정했다.

흐르는 물은 썩지 않는다. 공장도 항상 살아 움직이려면 부단히 도전하고 노력해야 한다. 이렇게 마음을 정하고 창밖을 내다보니 벌써 겨울을 알리는 하얀 눈이 장독대 위에 소복이 내려앉고 있었다. 눈 내리는 풍경이 갑자기 나를 동심으로 이끌었다. 흰 눈을 맞으며 광주공원으로 발길을 옮겼다. 그러면서 결심했다.

'무슨 일이 있더라도 새로운 선반을 만들자. 어려운 일이 닥치면 그때 가서 부딪쳐 해결하자.'

눈발은 점점 더 거세어지고 나의 결심도 굳어져 갔다.

'처음부터 안 된다고 포기하는 것보다 어려운 문제에 닥치면 부딪쳐서 뚫고 나가면 될 것이고, 그래도 정 안 된다면 그만이되 개발 과정에서 얻은 경험과 기술만은 남는 게 아니겠는가.'

멀리서 성탄을 알리는 교회당의 음악소리가 들려왔다. 평소 같으면 짜증스럽기만 했을 그 음악소리가 어쩐지 싫지 않았다. 그 음악은 나의 결심을 축복하고 그 실행을 재촉하는 것처럼 들렸다.

곧 새 기계 제작에 필요한 설계사를 찾아 나섰다. 수소문 끝에 부산에 적임자가 있다는 정보를 입수하고 서둘러 그를 찾아갔다. 그는 이장은이란 사람으로, 기계 설계에 대해서는 상당한 지식을 갖춘 사람이었다.

내가 화천의 계획을 설명하고 함께 일해 볼 것을 권유했더니 의

외로 선선히 응했다. 이 무렵만 해도 우리나라의 기계공업 수준이란 게 별것이 아니어서 이장은 같은 기술자를 필요로 하는 공장이 많지 않았다. 그렇게 좋은 기술을 갖고 있으면서도 일자리가 없어 놀고 있는 터였다.

그는 내가 필요로 하는 기어구동식 선반의 설계도면이 부산의 모 회사에 있는데 그걸 구입만 해가면 쉽게 기계를 만들 수 있겠다며 도면을 구하는 데 필요한 돈을 요구했다. 요즘 같으면 상상도 할 수 없는 일이지만 그때만 해도 이런 게 통했던 모양이다.

이장은이 요구하는 돈을 주고 그가 필요하다는 기어구동식 선반의 설계도면을 구한 뒤 그와 함께 광주로 왔다. 구해 온 설계도면 중에서 내부는 그대로 두고 외형만 약간 변형시켜 새로운 도면을 작성하였다. 그리고 범희봉에게 목형 뜨는 것부터 조립, 완성까지의 모든 책임을 맡도록 했다.

설계 원본이 있는 터라 시일이 많이 걸리지 않으리라 예상했는데 막상 시작하고 보니 마음먹은 대로 되지 않았다. 우리 가운데 아무도 기어구동식 선반에 대한 전문지식이 없는 데다 설계도면만을 들여다보면서 생판 모르는 기계를 의욕만 가지고 만들겠다고 덤볐으니 그럴 수밖에 없었다.

그러나 반드시 길을 찾아내고야 말겠다는 '집념'이야말로 위대하다는 사실을 그때 체험을 통해 깨달았다. 무엇을 어떻게 시작하고 다음 단계로 넘어가야 할지 막막하기만 했지만, 시행착오를 거듭하면서 하나하나 가능성을 발견했고, 새로운 시도를 통해 완성에 접근해 나갈 수 있었다.

그리하여 도전한 지 반년 만에 우리가 만들려는 기어구동식 선반의 시제품을 완성할 수 있었다. 1964년 5월의 일이었다. 막상 기계를 만들어 내기는 하였으나 성능이 어느 정도인지는 직접 만든 우리 자신도 몰랐다.

선반에 대한 지식이 부족했던 우리는 이때 만든 선반을 '자동선반'이라 불렀다. 기존의 선반은 동력을 전달하는 벨트를 연결해서 공작물을 가공하는 방식이었으나 기어구동식 선반은 기어를 이용해 공작물을 가동시켰으니 자동선반이라 해서 틀린 말은 아니었다.

어쨌든 이때 우리가 만든 기어구동식 선반은 당시 우리나라의

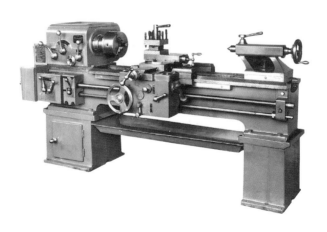

화천에서 최초로 만들어 낸 기어구동식 자동선반

기계공업 수준에 비추어 대단한 성과물이었다. 어떤 기준이나 성능 수준을 염두에 두고 이 기계를 만든 것은 아니었다. 그저 새로운 기계를 모양만이라도 우리 기술, 우리 손으로 직접 만들어 보고 싶다는 의욕에서 도전한 것이었다.

힘들여 만든 이 기어구동식 선반은 예상대로 고객들에게 큰 인기를 얻었다. 그 이유는 종전의 벨트선반과 비교해서 정밀도가 뛰어날 뿐만 아니라 무엇보다 동력의 손실이 적었기 때문이다. 또한 동력 손실이 적다 보니 벨트선반과는 비교가 안 될 정도로 강력한 힘을 낼 수 있었다. 그래서 종전의 벨트선반보다 작업효율 면에서 월등하였다. 안전도 또한 이 기어구동식 선반이 훨씬 앞섰다. 이 선반은 첫해에 20대가 팔렸고 이듬해에는 2배에 가까운 36대가 팔렸다. 당시 가격은 대당 26만 원으로 상당히 비싼 편이었다.

화천이 기어구동식 선반을 만들어 잘 판다는 소문이 돌자 서울의 경성기계, 대구의 배달수 공장, 그리고 대전, 마산 등지에 있는 우리와 유사한 여러 공장들도 뒤늦게 기어구동식 선반을 만들기 시작했다. 하지만 화천의 제품을 써본 소비자들은 계속 화천 것만을 찾았다.

공작기계란 뭐니 뭐니 해도 그 기계를 만드는 소재, 즉 주물이 좋아야 하는데, 당시만 해도 주물에 사용되는 쇠붙이를 생산하는 공장이 없었다. 고작해야 일반 사람들이 쓰고 버린 고철들을 고물장수로부터 사 모아 녹여 쓰던 시절이었다. 이런 고철을 가지고는

질 좋은 주물을 뺄 수 없는 것이 당연했다.

화천에서는 벨트식 선반도 그랬지만 이 기어구동식 선반에도 군용 탱크를 고철값에 사들여 주물재료로 쓰고 있었다. 그렇다고 탱크에 쓰인 쇠가 주물재료로 적합한지 어떤지를 확신하고 쓴 것은 아니었다. 그러나 1960년대 우리의 실정으로는 더 이상 좋은 재료를 구할 수가 없었다. 지금 와서 생각해 보면 그때의 이런 시도 자체가 참으로 대담한 일이 아닐 수 없었다.

궁동을 떠나 양동으로

기어구동식 선반을 생산하면서부터 화천은 본격적인 공작기계 메이커로 발돋움하기 시작했다. 주문량이 계속 늘어나면서 공장의 생산능력이 한계에 이르렀다. 이런 추세가 앞으로도 계속된다면 시설을 늘리지 않으면 안 되는 상황이었다. 그래서 이제까지 자리 잡아 온 궁동공장을 다른 곳으로 옮길 구상을 하게 되었다.

문제는 돈이었다. 대충 새로운 부지를 마련하고 공장과 시설을 갖추려면 4천만 원 정도가 필요했다. 그런데 나에게는 그만한 돈이 없었다. 1~2천만 원 같으면 사채를 얻어서 어떻게 충당해 보겠는데, 4천만 원은 도저히 불가능한 액수였다.

이때 난생 처음으로 은행이란 데를 찾아가 보았다. 지금은 이름이 바뀌어 '산업은행'이지만 그때는 '식산은행'이었다.

"공장을 늘려야겠는데 은행자금을 좀 쓸 수 없겠습니까?"

지점장을 찾아가 물었더니 사업계획서를 만들어 오라는 것이었다.

솔직히 당시에는 사업계획서라는 것이 어떤 것인지 또 어떻게 만들어야 제대로 만든 것인지를 알지 못했다. 대충 꾸려 가지고 다시 지점장을 찾아갔다. 그러니까 "무슨 사업계획서가 달랑 종이 한 장이냐"며 다시 이런저런 내용을 보충해 오라고 했다.

지점장이 일러 준 대로 만들려다 보니까 사업계획서라는 것이 보통 까다롭지가 않았다. 자금을 주겠다는데 안 만들 수도 없었다. 계획서는 어찌어찌 만들긴 했는데, 정작 문제는 대출금을 보장할 만한 담보물이 있어야 된다는 것이었다. 그때 가진 담보물이래야 220평 규모의 궁동공장이 전부였다. 이 공장은 기껏 시가로 1천만 원 정도였다.

"돈만 빌려주면 어떻게 해서든지 공장을 돌려서 갚겠습니다."

날마다 은행으로 찾아가 통사정을 하였다. 내가 못 가는 날에는 지배인 최봉근을 보내 사정을 했다. 은행에서는 담보가 부족하기 때문에 그만한 돈은 대출할 수 없다는 말만 되풀이했다.

그러던 어느 날, 지점장이 나를 어떻게 보았는지 찾는다는 연락이 왔다. 만사를 제쳐 두고 은행으로 달려갔다. 지점장은 행여 누가 엿듣기라도 할까 싶어 아주 나직한 목소리로 이렇게 방법을 일러 주었다.

"오늘 우리 은행 부총재가 광주에 내려와 주무시게 되는데 호텔로 그분을 찾아가 사정해 보시지요."

그러면서 부총재가 묵고 있는 동명호텔의 호실까지 친절히 가르쳐 주었다.

그 길로 공장으로 돌아와 지배인 최봉근에게 지점장의 얘기를 들려주고 "당신이 찾아가 잘 부탁드려 보라"고 일렀다. 당연히 사장인 내가 찾아가야 옳을 일이었지만 말주변이 없는 나보다 언변 좋은 최봉근이 일을 더 잘 처리할 성싶어서였다.

그동안 한 점 두 점 사 모은 골동품 가운데 가장 값이 나가는 고려청자 한 점을 잘 포장해 보내기로 했다. 최봉근은 내가 도자기를 싸주자 돈이나 얼마 봉투에 넣으면 몰라도 그런 고물을 주면 오히려 안 주느니만 못 하지 않겠느냐며 그냥 가서 만나겠다고 했다. 나는 아무 소리 말고 "사장이 보낸 것이다"라고 전달만 하고 오라며 그의 등을 밀어 보냈다. 골동품의 가치를 잘 알지 못하는 최봉근으로서는 고색창연한 도자기가 그저 고물로만 보였던 모양이다.

그를 보내 놓고 돌아오기만을 기다렸다. 한 시간쯤 후에 최봉근이 숨을 헐떡이며 돌아와서 보고했다.

"형님, 도대체 그게 뭐요? 아, 부총재란 분이 그것을 보더니만 얼굴색이 달라지면서 광주에도 권승관 같은 사람이 있느냐고 묻길래 광주에서는 알아주는 사람이라고 했더니, 이런 물건을 볼 줄 아는 사람은 대한민국에 몇 되지 않을 거라면서 찾아온 용건을 자세히

묻습디다."

그리고 자신의 명함을 주면서 "며칠 후에 서울로 와달라", "다시 올 때는 아무것도 가져오지 말고 그냥 오라"는 당부까지 곁들이더라는 것이었다. 속으로 이제는 됐다 싶었다.

그가 오라는 날에 맞춰 다시 최봉근을 서울로 올려 보냈다. 부총재는 그를 만나기 위해 대기하고 있던 10여 명의 인사들을 제쳐두고 최봉근을 우선적으로 만나 주었다고 했다.

당시 산업은행 부총재는 전라남도 출신의 이병순 씨였다. 최봉근을 맞이한 부총재는 1시간가량 최봉근의 설명을 들은 다음 "기계공업이야말로 이 나라 산업발전의 원동력이 될 수 있다"며 "어떻게 해서든지 힘써 볼 테니 내려가 기다리라"는 언약을 해주더란다.

이 무렵만 해도 상공부나 은행 관계자들 가운데 공작기계 산업이 다른 연관 산업에 미치는 영향이며 이에 따른 중요성을 제대로 알고 있는 사람은 많지 않았다. 이는 제1차 경제개발 5개년 계획의 핵심과제 중에 공작기계 육성부문이 빠져 있는 사실로도 짐작할 수 있다. 이 기간 동안 국내 공작기계 수요는 상당량 수입에 의존하였고, 그리하여 공작기계 국산화율이 제1차 경제개발 5개년계획 추진 전인 1960년대 초보다 오히려 후퇴하는 결과를 초래한 것이다.

그런데 이병순 부총재는 공작기계가 국가의 기간산업을 육성하고 발전시키는 데 필수불가결한 요소임을 잘 아는 사람 같았다. 그렇지 않고서야 1965년 당시 나에게는 천문학적인 자금을 아무런 담보도 없이 빌려줄 리가 만무했다.

최봉근이 이병순 부총재를 만나고 내려온 지 1주일쯤 지나 은행에서 연락이 왔다. 연락을 받고 은행에 갔더니 나를 대하는 은행원들의 태도가 예전과는 많이 달라져 있었다. 몇 푼 안 주고 구한 골동품 1점으로 이렇게 효험을 보기는 처음이었다.

이후 융자는 일사천리로 진행되었다. 대출의 발목을 잡았던 담보 문제가 후취後取담보 조건으로 완화되면서 불과 1주일 만에 3천만 원이란 자금을 빌려 쓸 수 있었다.

화천은 이 돈으로 광주 양동에서 김완길이란 사람이 운영하던

초기의 양동공장 전경

775평짜리 공장을 사들였다. 이 공장 내부만 선반 설치에 알맞도록 고치고 이듬해인 1966년 11월 이사를 하였다.

양동공장은 궁동공장에 비해 규모 면에서 3배가 넘었다. 이사하면서 새로운 기계도 다수 설치하였다. 인원 역시 궁동의 40여 명에서 150명으로 크게 늘어났다.

이렇게 공장 규모가 커지고 보니 돈의 씀씀이도 궁동 때와는 많이 달랐다. 은행 돈만으로는 감당할 수가 없어 여기저기서 비싼 사채를 얻어다 공장 운영자금으로 썼다. 그렇게 쓰기 시작한 사채가 금세 1천만 원을 넘어섰다.

은행이자에 사채이자까지 겹쳐 매월 200만 원이 넘는 돈이 이자로 나가게 되었다. 물론 공장 규모가 커지면서 생산량도 늘고 판매량도 늘기는 하였으나 빌려 쓴 돈의 이자를 감당해 내기는 벅찼다. 기계를 판매한 수입은 대리점에서 보내와야 들어왔나 보다 하는데, 갚아야 할 이자는 하루도 연기할 수가 없었다.

이렇다 보니 이자를 갚기 위해 또 다른 사채를 빌려야 하는 악순환이 계속되었다. 어렵사리 사채를 얻어 이자를 갚았다 싶으면 곧바로 직원들의 봉급날이 닥쳐왔고, 봉급을 맞추고 한숨 돌리는가 싶으면 자식들의 등록금 마감이 그 다음 날이었다.

자고 새면 돈 걱정뿐이었다. 남들은 내가 큰 공장을 갖고 있으니 자식들이 호강하고 자라는 줄 알았을 것이다. 하지만 속사정은 딴판이었다. 자식들 등록금 한 번 제 날짜에 주어 본 적이 별로 없었다.

나는 공장을 양동으로 옮길 때 궁동공장 자리에다 언젠가는 공작기계 전시장 같은 것을 만들어 보리라 마음먹고 공장을 팔지 않은 채 남겨 두었다. 그런데 자식놈이 하숙비를 내지 못해 짐을 챙겨 내려오는 판국에 더 이상 그대로 둘 수가 없었다. 그래서 하는 수 없이 궁동공장을 1천만 원에 처분해 사채를 갚았다.

돌이켜 봐도 그때의 절박한 형편에서는 어쩔 수가 없었다. 그렇지만 그 자리만은 어떻게든 팔지 말았어야 옳았다고 후회할 때가 자주 있다.

"이곳이 화천의 발상지인데, 이걸 내가 다시 사들여야 되는데…."

이런 마음이 간절했지만 그걸 실천에 옮기기가 또한 쉽지 않았다.

일본 나들이에서 배운 것

1964년의 일이다. 하루는 지배인 최봉근의 친척인 배순석이란 사람이 공장으로 나를 찾아왔다. 그는 일찍이 일본에 건너가 도쿄에서 도보물산이란 오퍼상을 운영하고 있었는데, 우리 공장을 한 바퀴 둘러보고는 떠듬떠듬한 우리말로 이렇게 말하는 것이었다.

"권 상, 공장을 이렇게 해서는 안 됩니다. 언제 일본에 오셔서 일본에 있는 공작기계 공장들을 한번 보시면 운영에 많은 보탬이 될 수 있을 겁니다."

1964년 양동공장을 방문한 일본인들

그는 나에게 일본 방문을 권유했다. 그때는 내 처지가 일본에 가보는 것보다 기계를 만들어 파는 일이 더 급했다. 그래서 그냥 지나가는 말로 언제 기회가 되면 한번 찾아가겠으니 그때 안내나 잘 좀 해달라며 돌려보냈다.

이런 일이 있고 4년 후인 1968년 9월 서울 구로공단에서 제1회 한국무역박람회가 열렸다. 10개국이 참여한 대규모 국제박람회였다. 이 박람회에 화천이 새로 개발한 10자와 8자짜리 강력선반과 정밀 고속선반, 세이퍼, 피대선반 등 5종의 제품을 출품해 놓고는 한양 공대에 다니는 큰아들 영열이에게 안내를 맡게 하였다.

그러던 어느 날 영열이한테 전화가 왔다. 일본에 있는 야마자키

山田美 철공소 사장 야마자키 씨가 우리 전시장에 들러 사장을 꼭 한번 만나고 싶다며 명함을 주고 갔다는 내용이었다.

무슨 영문인지도 모르고 다음 날 서울로 올라와 남대문 근처에 있던 야마자키 회사의 서울사무소로 그를 찾아갔다. 야마자키 사장은 나를 만나자마자 대뜸 묻는 것이었다.

"우리 회사와 기술제휴나 합작투자를 할 의향이 없습니까?"

솔직히 말해 이 무렵만 해도 기술제휴나 합작투자에 대해 잘 몰랐다. 그렇다고 그 말이 무슨 뜻이냐고 물어보기도 뭐해서 우선 대답해 주었다.

"좋습니다. 사장님이 원하신다면 우리 회사 간부들과 상의해 보겠습니다. 그러나 그런 것을 하려면 먼저 귀사를 한번 가보아야 하지 않겠습니까?"

야마자키 사장은 흔쾌하게 응했다. 그러면서 그는 덧붙였다.

"기왕에 일본에 오시려면 10월 28일부터 일본 도쿄에서 세계공작기계 쇼가 열리니 그것도 구경하실 겸해서 그때 오시는 것이 좋겠습니다."

우리는 서로 명함을 교환하고 헤어졌다.

이 일이 계기가 되어 1968년 10월 26일 난생 처음 비행기를 타고 일본에 갔다. 이날 오후 도쿄 하네다羽田공항에 내렸더니 사전에 연락을 해두었던 배순석 씨와 스무 살 때 일본으로 건너가 살고 있는 외삼촌 김칠봉 씨가 마중 나와 있었다.

배순석 씨의 안내를 받아 도쿄 부두 근처에 있는 하루미 기계전시장을 둘러보았다. 그곳에 들어서는 순간 강한 충격을 받았다.

'내가 완전히 별천지에 와 있구나!'

그 전시장에는 미국, 독일, 이탈리아, 프랑스, 영국, 일본 등 세계 선진공업국들이 제작한 선반을 비롯한 대형 공작기계들이 즐비하게 전시되어 있었다. 그 기계들은 크기며 성능 면에서 우리와는 비교도 안 될 정도로 앞서 있었다.

이 전시장을 둘러보면서 한국의 기계공업이야말로 '우물 안 개구리'임을 자각했다. 그 기계들의 수준이 워낙 높아 보여서 우리 기술로는 영원히 따라잡을 수 없을지도 모른다는 비관마저 들었다.

방문 초부터 이렇게 놀라운 경험을 한 나는 기왕에 나선 걸음이니 일본의 발전상을 가능한 한 많이 둘러보고 그네들의 성공비결이 무엇인가를 알아보기로 마음먹었다.

다음 날에는 도보물산 사토佐藤 전무의 안내를 받아 나고야名古屋에 있는 야마자키 공장을 방문했다. 나고야까지는 세계에서 가장 빠르다는 신칸센新幹線을 타고 갔다.

가는 도중 차창 밖으로 펼쳐진 일본의 농촌 풍경은 그때만 해도 가난의 때가 흐르던 우리 농촌과는 비교도 할 수 없을 만큼 윤택하고 여유로워 보였다. 우리 농촌은 수십 혹은 수백 호의 초가지붕들이 좁은 이마를 맞대고 다닥다닥 붙어 있는 모습이라면 일본의 농촌은 많아야 10여 호의 깔끔한 농가들이 점점이 산재해 있어 보기만으로도 풍요롭고 한가한 전원풍경 바로 그것이었다.

들마다 바둑판처럼 경지정리가 잘 되어 있었고 마을과 마을을 잇는 도로도 모두 포장되어 있었다. 논밭에서 허리 숙여 일하는 농부는 보이지 않고 경운기나 트랙터, 콤바인 같은 기계만 보였다. 가끔씩 눈에 띄는 농부들의 옷차림도 말쑥하니 여유가 있어 보였다. 새삼스레 '일본이 무섭기는 무서운 민족이구나' 하는 느낌을 강하게 받았다. 패망해서 돌아간 그네들이 언제 이런 발전을 이룩해 냈을까 싶었다.

나고야에 도착한 나는 곧바로 야마자키 공장으로 가서 사장 동생인 전무의 안내로 공장 내부를 둘러보았다. 야마자키 공장에서는 화천이 만들고 있는 기어구동식 선반보다 한 단계 앞선 기술로 범용汎用선반을 생산하고 있었다.

공장을 견학하면서 내가 느낀 점은 공장 내의 기계설비며 배치, 제품관리 등이 아주 합리적이고 체계적으로 이루어져 있다는 것이었다. 공장을 둘러보면서 앞으로 우리 화천을 어떻게 운영해야 하고 무엇을 개발해야 될 것인지 등에 대해 참으로 많은 구상을 하였다.

그때 야마자키 공장에서는 벌써 선반 베드Bed의 표면에 열처리를 하여 기계의 내구성耐久性을 높이고 있었다. 당시 우리 기술 수준은 주물을 대충 깎아서 손질하는 게 고작이었다. 그 열처리 광경을 보는 순간 강한 충격을 받아 나도 모르게 혼자서 중얼거렸다.

"아! 바로 저거다. 내가 여기에서 당장 배워 가야 할 것은 바로 저것이구나!"

나는 열처리 작업장 앞에서 한동안 넋이 나간 사람처럼 그들의 작업과정을 지켜보느라 안내를 맡은 전무가 앞서가는 줄도 몰랐다. 혹시나 싶어 열처리 하는 기계를 구입하려면 얼마쯤 드느냐고 물어보았다.

그랬더니 우리 돈으로 3천만 원쯤 된다고 했다. 그 액수에 그만 기가 막혔다. 그때 내가 가지고 간 돈이라야 150달러가 전부였으니 도저히 엄두를 낼 수가 없었다. 나는 종이를 꺼내 대화 내용을 메모하는 척하면서 열처리 기계의 이모저모를 눈에 보이는 대로 그려 두었다. 귀국하는 대로 직접 만들어 볼 심산에서였다.

우리는 곧 사장실로 장소를 옮겨 서울에서 야마자키 사장이 제의한 기술제휴나 합작투자를 협의하였다. 이때 내 입장에서는 기술제휴나 합작투자를 어떻게 하는 것인지 잘 몰랐기 때문에 그들의 설명만 열심히 들었을 뿐 무어라고 한마디 대꾸도 하지 못했다. 내가 한 말이라고는 헤어지면서 우리 간부들과 상의해서 연락하겠다는 것이 전부였다.

그러나 야마자키와의 합작 문제는 결국 결실을 보지 못했다. 나는 귀국해서 간부들과 함께 이 문제를 깊이 있게 검토하였다. 그런데 야마자키 측에서 제시한 조건을 살펴보니 도저히 받아들이기 어려운 것이었다. 합작 첫해부터 5년 동안 원자재인 주물에서부터 최종 제품까지 일체 자기네 것을 가져다 써야 하고, 그 후에야 중요 부품을 제외한 나머지를 우리가 만들어서 납품하는 조건이었던 것이다.

나는 처음부터 우리의 강점인 주물 정도는 우리가 하겠다는 심산이었는데 그들은 우리의 실력을 너무 과소평가하고 있었다. 아마도 그들은 합작 자체보다 우리를 앞세워 한국 시장을 넓혀 보겠다는 계산이 더 컸던 듯하다. 바로 이런저런 서로 간의 이해득실 계산과 사업에 대한 시각차 때문에 합작은 이루어지지 못하였다.

독서의 나라 일본

다음 날부터는 일본을 알기 위한 관광 길에 나섰다. 약 20여 일에 걸쳐 가깝고도 먼 나라 일본의 각 지역을 돌아보면서 세계적인 경제대국으로 부상한 일본의 여러 모습을 접할 수 있었다. 그 과정에서 그들이 경제대국으로 발전할 수 있었던 원동력은 무엇이고 앞으로 내가 기업을 어떻게 키워야 되는가에 대한 여러 교훈도 얻을 수 있었다.

그러나 이런 경제적인 측면 이전에 사람이 사는 자연 조건은 확실히 우리만 못한 것 같았다. 일본열도의 중심부요, 산업경제의 심장부인 도쿄가 1923년에 처참하기 이를 데 없는 관동대지진의 내습으로 폐허가 됐던 사실은 우리도 잘 알고 있다. 지금도 일본열도

전역의 지하에는 화산활동이 계속되어 일본인은 늘 지진의 위협 속에서 살아간다.

또한 일본은 섬나라인 데다 위도가 낮아 습도가 높고 후덥지근하다. 게다가 8~9월이면 전국이 모진 태풍에 휩쓸려 농작물을 비롯한 인명과 재산상의 피해도 막대하다. 그래서 일본의 농작물은 이 계절을 넘겨 보아야만 풍년인지 흉년인지 알 수 있다고 한다.

이렇게 자연환경이 열악한데도 그들은 어찌하여 우리보다 훨씬 더 잘사는 것일까. 남다른 근면성과 철저한 준법정신, 그리고 세계 최고를 향한 끝없는 집념과 단결력. 내가 지금까지 수십 차례 일본을 다녀오면서 얻은 결론이다.

대부분의 일본인은 이미 안정된 수입으로 상당한 생활수준을 누리고 있다. 그럼에도 누구 하나 예외가 없이 열심히 일한다. 일하는 데는 남녀의 구별이 없다. 어디를 가보아도 각자 맡은 일에 충실한 모습이 역력하고 능률향상을 위해 끊임없이 연구한다.

실례로 큰 호텔에서는 수천 개의 이부자리를 세탁하고 갈아 끼우기 위해 잔손이 많이 드는데, 이 일은 대개 가정주부들이 한다. 심지어 어린애를 막 낳은 신혼 부인이 유모차를 갖다 놓고 어린애를 보살피면서 일하기도 한다. 이렇게 해서 하루에 3~4천 엔을 번다고 한다.

남편이 어떤 지위에 있건 대부분의 가정주부들은 직업 전선에 나가 맞벌이를 한다. 그리고 일을 할 때는 누구나 스스로 자기 일에 전문가가 되려고 열심히 한다. 그래서 그들의 근면성은 전문성과 통한다. 바로 이런 전문성이 불합리와 낭비를 제거하는 원동력이고 일본 산업계 전반의 수준을 높이는 촉진제이다.

일상생활에서 교통질서를 비롯한 준법정신을 생활화한 일본인들은 예의도 깍듯하게 바르다. 인구 1천만 명이 넘는 수도 도쿄나 경제 중심지인 오사카에서 내가 보고 놀란 것은 그 개미 떼 같은 군중이 아침저녁의 러시아워 때면 마치 홍수처럼 장관을 이루는데도 경찰의 모습을 별로 볼 수 없었다는 것이다.

거리를 걷거나 열차를 타고 내리거나 시민 한 사람 한 사람이 공중도덕을 잘 지키기 때문에 그 엄청난 혼잡 속에서도 불쾌감을 느낄 수 없었다. 택시 정류장에 줄을 서서 자기 차례가 올 때까지 손에 든 책을 읽는 모습은 어디서나 볼 수 있는 일상적인 광경이었다. 염치없는 새치기 따위는 구경할 수 없다.

이와 같이 전 국민에게 습관화된 공중도덕과 준법정신이 성실하고 정직한 사회기풍의 바탕이 되고, 일본이 전후 20여 년 만에 선진국 대열에서도 앞서가는 나라로 부상하게 된 원동력이 아니었나 싶다.

21세기를 맞은 우리나라도 1970~1980년대의 피나는 노력과 1990년대의 지속적인 성장을 통해 여러 면에서 일본과 어깨를 겨룰 만큼 눈부신 발전을 해온 게 사실이다. 하지만 내가 일본에 처음 간 1960년대 말 일본과 우리나라는 하늘과 땅 차이였다.

화천과 더불어 공작기계와 더불어

일본인은 그들이 걸어온 각 시대마다 하나의 슬로건을 내걸었다고 한다. '인고의 40년대', '부흥의 50년대', '황금의 60년대', '격돌의 70년대', '번영의 80년대' 그리고 '결실의 90년대'가 그것인데, 그들은 대체로 이 슬로건에 따라 걸어왔다고 한다. 일본을 직접 보고 느낀 나에게는 이 슬로건들에 담긴 그들의 의지가 충격으로 다가왔다. 특히 '격돌의 70년대'라는 구절이 나의 마음속 깊이 생생하게 육박해 들어와 오래도록 잊히지 않았다.

내가 일본인들에게서 느낀 또 한 가지 빼놓을 수 없는 점이 있다. 아침저녁으로 출퇴근하는 지하철이나 버스, 열차 안 어디에서나 그들은 독서하는 것이 습관화되어 있었다.

한번은 독서의 나라 일본이 자랑하는 도쿄 마루젠丸善 서점에 가본 적이 있다. 여기에는 동서고금의 전문서적에서부터 최신 간행물에 이르기까지 수십만 권의 책이 가득 진열되어 있었다. 서가들을 메운 다양한 분야의 책들과 그 책들을 사기 위해 입추의 여지없이 몰려드는 사람들을 보면서 '이것이 바로 그들의 풍요한 물질문명을 떠받치는 지주로구나' 하는 생각이 들었다.

전후戰後 일본인들에게는 풍부한 자원의 혜택이 있었던 것도 아니고 비옥하고 광활한 농토가 있었던 것도 아니다. 그런데도 그들은 GNP 세계 2위의 공업국에 최장수국으로 성장할 수 있었다. 그것은 바로 이런 독서열을 통한 두뇌의 과학화, 기술혁신에 의한 것이었다.

20여 일간의 일본여행을 마치고 1968년 11월 16일 귀국하는 비행기 안에서 다짐했다.

'비록 경제적인 면에서는 뒤져 있지만 자연환경에서 결코 남부럽지 않은 우리 한국을 기름진 낙원으로 만들기 위해 미력이나마 혼신의 힘을 다해야 되겠다!'

화염열처리 장치 독자개발

일본 여행에서 돌아온 나는 공장 간부들을 집으로 불러 일본에서 보고 느낀 점들을 하나하나 들려주었다. 이와 함께 야마자키 공작기계 회사에서 메모해 온 것을 보여 주면서 쇠의 강도를 높이는 열처리 기술 개발이 시급함을 역설하고 당장 개발에 착수하자고 말했다.

공작기계의 중요한 성능 중 하나는 베드(공작대)의 내구도耐久度인데, 이를 높이려면 베드 표면을 강화하는 기술과 장치가 필요했다. 야마자키 공장에서 본 것이 바로 이 베드의 강도를 높이는 습동면slide way 화염열처리Frame Hardening 시스템이었다. 나는 이것을 독자적으로 개발해 보자고 제의한 것이다.

지금 당장 완전하게 개발하기는 어렵더라도 앞으로 우리가 공작기계를 계속 생산하려면 한시라도 빨리 이 문제의 해결에 착수해야 한다는 점을 거듭 강조하자, 다들 그 중요성은 인식하면서도 누가 어떻게 시작해야 할 것인지에 대해서는 입을 다물고 있었다.

나는 범희봉에게 이 일을 맡기기로 하였다. 그는 기어 구동식 선반 개발에도 크게 기여한 인물이었다. 사장이 임무를 부여하니까 한다고는 하면서도 얼굴에는 자신 없는 표정이 역력했다. "실패해도 탓하지 않을 테니 두려워하지 말고 매달려 보라"고 그를 격려했다.

한편으로는 이 분야의 기술자가 있다는 부산으로 범희봉을 보내 그를 찾아보도록 하였다. 범희봉은 부산에서 그 기술자의 지인을 만나 당시로서는 상당액의 영입 비용을 건네주었는데, 그 기술자라는 사람이 돈만 받고는 사라져 버렸다.

이때 범희봉이 날려 버린 돈이 그로 하여금 이 기술을 개발하도록 재촉하는 촉진제가 되었다. 빈손으로 돌아온 범희봉은 일을 그르친 책임감 때문에 자기 스스로 기술을 개발해 보겠다고 온갖 노력을 다했다. 나는 그가 골몰하는 일에 일절 간섭하지 않았다.

역시 범희봉은 남다른 데가 있는 기술자였다. 거의 6개월 동안 연구를 거듭하더니 드디어 열처리 기술을 개발해 냈다. 그러나 이때 개발한 방법은 가스통에 호스로 연결된 8개의 노즐을 네 개씩 양쪽으로 나란히 배치하고 여기서 내뿜는 불길을 이용해 쇠를 굽는 아주 원시적인 방법이었다.

1969년 9월 20일, 범희봉이 개발한 화염열처리 기술이 첫선을 보였다. 공장 직원 모두가 일손을 멈추고 지켜보는 가운데 범희봉이 보라는 듯이 첫째 노즐에 불을 붙였다. 이를 신호로 8개의 노즐에서 일제히 파란 불꽃이 터져 나왔다. 이윽고 그 불꽃들 사이로 지나는 공작물이 열처리되기 시작했다.

그런데 이게 웬일인가. 불이 점화된 지 1분도 채 안 되어 펑 하는 소리와 함께 폭발음이 진동했다. 가스가 폭발한 것이다. 주변의 쇠붙이며 가스통이 10리나 되게 나가떨어졌고, 혼비백산한 직원들은 달아나기 바빴다. 지난 반년 동안의 피땀이 물거품으로 바뀌는 순간이었다.

열처리 기술 독자개발의 첫 시도는 이렇게 실패로 끝나고 말았다. 그동안 투자한 60만 원도 흔적 없이 사라졌다. 나중에 범희봉에게 들은 실패 원인은 이랬다. 첫째, 백파이어(back fire, 토치 불이 꺼지는 순간 챔버chamber 내의 공기가 식으면서 불이 내부로 끌어당겨지는 현상) 속도가 초당 700미터인 것을 알지 못했다. 둘째, 호스tube를 불연제 및 고압용이 아닌 일반용을 사용했다. 셋째, 안전 밸브를 이중 삼중으로 설치하지 못했다. 지금 생각해 보니 무모하기 짝이 없는 도전이었다. 의욕이 앞서다 보니 안전에는 너무 소홀했던 것이다.

범희봉에게 이렇다 저렇다 한마디도 하지 않고 다시 해보라고 당부했다. 범희봉은 한사코 거절했다. 자신은 고압가스 전문가도 열처리 엔지니어도 아니라는 것이 이유였다. 그의 완강한 태도에 더 이상 강요하지 않았다. 그리고 6개월 뒤 다시 그를 불러 재도전을 권했다. 그제야 그는 기어코 성공시키겠다며 재기를 다짐했다. 실패의 충격에서 완전히 벗어난 것이다.

이때부터 그는 프레임 하드닝에 관한 논문을 구해 더욱 전문적으로 연구하였다. 이 무렵 국내에는 서울 공대 염영하 박사와 고려대 손명환 교수가 공동연구한 '프레임 하드닝'에 관한 논문이 딱 한 편 있을 뿐이었기에, 범희봉은 일본과 미국의 전문서적까지 섭렵해야 했다.

처음의 실패와 그간의 연구를 바탕으로 범희봉은 다시 시운전을 준비해 갔다. 그는 백파이어가 되지 않는 토치를 설계하고, 화염과 고압에 적합한 호스를 선택해 화재 위험에 대비하였다. 또한 안전 밸브를 삼중으로 설치하고 시운전 때에는 대형 소방기구를 준비시켰다.

이러한 보완사항을 토대로 한 시운전 결과, 드디어 순수 화천의 기술만으로 화염열처리 장치 개발에 성공하였다. 그 결과 공작기계 습동면의 경도hardness와 내마모성이 대폭 증대되었고, 우리는 화천 제품이 다른 제품과 다르다는 것을 입증하기 위해 '제품 검사 성적서', 즉 '품질 보증서'를 기계에 붙여 기계를 사간 소비자들로부터 품질의 우수성을 인정받았다.

2장

신용이 최고의 재산

회사가 살아야 모두가 산다

정성을 다해 개발한 열처리 기술은 당장 큰 이익으로 연결되지는 못했다. 곧바로 닥쳐온 경기침체로 제품 판매가 부진했기 때문이다. 제아무리 상품을 잘 만들고 타 제품에 비해 우수성이 뛰어나도 수요가 일지 않으니 어쩔 수가 없었다.

게다가 그동안 열처리 기술 개발과 그 기술의 생산 적용 등에 많은 투자를 한 것이 경영난의 한 원인이 되었다. 이래저래 1971년은 화천으로서 시련기였고, 이 시련은 1972년까지 이어졌다.

판매부진 속에서도 공장 문을 닫기 전에는 계속 가동을 해야 했으므로 운영비 부담은 날로 늘어났다. 장기 저리의 제도금융 기반이 극히 취약한 상황에서 자기자본마저 미약했던 국내 대부분의 기업들이 그러했듯이 화천 역시 운영자금의 상당부분을 단기^{短期}

고리사채高利私債에 의존하고 있었다. 경기가 좋아서 이익을 내면야 문제가 없지만 생산한 제품이 팔리지 않고 재고만 늘어 가는 상황에서 단기 고리사채의 부담은 실로 기업의 목을 죄는 무서운 굴레가 아닐 수 없었다.

수많은 기업이 불황과 자금난을 견디지 못하고 도산하는 사태가 속출했다. 정부는 1972년 8월 3일 고리채에 시달리는 기업의 부담을 줄여 주기 위해 사채 원리금 상환을 동결하는 '8·3 조치'라는 혁명적인 정책을 단행했다. 이 무렵 화천은 1년이 넘게 팔리지 않고 재고로 쌓인 기계가 120대에 이르렀으며, 어떻게든 회사를 운영하기 위해 조달한 고리사채私債 규모가 사운社運을 걸어야 할 정도로 막대하게 불어났다. 운영자금으로 조달한 사채 규모는 5천여만 원에 달하였다.

생산한 기계가 팔리지 않는 상황에서도 봉급날은 어김없이 닥쳐왔고, 공장을 가동하자면 끊임없이 원료비며 각종 부대자금이 필요했다. 새로운 사채를 끌어다가 앞선 사채 이자를 갚는 악순환이 계속되었다. 마침내 사원들의 봉급도 2~3개월씩 늦게 지급해야 하는 지경에 이르렀다.

회사 간부들이 대폭적인 인력감원을 통해 경상비를 줄이자고 처음 제의했을 때 나는 반대하였다.

"어찌 함께 고생하는 사원들을 나가라고 할 수 있겠소."

사정이 워낙 어렵다 보니 스스로 회사를 떠나는 사람은 한두 명

있었지만 어려울 때일수록 함께 그 어려움을 나누어야 한다는 것이 내 경영철학이었다. 그러나 상황은 회사 전체가 언제 무너질지도 모르는 위기상황으로 내몰리고 있었다. 결국 회사를 구하기 위해 일부 인력 감축을 결심하지 않을 수 없었다.

1971년 10월, 당시 화천에 근무하던 사원은 약 180명이었다. 이 중에서 30여 명을 감원하기로 하고, 입사일이 늦은 순서대로 감원하되 회사가 정상화되면 그들을 우선적으로 채용한다는 약속을 했다. 감원 대상자들에게는 당시 회사가 할 수 있는 최대한의 보상을 해주었다.

회사가 어려울수록 신용을 지켜라

1972년 8월 3일 이른 새벽이었다. 여름날이기는 해도 아직 동이 트기에는 이른 시각이었다. 머리맡에 놓아둔 전화벨이 요란하게 울려 단잠에서 깨어났다. 전화를 걸어온 사람은 우리 화천에 몇백만 원의 돈을 빌려준 사채업자 아주머니였다. 그 아주머니는 밑도 끝도 없이 다급하게 말하였다. 곧 숨이라도 넘어갈 듯이.

"사장님, 저는 이제 어떻게 되는 겁니까? 아침 신문을 보니 정부에서 기업들이 빌려 쓰고 있는 사채를 3년 동안 갚지 않아도 된다는 기사가 실려 있데요. 그렇게 되면 저 같은 사람은 이제 죽으라는 말 아닙니까?"

영문을 몰라 그 아주머니를 안심시키고 전화를 끊었다.

"무슨 일인지 자세히는 모르겠으나 설마하니 내가 아주머니 돈을 안 갚기야 하겠소. 그러니 너무 염려하지 마세요."

그 통화를 막 끝내고 얼마 안 있어 또다시 전화벨이 울렸다. 우리 회사에 돈을 빌려준 오행옥이란 사람이었다. 그분 역시 방금 전에 전화한 아주머니와 똑같은 내용을 물어 온 것이었다.

나는 오 씨도 안심시켜야 했다.

"남의 돈 갖다 쓰고 도리에 벗어난 일 하지 않겠소. 제대로 갚을 테니 걱정 마세요. 나는 아쉬울 때 물 찾고 마신 뒤에 침 뱉는 사람 아닙니다."

그리고 나서 방금 배달된 신문을 보니 정부가 이날 새벽 0시를 기해 기업체들이 쓰고 있는 사채를 모두 동결凍結시켰다는 기사가 실려 있었다.

나는 이날 이때까지 정부가 하는 일에 거역한다거나 따르지 않은 일이 별로 없었다. 기업을 하다 보면 정부가 결정한 시책이나 방침이 때로는 마음에 들지 않을 때도 있다. 하지만 '이것이 옳다. 이렇게 해라' 하면 그에 따랐고 '이번에 이러저러한 일을 하는데 협조 좀 해주시오'라고 하면 역시 군소리 없이 협조했다.

때로는 그로 인해 회사가 막대한 손실을 입은 적도 있다. 어떤 때는 회사가 생사의 기로에 선 적도 있다. 그러나 그 같은 정부의 시책을 내놓고 비방하거나 원망해 본 일조차 없다. 이처럼 정부를 불평 없이 따른 데에는 나름대로 국가에 대한 신념이 있기 때문이다.

나는 낙천적이다. 항상 모든 일을 긍정적으로 보려고 노력한다. 그리고 국가란 국민이 편하게, 등 따숩고 배부르게 살 수 있도록 시책을 펴나가는 것이 그 존립 목적일 것으로 믿어 왔다. 그래서 국가가 잘못했다 해도 설마하니 국민을 못살게 하려고 그러기야 했겠느냐고 생각한다. 그러니까 국가가 하는 일에 대해서는 결과에 관계없이 그 순수한 처음의 입장을 이해하고 들어간다는 얘기다.

또한 국민들 중에는 잘사는 사람도 있지만 못사는 사람이 더 많다고 본다. 정부가 못사는 사람들을 도와주기 위한 시책을 펴려면 돈이 필요한데, 이 돈은 항상 세금만으로는 부족하다. 그러니 기업을 하는 나 같은 사람이 세금 외에 좀더 많은 돈을 낼 수도 있다는 것이 나의 생각이다.

이런 내가 정부 시책에 딱 한 번 따르지 못한 경우가 있다. 즉 '정부가 정한 법률을 따라야 할 것인가' 아니면 '우리 사회를 지탱해 주는 도덕률과 믿음을 지켜야 할 것인가' 하는 선택의 기로에서 법률을 따르지 않고 사회의 규범인 도덕률을 택한 것이다. 바로 앞서 언급한 '8·3 사채동결 조치' 때이다. 이 조치가 나온 배경을 살펴보자.

1960년대 말경에 이르러 세계경제는 주요 선진국들이 불경기인데도 물가는 오르는 스태그플레이션에 빠져들었다. 1968년부터 미국이 경상수지 적자국으로 전환되자 달러를 기축통화로 하는 국제통화제도가 흔들리기 시작했다. 이듬해인 1969년에는 프랑화의 대폭락이 뒤따르면서 국제통화파동이 일어났다. 이어 1971년에는 미국이 '닉슨 쇼크'라 불리는 달러화의 금태환金兌換 정지조치를 취함으로써 IMF(국제통화기금)의 금환본위제金換本位制가 무너졌다. 이러한 국제통화제도의 격변과 함께 세계경제는 하강국면으로 접어들었다.

해외경기의 하강은 수출 비중이 늘어나던 당시 우리나라 경제에 직접적인 영향을 미쳤다. 제1차 경제개발 5개년 계획(1962~1966)과 제2차 경제개발 5개년 계획(1967~1971)을 의욕적으로 추진해 고도성장을 구가하던 한국 경제에도 1970년부터 붉은 신호등이 켜졌다. 여기에다 3선 개헌, 국가비상사태 선포 등 꼬리를 물고 발생한 정치·사회적 격동은 우리 경제를 더욱 악화시켰다.

침체의 내리막길로 들어선 국내경제는 1972년에 이르러 헤어나기 어려울 정도로 깊은 불황의 늪에 빠져들었다. 수출이 줄어들자 기업들은 산더미처럼 쌓인 재고 때문에 가동시간을 줄였는데 고리사채 이자는 어쩔 수 없었다. 대부분 기업들은 눈덩이처럼 불어나는 원리금을 감당할 길을 찾지 못했다. 기업들의 줄도산이 우려되었다.

정부는 이에 대한 비상조치로 1972년 8월 3일 '사채 상환이자

동결·금리 인하·산업합리화를 위한 금융 및 조세 지원' 등을 골자로 하는 긴급명령을 발표한 것이다. 이 8·3 조치는 당시에 취해진 여러 경제정책 중 가장 영향력이 큰 경제시책이었다.

한국경제는 10년간의 1, 2차 경제개발 5개년 계획을 통해 세계인들이 놀랄 정도로 눈부신 고도성장을 이룩하면서 수출 주도의 공업국가로 발돋움할 수 있는 기반을 구축하기는 했다. 그러나 높은 인플레의 악순환과 만성적인 고리사채의 성행으로 경제발전의 중심축인 기업들이 사채의 질곡에서 헤어나지 못한 채 건실한 성장을 이루지 못했다.

8·3 조치의 목표는 당시 우리 기업들이 안고 있던 구조적 문제점을 해결해 투자를 촉진하고 경기를 진작시키자는 것이었다. 사채를 쓰는 기업에는 8·3 조치가 가뭄에 단비를 만난 것 이상으로 엄청난 특혜였다. 실제로 8·3 조치 덕에 단기 고리사채에 허덕이던 많은 기업들이 회생의 기회를 맞이했다.

정부는 8·3 조치를 발표해 놓고 기업들이 혹시나 도덕률에 얽매여 신고를 하지 않아 당초 의도한 목적을 달성하지 못할까 우려했다. 그런 나머지 세무서를 통해 빌려 쓴 사채를 신고토록 독려하기 시작했다. 기업하는 나로서는 정부의 이 같은 조치가 더 이상 고마울 수 없는 일이었다.

그러나 정부의 이런 배려를 외면하고 도덕률을 지키자니 그 괴로움은 말할 수가 없었다. 세무서는 회사에 전화를 걸어 사채 신고를 독려했고, 만약 신고하지 않고 미루다가 발각되는 날에는 형사 처벌을 받게 된다는 식으로 으름장을 놓았다.

정말이지 기업하는 사람으로서 이쪽도 저쪽도 따를 수 없는 난감한 상황이었다. 당장 눈앞의 잇속만 챙기자면 당연히 정부 조치를 두 손 들고 환영해야 한다. 하지만 멀리 보자면 정부 조치 이전에 사채에 의지할 수밖에 없었던 현실도 분명히 인정해야 한다.

그날 나는 아침 밥상에 앉아 한 숟가락도 뜨는 둥 마는 둥 하고 회사에 출근했다. 아침부터 전화는 불이 나게 울려 댔다. 사채업자들 외에 신문사와 방송국에서 걸려 온 전화도 있었다. 일손이 잡히지 않고 심사心事가 복잡했다.

'신고를 해버리면 편하겠는데…' 하는 생각도 들었으나 결국 나는 '쓰면 뱉고 달면 삼키는 식'이 될 수밖에 없는 정부 조치를 따르지 않기로 결심했다. 내게 돈을 빌려준 사람들은 회사가 어려울 때 인정과 믿음으로 도와준 분들이다. 새벽같이 내게 전화해서 불안감을 감추지 못하던 아주머니의 다급한 목소리를 외면할 수 없었다.

경리 담당자를 불러 모든 책임은 내가 질 터이니 사채는 일절 신고하지 말도록 지시했다. 이렇게 마음을 정하고 나니 한편으로는 홀가분하면서도 또 한편으로는 법을 어긴다는 생각에 편치가 않았다.

이 같은 심사를 달래기 위해 회사 간부들에게만 알리고 한 달간 훌쩍 부산으로 떠나 버렸다. 몸만 떠났지 마음은 편할 리가 없었다. 그래서 수시로 공장에 전화를 걸어 돌아가는 상황을 살피곤 했는데, 광주에서는 '권 사장이 무슨 계산으로 사채신고를 하지 않는지 모르겠다'며 온갖 소문이 떠돌았다.

다행히 사채신고 건은 별 탈 없이 잘 마무리되었다. 많은 기업들이 정부의 사채동결 조치로 회생의 기회를 맞았으며, 이로 인해 국가경제도 큰 힘을 얻었음에 틀림없다. 그러나 우리 화천은 이 조치로 직접적인 혜택을 전혀 받지 않았다. 그 혜택을 아예 외면했으니 당연한 일이었다. 만약 이때 사채를 신고해서 이자 지급 부담을 덜었더라면 회사 경영에 큰 보탬이 됐을지도 모른다.

하지만 그때의 결정을 한 번도 후회하지 않았다. 나는 평소 자식들이나 회사의 임직원들에게 사람은 남들과 더불어 사는 것이어서 "절대로 남을 못되게 해서 내가 잘되겠다는 욕심을 갖지 말라"고 가르친다. 옛날 친구가 고생하고 있다는 소리를 들으면 그의 아들을 회사로 데려다 일을 배우게 하고 월급을 줌으로써 그 친구에게 베풀지 못한 것을 자식에게 대신 베풀어 인간관계를 유지했다.

또한 회사 경영도 합리적인 타산보다는 인간의 정을 바탕으로 이루어지도록 노력하였다. 회사를 경영할 때는 종업원 스스로 일을 만들고 실천하고 지켜 나가도록 뒷받침해 주었다. 그래서 맡은 일을 잘하려고 하다가 저지르는 실수에 대해서는 더 잘하라고 격려할지언정 책임을 물어 본 적이 거의 없다.

나는 우리 화천에 입사하는 신입사원들에게 이렇게 가르친다.

화천과 더불어 공작기계와 더불어

"회사원은 시장 바닥의 장꾼이 아니다. 이 장이 더 크냐, 저 장이 더 크냐를 따지면서 여기저기 기웃거리지 말고 신념을 다하여 한 직장에서 꾸준히 근무하면 반드시 성공할 수 있다."

실제로 나는 기업과 더불어 오랜 세월을 보내면서 우리 회사 직원이든 다른 회사 직원이든 한 회사에서 오래 근무한 사람은 반드시 그 회사의 신임을 얻어 크게 성장하는 모습을 보아 왔다.

세상을 살다 보면 크고 작은 시비에 휘말리기도 하는데, 이럴 때 나는 이렇게 조언한다.

"웬만하면 참아라. 너무 강하면 부러진다. 먼저 참고 보면 반드시 잘했다고 느낄 때가 온다."

서로의 비위를 맞추고 조화를 이루도록 해야 삶이 편하고 발전도 있다는 점을 강조하는 것이다.

이런 나의 처세 방법이 부지불식간에 화천의 불문율이 되었다. 첫째, 끈기가 있어야 한다. 둘째, 정직해야 한다. 셋째, 신용이 있어야 한다. 이렇다 보니 특별히 따로 정하지 않았어도 자연스럽게 "끈기·성실·정직"이 화천의 사훈社訓이 되어 버렸다.

공작기계는 화천이라야

1971년 10월에 단행한 인원감축으로 감량경영에 들어갔지만 이것이 곧바로 악화된 경영 상태를 호전시켜 주지는 못했다. 아직 전체 경기가 불황에서 벗어나지 못하고 있었기 때문이다.

그러나 1972년에 들어서면서 희망적인 기운이 일기 시작했다. 정부에서 경공업 위주의 경제구조를 중화학공업 위주로 전환하는 구상을 구체화하자 타 분야보다 기계공업 분야의 침체가 먼저 풀릴 조짐을 보인 것이다.

중화학공업 육성을 위해서는 무엇보다 먼저 충분한 기능인력 확보가 필요했으므로 공업계 고등학교들이 공작기계 실습을 강화하기 시작했고, 이에 따라 실습용 공작기계의 수요가 늘어났다. 이러한 사회적 요구에 힘입어 화천이 생산하는 기계들도 서서히 판매 호조를 맞았다.

쌓였던 재고가 팔려 나가면서 공장은 활기를 띠었고 여기에다 8·3 조치까지 단행되자 자금사정도 한결 나아졌다. 1972년을 넘기면서 화천의 재고는 거의 다 팔렸다. 새로운 주문도 크게 늘었다. 당시 판매 증진에 큰 몫을 한 고객은 전국의 공업고등학교였다.

"화천 제품은 창업자가 기술자 출신이어서 성능이 우수하다!"

이런 입소문이 퍼지면서 큰 인기를 얻은 것이다.

1973년 봄 정부에서 처음 실시한 기능사 자격시험에서 부산의 한독직업학교(현 부산기계공업고등학교) 학생들이 전국의 다른 공업고등학교 학생들을 제치고 가장 많은 합격생을 내었다. 한독 직업학교는 독일의 기계공업 기술을 가르친다는 기치를 내걸고 1967년 국립학교로 문을 열었다. 우수한 졸업생은 독일에 유학 보내 준다고 하자 전국 각지의 총명한 중학 졸업생들이 몰려들었다. 학비와 숙식비도 국비로 지원된다고 하니 집안이 어려운 수재들에겐 꿈과 같은 학교였다.

중화학공업 육성정책을 추진하던 정부는 한독직업학교의 교육 방법에 관심을 가졌다. 박정희 대통령은 교사와 학생들을 격려하기 위해 그 학교를 방문했다. 박 대통령은 전천수 교장에게 물었다.

"우수한 기능인력을 가장 많이 배출한 비결이 무엇입니까?"

"교사와 학생들의 노력도 컸지만 성능 좋은 기계로 훈련시킨 것이 무엇보다 큰 힘이 되었습니다."

"그 기계는 어느 나라 제품인가요?"

"한국에서 만든 제품입니다."

"국산 기계라? 호! 어느 회사 제품입니까?"

"기계 전문업체 화천이란 곳에서 만든 제품입니다."

"화천이라…. 학생 교육에 애로 사항은 무엇입니까?"

"성능이 좋은 척chuck이 없어서 애로가 많습니다."

"화천에서는 어디서 만든 척을 사용합니까?"

"외국제 척을 사용하는 것으로 압니다."

1970년 2월 화천 공장을 방문한 박정희 대통령

'척'이란 공작기계에서 가공할 공작물을 고정시키는 수족 같은 부품이다. 그래서 공작기계 자체의 성능이 아무리 우수해도 척의 품질이 나쁘면 가공할 공작물의 정밀도도 자연히 떨어진다. 좋은 척은 공작기계의 성능을 함께 높여 주어 공작물의 가공 품질을 향상시키는 데 핵심적인 역할을 한다. 서울의 삼천리 공장이 국내에서 유일하게 척을 생산하고 있었지만 외국 제품에 비해 품질이 많이 떨어졌다.

이 상황이 보도되자 그때까지 일반의 주목을 받지 못했던 화천의 기업 이미지가 크게 부각되었다. 또 화천에서 생산하는 공작기계의 성가聲價가 매스컴을 타고 크게 높아졌다. 특히 전국의 공업계 고등학교 관계자들이 공장에 줄지어 방문하면서 생산 주문이

1973년 한독직업학교(현 부산기계공업고등학교)를 방문한 권승관 회장(왼쪽 두 번째)

쇄도했다.

나는 공업계 학교 교장 선생님이 우리 공장을 방문할 때마다 그들과 만나 점심이나 저녁을 함께하면서 그들이 필요로 하는 사항을 경청하고 우리가 알아야 할 사항을 물어보는 등 많은 대화를 나누었다.

한독직업학교의 전천수 교장도 우리 회사를 방문했다. 박정희 대통령이 학교를 방문했을 때 나눈 대화가 화제가 되었다.

"지금 국내에서 생산되는 척은 품질이 좋지 않아 학생들을 교육시키는 데 차질이 큽니다. 화천에서 질 좋은 척을 만들어 줄 수 없겠습니까?"

고속중공형 파워척   고속중실형 파워척

나는 전천수 교장의 제의를 받아들였다.

"좋습니다. 한번 도전해 보겠습니다."

나는 즉석에서 척 생산을 약속했다. 아마 이때 전천수 교장의 지적이 없었더라면 화천은 척 생산에 손대지 않았거나 상당히 뒤로 미루었을지 모른다.

화천은 1977년 11월에 화천척공업주식회사를 설립하고 일본의 세계적 척 전문 메이커인 데이고쿠帝國 척 주식회사와 기술제휴를 맺어 1978년부터 척 생산을 본격화하였다. 처음에 선보인 제품은 3본과 4본 척으로 품질의 우수성을 인정받았으며, 곧 이어 파워척Power Chuck, 콜렉트척Collect Chuck 등 고성능 제품들을 속속 개발해 나갔다.

청와대의 부름과 공작기계 육성 모델업체로 선정

1973년 8월 어느 날이었다. 한 40대 남자가 공장을 찾아왔다. 그는 공장 구석구석을 유심히 살피고 나서 기계 값이며 공장의 규모, 생산능력, 기술수준, 기술개발 계획 등을 세심하게 물었다.

처음에 나는 기계를 사려는 고객으로 알고 성심껏 응대했다. 그러나 그는 2시간이 넘도록 묻기만 하고 내가 대답하는 내용을 열심히 적은 뒤에 다음에 오겠다는 말을 남기고는 훌쩍 공장을 떠났다. 다소 기분이 언짢긴 했으나 이후 바쁜 공장 일에 빠져 지내느라 그때 일은 까맣게 잊었다.

그가 청와대 경제수석이 파견한 비서관이었다는 사실을 안 것은 그로부터 5개월 후인 1973년 말경이었다. 그때 나는 경제수석의 갑작스러운 요청을 받고 기대와 걱정이 엇갈리는 심정으로 청와대를 방문했다.

그 자리에서 오원철吳源哲 경제수석은 경공업 위주에서 중화학공업 위주로 정부가 산업정책 방향을 전환한 배경과 계획을 자세히 설명해 주었다. 그리고 공작기계 분야에서 화천을 비롯하여 대전, 대구, 부산 등지의 유수 메이커들을 방문해 실태를 파악했는데, 그 결과 화천을 정부지원 모델업체로 선정했음을 밝혔다.

그러면서 오원철 경제수석은 우리나라 기계공업 발전을 위한 당면과제에 대해 의견을 물었다. 나는 이렇게 대답했다.

"가장 이상적인 방법은 우리 기술자의 능력으로 기술도 개발하고 좋은 제품도 개발하는 것입니다. 그러나 기술개발이란 하루아침에 이뤄지지 않습니다. 그래서 기술개발 투자를 꾸준히 지속하되, 우선 외국의 선진 기계를 들여다가 시설을 갖추어 우리 산업계에서 필요로 하는 제품을 생산하는 것이 효과적일 것입니다."

오원철 경제수석은 나의 말이 끝나기가 무섭게 내 손을 꼭 잡아 흔들며 물었다.

"화천이 외국에서 기계를 들여와 설치하는 데 시일이 얼마나 걸리겠습니까? 경비는 얼마나 들겠습니까?"

그런 그의 모습에서 이 나라 중공업 발전에 대한 강한 의지를 읽을 수 있었다.

"기술진과 상의해서 정확한 사업계획서를 작성해 보고드리겠습니다."

오 수석은 청와대를 나서는 나의 손을 다시 한 번 꼭 쥐고는 당부했다.

"권 사장, 이 나라 공작기계의 발전이 화천에 달려 있으니 나를 믿고 열심히 진력해 주십시오."

이리하여 화천은 정부로부터 80만 달러의 외화 지원을 받아 기계 도입을 서둘렀다. 1974년 4월경, 이 돈으로 일본에서 들여온 기계는 공작기계의 내구도와 정밀도를 높이는 연마기, 플래너 Planer, 내·외경 연삭기, 평면 연삭기 등으로, 화천의 품질 수준을 획

기적으로 향상시키는 계기가 되었다.

이때 나는 귀중한 외화를 한 푼이라도 아끼기 위해 비싼 신제품보다는 중고제품들을 세심하게 골라서 구입하였다. 공작기계를 직접 생산해 본 오랜 경험으로 보아 가격 면에서는 신제품과 중고제품의 차이는 천양지차이나 실제 사용하는 데는 신제품과 중고품이 별 차이가 나지 않는다는 사실을 잘 알고 있었기 때문이다.

새로 기계를 설치한 1974년 여름 이후 화천의 제품 수준은 눈에 떠게 향상되었다. 사용해 본 고객들의 호평이 홍보 효과를 더하면서 날로 주문이 늘어났다.

또한 전국 기계공고 교장단과 담당교사들의 공장 견학이 줄을 이었다. 정부는 경제 각료를 비롯한 안보 책임자, 각급 공업관계 기관장 및 실무책임자들에게 우리 공장의 시찰을 권장하였다. 게다가 평가교수단까지 화천을 방문해 기계공업 육성 모델업체로서 책임감을 절감했다.

이를 계기로 화천은 판매 이익금의 상당 부분을 기술개발에 적극 투자했다. 당시 몇몇 선진국에서만 성공한 NC선반 개발에 과감하게 도전할 수 있었던 것도 공작기계 선도업체로서 책임을 다함은 물론 정부의 적극적인 관심과 지원에 대한 보답의 일환이기도 하였다.

야마젠山善과의 합작회사 설립 실패

화천이 공작기계를 만들어 판 지 십수 년이 지나긴 했으나 일본 등 선진국 메이커에 비해 아직 기술수준은 한참 낮았다. 그리고 화천의 이러한 기술수준은 곧바로 우리나라 공작기계의 현실을 말해 주는 것이었다. 이런 현실을 잘 알고 있던 나는 몇 차례의 일본 여행을 통해 우리도 한시 바삐 선진기술을 도입하고 기술개발에 나서지 않으면 안 되겠다고 다짐했다.

1972년, 1973년 이태를 넘기면서 화천의 경영사정은 크게 호전되었고, 이에 따라 선진기술 도입과 함께 기술개발에 눈을 돌릴 수 있었다. 그리하여 1974년에 일본의 종합기계 판매상인 야마젠 山善과 공작기계 전문업체인 다키사와瀧澤 철공소 등과 함께 공동 출자하는 형식의 합작회사 설립을 추진하게 되었다.

출자 조건은 총 투자액 20만 달러 중 화천이 10만 달러 상당의 공장과 인력을 담당하고, 야마젠이 5만 달러의 현금을, 다키사와는 5만 달러 상당의 기계설비를 맡는 것으로 하였다.

이러한 원칙에 세 회사가 모두 원만한 합의를 이룸으로써 화천은 광주 광천동 공장 내에 계획대로 공장을 마련하였다. 공장은 1975년 3월에 완공되었고 때맞춰 야마젠을 통해 다키사와 철공소가 맡은 기계들도 도입되었다.

한편 나는 합작회사 발족의 적절한 법적 요건을 갖추기 위해

광천동 공업단지 전경

1975년 6월 14일 3억 3,600만 원의 자본금으로 화천기계공업주
식회사를 설립하여 이 회사로 하여금 합작회사 설립 시 화천의 대
표 법인으로 참여시킬 계획이었다.

다키사와에서 들여온 기계는 대형 공작물을 가공하는 베드 연마
기로 당시만 해도 국내 공작기계 업계에서는 새롭고 값비싼 기계
였다.

그러나 이 단계에서 문제가 생겼다. 새로 들여온 기계들은 어느
정도 우리 회사에서 정밀도를 높일 만한 기계인 줄 알았는데 모두
가 형편없는 중고품이었다. 다키사와는 자기네 공장에서 사용하다
가 더 이상 쓰지 않는, 그야말로 한물 간 기계들을 보내온 것이다.
자기들에게는 이미 사용가치가 상실된 기계들을 합작투자란 명목

186

2부

으로 우리에게 떠넘기는 식이었다. 게다가 일본 현지 시장조사를 통해 알아본 결과 그들이 얘기한 가격의 절반 정도면 얼마든지 사고 남을 그런 기계였다.

기분이 몹시 언짢았다. 속았다는 배신감에 치밀어 오르는 분노를 억누르기 어려웠다. 다키사와 사장에게 당장 만나자고 전문을 보냈다. 그러나 몇 차례의 전문에도 불구하고 다키사와 사장은 나타나지 않았다. 그러다가 두어 달쯤 후에야 그쪽에서 만나자는 연락이 왔다.

다키사와 사장을 만난 나는 그동안 화천이 현지 확인을 통해 조사한 자료를 토대로 따지고 들었다.

"죽을죄를 지었습니다. 진심으로 사과드리며 기계 값은 한 푼도 안 주셔도 좋습니다. 권 사장님의 처분만 따르겠습니다."

다키사와 사장은 손이 발이 되도록 빌었다. 분한 마음이 조금은 가라앉는 것 같았다. 그날로 기술 도입을 위한 합작은 취소되었다. 하지만 이미 들여온 기계에 대해서는 제값을 쳐주기로 마음먹고 얼마 후 기계 값을 모두 지불했다.

이 합작 실패를 통해 많은 교훈을 얻었다. 우리보다 앞선 회사라고 해서 무조건 믿어서는 안 된다는 사실과, 사전에 모든 조건들을 꼼꼼하게 따져서 대처해야 한다는 점 등을 이때 깨달았다.

그러나 이렇게 실패한 합작 파트너를 화천은 새로운 동반자로 맞아들였다. 다키사와 사장은 자신의 잘못을 솔직히 시인하면서 그 실수의 대가로 앞으로 화천이 원하는 사업이면 무슨 일이든 최선을 다해 돕겠다는 약속을 했다. 그 약속은 1977년 화천이 NC선반을 개발하는 데 많은 도움을 주는 것으로 이행되었다.

당시 다키사와에서 들여온 기계들도 실제 생산에 투입되어 화천의 기존 제품 성능 향상과 품종 다양화에 적지 않은 기여를 하였다. 또한 합작회사 설립을 추진하는 과정에서도 공작기계 생산에는 어떤 설비가 필수적이며 공장 배치와 운영은 어떻게 해야 하는지 등의 선진 경영기법을 많이 배울 수 있었다.

세상에 태어나 처음 지어 본 내 집

내게는 어렸을 적부터 품어 온 3가지 소망이 있었다.

그 첫 번째가 말을 한번 타보는 것이었다. 어린 시절 김제와 정읍에서 자랄 무렵 일본인 지주들이 소작인들한테 곡수穀數를 따지러 다닐 때 말을 타고 다니던 모습이 그렇게도 늠름하고 부러워 보일 수가 없었다. 이때부터 나도 어른이 되면 근사한 말을, 그것도 백마를 한번 타보겠다는 소망을 품었다. 그러나 철이 들면서 일본인들이 말을 타고 다닌 것은 주로 조선 사람을 위압하기 위한 방편이었다는 사실을 깨달았고, 이후로는 말 타는 소망이 저절로 사라지고 말았다.

두 번째 소망은 자동차를 사서 타고 다니는 것이었다. 10리, 20리 길의 학교를 비가 오나 눈이 오나 늘 걸어서 다니다 보니 자동차가 있다면 얼마나 편할까 하고 동경심을 가졌다. 어쩌다 신작로를 지나가는 트럭이라도 만날라치면 시커멓게 내뿜는 매연이며 비포장 길에서 피어오르는 뿌연 흙먼지에도 아랑곳없이 신나게 달려가서 꽁무니를 붙잡고 매달려 가는 기분이란 무엇과도 비교할 수 없었다. 마치 온몸이 하늘에 붕 떠가는 듯한 그 짜릿한 쾌감을 지금도 잊을 수가 없다.

어린 시절의 이 꿈은 1967년에야 이루어졌다. 당시 5인승 검정색 지프차를 처음 구입한 날 온종일 이 차를 타고 광주 시내를 돌아다녔다. 마치 이 세상의 모든 것을 얻은 것 같은 기분이었다. 하지만 어찌된 영문인지 어린 시절 친구들과 어울려 트럭 꽁무니에 매달려 가던 그런 짜릿한 쾌감은 결코 다시 느낄 수 없었다.

세 번째 소원은 내 손으로 집을 지어 아들, 며느리, 손자들과 한 집에서 지내는 일이었다. 나는 환갑이 가깝도록 내 집이라는 것을 모르고 살았다. 어린 시절에는 남의 집 단칸 셋방에서 여섯 식구가 옹기종기 붙어 지내야 했고, 장가를 들어서야 일본인 주인에게 돈을 빌려 내 집이라는 것을 장만하기도 했다. 그러나 이 집도 하숙을 친답시고 좋은 방은 하숙생에게 내주고 우리 식구는 부엌방 같은 곳에서 지내야 했기에 내 집이라는 느낌이 거의 없었다. 해방이 된 뒤에는 공장에 붙어 있는 안집을 사무실 겸해 쓰게 되었다. 양

동으로 공장을 옮긴 후에도 공장에 붙은 집을 약간 개조해서 살림
집으로 사용했다.

이렇게 나는 40년이 넘도록 먹고사는 일과 공장 일에만 몰두하
느라 집다운 집 하나 장만하지 못했다. 꼭 집을 사려고 했다면 못
살 것도 없었다. 그러나 공장 일과 집안일에 쫓기느라 집을 구입하
거나 짓는 일에 제대로 신경을 쓰지 못한 것이다.

어언 나이 60이 가까워지면서 환갑을 맞으려면 집다운 집이 한
채 있어야겠다는 생각이 들었다. 그러던 차에 1972년인가, 아주
가깝게 지내던 김소인 씨가 자신의 소유인 광주시 동구 동명동 72
번지 토지 419평을 팔겠다고 제의했다. 그는 순천이 고향으로 일
본 교토제대 상과를 나와 광주 사세청장(지금의 국세청장)을 지낸
인물이다. 이런 인연으로 그 땅을 평당 6만 원씩 2,600만 원에 구
입하게 되었다.

여기다가 집터를 정한 것은 그때나 지금이나 이곳이 광주 제1
의 주택지이기 때문이다. 이곳에 널찍한 한옥을 짓고 싶었다. 그
집에 우리 내외와 아들, 며느리, 손자들이 함께 살면서 가끔 회사
사람들을 초청해 저녁도 나누고 또 외국에서 손님이 왔을 때도 초
대하여 한국 사람의 생활양식이며 풍습, 음식 등을 보여 줄 요량이
었다. 그리고 지하공간은 회사 직원들과 손님 접대 장소로 사용할
계획이었다.

땅을 구입하긴 했으나 건축자금이 돌지를 않아 공사는 3년 후인

1975년 정월부터 시작했다. 사업에 실패한 후 집에서 쉬고 있던 친구 장태석에게 이 건축공사를 맡겼다. 장태석은 1976년 내 환갑에 맞춰 준공하려고 무척 애를 썼다.

그런데 공사를 시작할 무렵 서울에서 호화주택 문제가 사회문제로 대두되었다. 공사가 진행되는 동안 내 집에 대해서도 호화주택이라고 비난하는 여론이 빠른 속도로 번졌다.

그 집이 호화주택이라는 말을 이해할 수 없었다. 단언하건대 문고리, 화장실의 세면대, 수도꼭지 같은 비품이나 장식물은 물론, 모든 건축자재를 국산으로 썼고 외국 제품은 단 하나도 사용하지 않았다.

그런데 여론의 힘이란 참으로 무서웠다. 거의 완공 단계에 들어설 무렵 광주시청에서 나를 찾아왔다. 공사를 중단하고 규모를 축소하라고 종용했다. 그들도 "말이 안 되는 소리라는 것을 뻔히 알지만 상부의 지시니 도와 달라"고 사정을 했다.

하는 수 없이 호화주택에 대한 사회 여론을 관망해 보기로 하고 공사를 일시 중단했다. 그러나 여론은 좀처럼 가라앉을 기미를 보이지 않았다. 당시 여론은 국민 간 위화감을 조성하는 호화주택은 모조리 없애야 한다는 것이었다. 생각다 못해 나는 주택의 내부 구조를 사무실용으로 바꾸기로 하고 공사를 계속토록 해 1976년 4월 완공을 보게 되었다.

이때까지만 해도 어떻게 해서든지 완공만 되면 내가 들어가 살

작정이었다. 그런데 다 지어지도록 한 번도 둘러본 적이 없는 집사람이 큰며느리를 데리고 집 구경을 한 모양이다. 둘이서 택시를 타고 한참을 가는데 택시 기사가 밑도 끝도 없이 신랄하게 비난하더라는 것이었다.

"화천의 권승관이는 언제부터 돈을 벌었다고 대궐 같은 집을 짓는 것인지, 개구리가 올챙이 시절을 몰라도 너무 모른다."

집사람과 며느리는 도저히 듣고 있을 수가 없어 중간에서 택시를 내려 버렸다고 한다.

이런 말을 들은 뒤부터 나는 사람이 살면 얼마나 살겠다고 남들의 입쌀에 올라 욕을 먹어 가면서까지 그 집에 들어가 살아야 하겠냐는 의문이 들었다.

말 많은 이 집이 준공을 보던 날 나는 그래도 세상에 태어나서 처음 지어 본 집이라는 성취감에 혼자 그 집에 들어가 하룻밤을 보냈다. 그러고 나서는 한동안 발을 끊다시피 하다가 화천기술연구소라는 간판을 걸고 큰아들 영열이 내외가 들어가 살게 하였다. 그후 아들이 서울로 간 뒤에는 회사 개발부 사무실로 사용했다. 개발부 팀은 이곳에서 창원공장의 화천 입주업무를 보았는데, 1979년 창원공장이 완공된 후에는 다시 한동안 비어 있게 되었다.

나는 한번 하고자 한 일은 어떤 일이 있어도 반드시 해내고야 만다. 그런가 하면 꼭 해보고자 했던 일도 한번 싫어지면 다시는 돌아보지 않는다. 동명동 집이 바로 이런 경우다. 처음에 마음먹고 이 집을 지을 때는 내가 동원할 수 있는 모든 것을 다 바치다시피 했다. 그러다가 호화주택이다 뭐다 해서 관청의 간섭과 여론의 비난에 시달리자 나도 모르게 정나미가 떨어졌다. 이 집만은 끝까지 팔지 않고 자손 대대로 물려주고 싶었던 게 내 솔직한 심정이었다. 그러나 스스로 애정을 가져 보려고 애를 써도 한번 바뀐 마음은 돌아서지 않았다.

세상사란 참으로 맘먹은 대로 되질 않는다. 창원공장을 준공하자마자 제2차 오일쇼크가 몰아닥쳐 세계경제가 휘청거렸다. 한국경제도 당연히 지독한 몸살을 앓았다. 화천도 예외가 아니었다. 회사 경영 상태가 날로 어려워지자 이 집마저 팔지 않으면 안 될 지경에 이르렀다.

개인이 살림집으로 쓰기에는 다소 부담스러웠는지 사겠다고 선뜻 나서는 사람이 없었다. 아는 사람을 찾아가서 사도록 권유해 보고도 싶었다. 하지만 자존심이 허락하지를 않아 결국 1983년 토지개발공사에 양동의 옛 공장 터와 함께 팔아넘기고 말았다.

그런 일이 있은 뒤 어느 날 늘 가깝게 모시던 금호그룹 창업자 박인천 선생이 사람을 보내 동명동 집을 사서 문화재단으로 쓰고 싶은데 내 의사는 어떤지를 물어 왔다. 내가 애정을 쏟아 지은 집이란 사실을 알고 혹여 언짢아 할까봐 내 의중을 묻는 속 깊은 배려였다.

나는 찾아온 사람에게 이미 팔아 버린 집이기는 하지만 금호 선생께서 사신다니 서운한 마음이 훨씬 덜 든다는 말과 함께 절대 나에게 미안해하지 마시라고 전했다. 그래서 그 집이 금호문화재단 소유가 되었다.

그 후 다시 회사 경영이 정상궤도에 진입하자 주위에서는 그 집을 다시 사들이는 게 어떻겠느냐고 권했다. 어떻게 분위기를 파악했는지 금호에서 나를 찾아와 의향만 있다면 아무 조건 없이 넘겨주겠다고 했다.

참으로 고맙고 흐뭇한 일이 아닐 수 없었다. 그러나 나는 그들의 고마운 마음만을 받아들이고 사양의 뜻을 분명히 했다. 이미 그 집은 나의 마음에서 잊힌 뒤였다. 비록 얼마간 미련이 남아 있다고 해도 한번 남의 손에 넘어가 그들이 유용하게 쓰고 있는 바에야 어찌 내 욕심만 차릴 수 있겠는가.

국내 최초의 NC선반 개발

국내에서 처음으로 NCNumerical Control, 수치제어란 말이 공작기계 앞에 붙었을 때 사람들은 모두들 그 신기함에 놀랐다. 형상이 복잡한 여러 기계 부품들을 이 NC공작기계는 마치 지능을 갖춘 인공 두뇌처럼 스스로 알아서 척척 잘도 깎아 냈다. 기계가 해야 할 일의 순서와 공작거리의 각도 등을 수치로 바꾸어 기억시키면 다시 그 수치를 읽어 내 기계의 작동을 멈추게도 하고 원위치로 돌아가게도 하면서 공작물을 가공하는 것이다.

'자동화'라는 말을 붙여 보면 이 기계의 성능을 어느 정도 짐작해 볼 수 있지만, 정작 그 기계가 혼자 힘으로 복잡한 공정을 실수 없이 해내는 광경을 보면 누구라도 놀라지 않을 수 없다. NC란 바로 공작기계에서 이러한 두뇌 역할을 하는 것이다.

나는 1975년에 당시로서는 최첨단 자동화 공작기계인 NC선반의 자체 개발에 도전했다. 처음에는 범용선반에다 NC서보모터를 부착하여 작동을 시도해 보았는데, 예상처럼 작동이 잘 되지 않았다.

여러 가지 기술적 문제를 검토한 끝에 아직 자체 기술능력만으로는 개발하기 어렵다는 결론을 내렸다. 이리하여 한국과학기술원 KIST의 도움을 받기로 하고 KIST와 공동연구에 들어갔다. KIST가 기계의 설계를 맡고 화천은 설계대로 기계를 제작하는 방식이었다. 1976년 4월의 일이었다.

1976년 10월, 약 7천만 원을 투입한 공동연구의 첫 결실로서 본격 NC선반의 전단계인 WNCL-420 타입을 개발하는 데 성공했다. 그러나 이 기계는 X축(가로 방향)과 Z축(길이 방향)만 NC화된 초보적인 것으로, 가능성을 확인했을 뿐 실용화하기에는 아직 한계가 있었다.

이렇게 결정적인 성과에 도달하지 못하자 업계와 학계에서 비판적인 시선을 보내기도 하였다.

"아직 선진국에서도 범용화되지 않은 첨단제품을 막대한 비용을 들여 가면서 무리하게 개발할 필요가 있는가. 개발보다는 차라리 완제품을 수입해 쓰는 편이 더 경제적이지 않겠는가."

특히 감사원에서는 연구에 투자된 7천만 원 중 KIST에서 보조한 1천만 원에 대해 감사를 하겠다고 나섰다. 제대로 성과를 내지도 못하고 정부의 돈을 낭비했다며 이 돈의 용도에 대해 집요하게 물고 늘어진 것이다. 나는 목표 수준에 도달하지는 못했어도 "가능성 있는 제품을 개발한 것은 사실 아니냐"며 항의했다. 그러나 공작기계의 원리에 대해 잘 알지 못하는 감사원 직원들은 이를 이해하려 들지 않았다.

나는 주위의 이런 비판적인 분위기를 무릅쓰고 개발작업을 밀고 나갔다. 기술진은 WNCL-420 개발과정에서 얻은 경험과 일본을 오가며 입수한 관련 기술 정보를 바탕으로 곧 WNCL-300 타입 개발에 착수했다. WNCL-300 타입은 당시 일본에서도 신기종新機種에 해당하는 최신 NC공작기계였다.

개발작업에는 주조과, 기계과, 조립과 등 사내 모든 관련부서가 적극적인 협조를 아끼지 않았다. 기존 제품의 생산량 달성에 여념이 없는 상황에서도 철야작업을 감수하면서까지 전사적인 의욕과 정성을 모았다.

이런 가운데 1976년 12월부터 설계 및 도면작성 작업에 착수했고, 1977년 1월 목형제작을 거쳐 그해 3월 기계가공에 들어갈 수

화천이 개발한 국내 최초의 NC선반, WNCL-300

있었다. 그리고 1977년 5월, 드디어 내부적으로 '전용기 1호'로 이름 붙인 NC선반을 성공적으로 개발했다. 국내 최초의 NC선반이 탄생한 것이다.

화천은 이 NC선반을 그해 6월 서울에서 열린 제1회 한국기계전에 출품함으로써 한국 공작기계 산업의 가능성을 확인시켰다. 또한 이듬해인 1978년 9월과 10월에는 이를 더욱 개선하여 미국 시카고에서 열린 세계 최대 규모의 국제공작기계전시회와 일본 오사카에서 열린 국제공작기계전시회에 각각 출품해 발전하는 한국 공작기계 산업의 위상을 전 세계에 알리는 데 일익을 담당하였다.

일본 파낙 사와 합작회사 설립

1977년에 국내 최초로 NC선반을 개발하기는 했으나 이 기계에 대한 국내 수요는 아직 거의 없는 실정이었다. 또한 해외시장에 내다 팔기에는 선진국 제품에 비해 품질 면에서 경쟁력이 떨어지는 것이 사실이었다. 그리하여 나는 국내 수요가 확대될 때를 기다리며 지속적인 성능 향상 방안을 모색하기로 하였다.

이런 분위기 속에서 국내 업계는 NC공작기계의 국산화에 적극적인 관심을 보이지 않고 있었다. 화천을 제외한 다른 업체들은 자체적으로 NC제어장치를 개발하기보다 후지쓰富士通, 파낙FANUC, 도시바東芝 등 일본 유수의 메이커들로부터 수입한 NC제어장치나 서보시스템을 본체에 부착하여 판매하는 데 주력하고 있었다. 그래야 해외 판매에 유리했기 때문이다. 그러나 나는 지금은 일본 메이커들에게 뒤지지만 언젠가는 우리도 그들을 따라잡을 수 있다는 확신과 각오를 가지고 기술개발을 멈추지 않았다.

바로 이 무렵에 NC선반 개발에 도움을 주었던 파낙 사가 합작회사를 설립하자는 제의를 했다. 당시 파낙 사는 세계 CNC공작기계 생산의 60%를 차지할 만큼 일본이 자랑하는 세계적인 NC컨트롤러 메이커였다. 한국 정부가 경남 창원昌原에 대단위 기계공단을 조성한다는 사실을 알게 된 그들은 이곳에 CNC컨트롤러 공장을 설립키로 계획했다. 그들에게는 한국 파트너가 필요했다.

1978년 8월 30일 한국뉴메릭주식회사 준공식

파낙 사는 한국의 경제성장과 공업발전 추세로 보아 머잖아 NC
공작기계의 수요가 크게 확대되리라고 내다보고 발 빠르게 교두보
확보에 나선 것이었다. 나 역시 첨단기술을 보유한 그들을 통해 화
천의 기술력을 크게 향상시킬 수 있으리라는 기대 아래 합작 제의
를 흔쾌히 받아들였다.

당시 삼성, 금성, 대우 등 국내 대기업들이 파낙과의 합작을 타
진하고 있었으나 파낙은 이들 대기업이 아니라 화천을 선택했다.
그들은 무엇보다 화천의 적극적인 자세에서 가능성을 본 것이 아
닌가 싶다.

이리하여 1978년 봄, 5년 이내에 NC공작기계의 국산화를 실현
한다는 목표 아래 50 대 50의 합작조건으로 나와 이나바 공동대표

화천과 더불어 공작기계와 더불어

체제의 한국뉴메릭주식회사(KNC)를 설립하였다. 한국뉴메릭주식
회사는 그해 5월 화천기계 창원공장 부지에 마련된 3천 평에 공장
을 착공해서 8월에 준공하고 첨단 공작기계의 국산화를 선도하게
되었다.

3장

창원공단 입주의 모험

우리나라 기계공업이 걸어온 길

기계공업은 모든 산업에 대하여 기초적인 생산설비를 제공해 주는 중요한 산업이다. 따라서 전후방 연쇄효과가 크고 부가가치도 막대하다. 흔히 산업구조 고도화에 선도적 역할을 하는 기계공업을 가리켜 '중화학공업의 꽃'이라고 부르는 이유가 여기에 있다. 선진공업국들은 예외 없이 이 기계공업이 꽃핀 나라들이다.

근대적인 공업화에 뒤늦게 뛰어든 우리나라에서 기계공업이란 말이 처음 등장한 것은 일제 강점기인 1930년대였다. 일본 군국주의자들은 대륙침략 정책을 추진하면서 한반도를 만주·중국을 겨냥한 병참기지로 삼으려 했고, 그 일환으로 이 땅에 기계공업의 싹을 틔운 것이다.

처음에는 소규모의 주물공장과 철공소 형태이던 것이 차츰 토목

기계, 농기구, 광산개발용 기구 및 수송기관 등으로 확대되었다. 태평양전쟁이 일어난 1940년대에 들어서는 비교적 고도화된 전문기계류와 선박기계, 광도차량 및 항공기 부품 등이 부분적으로 생산되어 기형적이나마 근대화된 기계공업의 형태를 갖추게 되었다.

그러나 이 같은 기계공업은 어디까지나 일본 군수산업의 부분적 예속에 지나지 않았다. 그나마도 1945년 8월 15일 일본이 패망하자 모처럼 싹텄던 우리의 기계공업은 완전 휴면 상태로 들어가고 말았다. 해방과 함께 일본 기술진이 일시에 물러간 후 이를 감당하기에는 우리의 기술능력이나 자본 등 자체적인 역량이 부족했기 때문이다.

이런 상황에서 우선 시급한 과제인 민생고를 해결하기 위해 소비재 공업 부문에만 외국의 원조가 이루어졌다. 그때는 전력사정마저 어려워 기계공업이래야 농기구, 발동기, 양수기, 가내수공업 형태의 방직기계, 기초적인 자동차 부속품 같은 저급한 산업용 기구 등을 생산하는 정도에 그쳤다.

설상가상으로 6·25전쟁의 전화戰禍는 취약한 이 나라 기계공업을 더욱 약화시켰다. 전쟁으로 약 100만 명에 달하는 전투원 및 비전투원 사상자가 발생했고, 산업시설을 포함한 제반 재산 피해액은 약 30억 달러에 달하였다. 특히 산업생산 시설은 전화를 면한 것이라 할지라도 전략적 차원의 소개疏開로 인해 대부분 가동이 불가능하였다. 이에 따라 전쟁 직후의 국내 기계공업 생산량은 전쟁

전인 1949년의 약 23% 수준에 불과하였다.

이런 실정에서 주요 공산품 생산은 1952년까지 전무하다시피 하다가 1953년에 들어서야 전략물자를 중심으로 재개되기 시작했다. 일반 공산품 생산은 휴전 성립 이후 FOAForeign Operation Administration 등을 통한 경제원조를 계기로 전후복구가 본격화되면서 활기를 되찾기 시작했다.

하지만 기계공업의 복구는 우선순위에서 밀려났다. 그럴 수밖에 없던 것이 당시만 해도 거의 전 국민이 먹을 것이 없어 아우성인 때라 정부나 외국 원조기관에서도 의식주와 관련된 산업에 먼저 신경을 썼던 것이다.

기초 소재를 제공해 줄 금속공업의 부진으로 기계공업은 고질적인 원료 조달난에서 헤어날 수 없었다. 국내시장이 협소해 활기조차 띠기 어려웠다. 더욱이 1950년대 우리네 기술수준은 크게 열악했고 시설은 미비했으며, 자금도 부족했다. 이런 여러 요인이 겹쳐서 국내 기계공업의 생산 기반은 극히 취약하였다.

이처럼 후발-정체-전화戰禍-부진의 길을 걸어온 한국 기계공업이 새로운 발전의 전기를 맞게 된 것은 제1차 경제개발 5개년 계획이 시작된 1962년부터였다. 정부가 사회간접자본 확충에 중점을 두고 전원電源 개발과 통신시설 확장을 추진함으로써 전동기, 변압기, 전선, 케이블 등의 수요가 급증하였다.

점진적인 전력난 해소와 철강공업 발전에 따른 원자재의 안정적

공급, 선진기술 도입에 의한 기술향상, 시설확충 등이 이루어지면서 기계공업도 기지개를 켜기 시작했다. 이 무렵부터 우리 정부나 산업계, 학계 등에서 차츰 기계공업의 중요성을 인식하게 되었고, 정부가 앞장서서 기계공업의 육성정책을 추진하게 되었다.

이리하여 제1차 경제개발 5개년 계획 기간(1962~1966) 중 기계공업의 연평균 성장률은 20%를 상회했다. 이는 같은 기간 중 경제성장률 7%, 제조업 연평균 증가율 13%를 크게 앞지르는 수준이었다.

그러나 이 기간 기계공업의 성장을 주도한 것은 운송용 기기부문이었고, 일반기계는 상대적으로 저조했다. 이 기간 중 수출도 괄목할 만한 성장을 이룩했지만 아직은 저급한 제품이 대부분이었다.

한편 제1차 경제개발 5개년 계획 과정에서 산업구조가 고도화될수록 자본재인 공작기계의 수요가 늘어날 것으로 전망하고 무역수지 적자의 큰 요인이 되고 있는 공작기계 수입대체에 관심을 가지게 된 정부는 제2차 경제개발 5개년 계획(1967~1972) 추진 초기인 1967년 3월 30일 기계공업진흥법을 공포하였다.

법 제정 이후에도 1965년부터 매년 2억 원씩 지원하던 재정자금을 1968년부터 12억 원으로 늘리고 여기에 금융자금 12억 원을 추가시켰다. 또한 1969년에는 기계공업육성자금 182억 원을 조성해 이 중 64%인 116억 원을 국산화 자금에 배정하였다.

그러나 정부의 이러한 노력은 단기간에 무역수지 개선효과를 가져오지 못했을 뿐만 아니라 기계류 및 공작기계의 자급도를 높여주지도 못하였다. 1968년 이후 50%대로 떨어졌던 기계류의 자급도는 1973년부터 본격 추진된 중화학공업화 정책 이후 60%대를 회복하게 되었고, 1967년 이후 계속 하락하여 1972년에 5.6%까지 떨어졌던 공작기계의 자급도도 1973년 이후 10%대로 회복되었다.

중화학공업 추진과 창원기계공업단지 조성

우리나라는 1960년대 고도성장을 통해 중화학공업을 육성·발전시킬 수 있는 여건을 성숙시켰다. 양질의 노동력을 풍부하게 동원할 수 있었고, 선진국에서 흔히 나타나는 심각한 입지문제와 공해문제가 아직 사회문제로 대두하지 않아 선진국의 경험을 토대로 적절한 대책을 마련할 수도 있었다.

당시 우리나라는 후발국으로서 자본 및 기술도입이 유리해 세계시장 개척의 전망도 밝았다. 국내의 자본과 기술, 경영능력 등의 측면에서 아직 미흡한 면이 많았으나 의지와 노력이 뚜렷하다면 중화학공업은 성공할 수 있을 것으로 평가되었다.

이러한 가능성을 바탕으로 정부는 1973년 1월 국가 주요 정책목표의 하나로 중화학공업을 중점 육성한다는 취지의 '중화학공업화 선언'을 공표하면서, 철강공업·비철금속공업·조선공업·기계공업·전자공업·화학공업 등 6개 부문을 중점 육성할 부문으로 선정하였다. 이어 같은 해 9월에는 창원기계공업단지 건설을 골자로 하는 '장기 기계공업 육성계획'을 공표하고, 온산·창원·여수·광양 등 4개 지역을 중화학공업 집중개발을 위한 산업기지 개발구역으로 지정하였다.

그동안 우리나라 공작기계공업은 규모가 영세하고 기술이 낙후돼 초보적인 단계에 머물고 있었다. 더욱이 가격이나 결제조건도 수입이나 차관제품보다 월등히 불리한 실정이어서 국내 공작기계공업이 제대로 발전할 수 있는 여건이 되지 못하였다. 그러나 정부의 중화학공업 육성정책 추진에 따라 국내 일반산업 전체는 물론 공작기계공업 발전에도 획기적인 전기轉機가 마련되었다.

1971~1976년 사이 약 40%에 달하는 설비투자 및 생산증가, 10%를 크게 넘어선 수출 신장세에 힘입어 공작기계공업도 새로운 활력을 얻었다. 특히 1976~1979년 사이에는 정책 추진이 본궤도에 오름에 따라 160%에 육박하는 설비투자 및 84%에 이르는 생산증가, 그리고 약 170%에 달하는 수출 급신장이 이루어진 데 힘입어 국내 공작기계공업은 튼튼한 성장기반을 마련하게 되었다.

1973년 1월 중화학공업화를 선언한 정부는 동년 2월 '중화학공업추진위원회'를 설치하고 그 산하에 실무기구로서 중화학공업추진위원회 기획단을 발족하여 본격적인 계획 추진에 들어갔다.

그 일환으로 동년 9월에는 국내외 연구기관과 전문가의 의견을 종합하고 선진국의 실實 사례를 분석하여 마련한 '장기 기계공업 육성계획'도 공표되었다. 이 육성계획의 골자는 경남 창원지역에 380만 평의 대단위 종합기계공업단지를 건설하여 세계적인 기계 공업의 중심지로 육성한다는 것이었다. 이 기계공업단지에 전략적인 업종들을 망라하여 계획적으로 유치해 우수한 기계기술을 창출토록 함으로써 우리나라의 전체 공업 구조를 선진국형으로 이끌어 가도록 한다는 것이 정부의 구상이었다.

이러한 창원기계공업단지 건설계획이 발표되자 당시 재래식 시장유통 개념에 젖어 있던 일부 인사들은 서울, 부산, 대구, 군산, 여수, 마산 등지의 공업지대 또는 공업단지가 집결되어 있고 중소기계 수요상이 밀집해 있는 지역에 부문별 관련 기계공장을 분산시켜 건설하는 것이 더 효과적일 수 있다는 의견을 제시하기도 하였다.

그러나 정부는 모母기업 중심의 대단위 집중과 기술 집적을 이루는 종합적인 기계공업 기지를 추진하는 것이 장기적으로 훨씬 유리하다는 판단 아래 창원기계공업단지 건설계획을 확정했다. 이리하여 1973년 11월 19일 첫 삽질을 시작으로 1980년대 공업입국을 선도할 기계공업의 창원시대가 열리게 되었다.

창원공단 입주 결정

1974년 들어 창원기계공단 제1차 조성공사가 본격화되면서 국내 기계공업계는 물론 다른 분야의 기업들도 창원 쪽에 관심을 갖게 되었다. 중화학공업위원회 기획단은 우선 한국기계공업진흥회의 회원업체들을 대상으로 입주업체 선정 작업에 들어갔다. 그해 4월 17일 한국기계공업공단 발족을 계기로 입주업체에 대한 유치 활동은 활기를 띠었다.

그러나 입주업체 유치는 계획대로 진척되지 못하였다. 이 무렵 경공업 위주의 수출 인기산업이나 건설업으로 성장을 이룩한 대부분의 국내 대기업들은 축적된 기술이 미미했다. 이런 상황에서 막대한 투자를 요할 뿐만 아니라 자본 회수기간이 긴 기계공업에 선뜻 투자하기란 어려웠다.

외국 투자자들 역시 제1차 오일쇼크(1972)로 인한 불황의 여파에서 완전히 벗어나지 못한 상황이라 해외투자를 자제하는 분위기였다. 뜻이 있는 외국 투자자들도 한국 유수의 대기업들이 주춤거리는 실정이라 믿을 만한 제휴선을 찾는 데 어려움을 겪고 있었다.

이러한 상황에서 정부는 창원공단에 입주를 희망하는 업체에 대해 공장부지 대금 상환의 특혜조치를 취하는 한편, 투자유치 설명반을 만들어 입주 대상업체들에 대한 적극적인 홍보활동과 전국 순회 유치설명회를 대대적으로 전개하였다.

당시 나도 창원기계공업단지가 개발된다는 사실은 알고 있었으나 그곳에 입주할 의사는 없었다. 기계공업협회나 매스컴을 통해 입주업체를 찾고 있다는 소식은 들었지만 정부 주도로 개발되는 대규모 공업단지인 만큼 화천 같은 소규모 업체가 끼어들 자리가 아니어서 관심을 갖지 않았다.

내가 이렇게 판단한 것처럼 투자유치 설명반의 활동에 대한 광주에서의 반응은 냉담했다. 그럴 수밖에 없는 것이 당시 광주에서는 우리 화천과 마찬가지로 지역정서도 그렇고 의욕이나 규모 면에서도 창원에 입주할 업체가 거의 없었기 때문이다.

이래저래 설명회에 참석한 사람들의 귀에는 그들의 설명이 공허하게 들릴 수밖에 없었다. 그럼에도 불구하고 설명회 연사들은 마치 신들린 것처럼 창원공단 조성의 국가적 필요성이나 입주업체들의 장밋빛 앞날을 극력 내세웠는데, 내게는 그런 그들이 흡사 '열연하는 유랑극단流浪劇團'처럼 보였다.

이 무렵 화천은 정부 지원을 받아 일본으로부터 들여온 기계들로 공장 설비를 크게 확대·개선하여 안정적인 발전을 이룩하고 있었다. 정밀도나 내구성 면에서 종전과 비교할 수 없을 정도로 품질이 향상된 제품을 생산함으로써 판매증대와 함께 자금사정도 크게 호전되고 있었다.

바로 이 즈음인 1975년 9월 상공부로부터 창원공단 입주를 권유하는 공문을 접수하게 되었다. 창원에 종합기계공단을 조성하기 위해서 화천 같은 전통 있는 공작기계 메이커가 앞장서 입주해 주기를 희망한다는 내용이었다. 나는 입주할 입장이 못 된다는 의사를 통보했다.

정부에서는 화천의 기술력과 규모를 상당히 높게 평가하는 모양이었지만, 그때까지 나는 우리 화천의 능력이 창원공단에 입주할 만큼 성숙되지 못했다고 판단하고 있었다. 나는 예나 지금이나 힘에 벅찬 무리수를 두지 않고 작더라도 한 걸음 한 걸음 안정적인 성장을 이룩해 나가는 것이 경영의 미덕이라고 믿는다.

나의 분명한 입주 사양의사 표명에도 불구하고 정부의 권유는 몇 차례 더 계속되었다. 마침내 1976년 2월에는 청와대까지 나섰다. 나는 거의 마지못하는 심정으로 당시 오원철 경제수석 비서관으로부터 청와대 방문 통보를 받고 그를 찾아갔다.

나를 반색하는 오 수석은 간곡한 어조로 말했다.

"한국 최초의 종합기계공단에 화천 같은 전문 메이커가 입주하지 않는다면 국민들이 정부의 기계공업 육성의지를 의심하지 않겠습니까? 입주에 필요한 자금은 전폭 지원하겠으니 꼭 입주해 주십시오."

'천하의 오원철'이 이렇게 읍소하다시피 하니 부담스러웠다. 긍정적으로 보자면 경제수석과의 면담을 통해 정부의 강한 기계공업 육성의지를 읽을 수 있었다. 하지만 회사의 투자 여력을 잘 아는 입장에서 쉽게 결단을 내리기가 어려웠다. 그렇다고 이제 와서 사양할 수도 없는 처지였다.

이때 경제수석에게 이런 제안을 하였다.

"우리 화천이 창원에 입주를 결정하기 전에 제가 미국을 한번 다녀오겠습니다. 미국에 가서 우리가 만든 물건을 팔 수 있겠는가 없겠는가를 알아본 후에 결심을 하겠으니 허락해 주십시오."

오 수석은 환하게 웃으며 대답했다.

"권 사장님, 그렇게 하십시오."

이렇게 해서 화천의 창원공단 입주는 쫓기듯이 결정되었다. 회사로 돌아온 나는 간부회의를 열어 상황을 설명하고 창원공단 입주에 필요한 사항들을 검토하도록 지시하는 한편 미국 출장 준비를 서둘렀다.

미국시장부터 개척하고 보자

1976년 5월 11일 기획담당 박성민 상무를 대동하고 대미對美수출 세일즈 출장길에 올랐다. 이미 1975년부터 코트라KOTRA를 통해 미국시장의 문을 두드렸으나 아직 확실한 거래처는 나서지 않은 상황이었다.

'화천의 기계가 한국에서는 나름대로 최고라는 평을 듣고 있지만 과연 세계 제일의 선진국인 미국시장에서도 팔릴 수 있을까?'

이런 의구심을 떨치지 못했다. 초조한 여정旅程이었다.

처음 계획은 기계공업 도시인 시카고와 디트로이트, LA 등지에 있는 공장들을 견학하면서 미국에서 생산되는 공작기계와 화천의 공작기계를 비교해 보고, 이어 기계 수입상을 만나 화천 제품의 수출길을 열 수 있는지를 타진해 보는 것이었다.

그런데 첫 도착지인 LA에서 뜻밖의 성과를 거두게 되었다. 점심 식사를 위해 들른 '우래옥'이라는 한국 식당에서 재미교포 허만 최(한국명 최희만) 씨를 우연히 만난 것이다. 그는 우리 공장에 몇 번 다녀간 적이 있는 무역상으로, 서로 좋은 인상을 지닌 터라 새삼스레 반가운 만남이 되었다. 대화는 자연스럽게 사업 얘기로 이어졌다.

이 자리에서 허만 최 씨는 마침 잘 아는 미국 기계 수입상을 한국에 데리고 가서 화천에 소개하려던 참이었다면서 그와 만나게 해주겠다고 했다. 그가 바로 화천 미국시장 진출의 첫 문을 열어 주게 되는 로버트 바스비Robert S. Barsby 씨였다.

우리는 일주일 동안 LA에 머물면서 바스비 씨와 수출 상담을 계속하였다. 당시 바스비 씨는 재팬 머시너리Japan Machinary라는 상호를 내걸고 주로 일본의 모리세키 435형과 520형 선반류를 취급하고 있었다. 이 무렵 화천에서도 모리세키 선반과 성능이나 품질 면에서 비슷한 공작기계를 생산하고 있었는데, 바스비 씨는 품질과 성능만 믿을 수 있다면 당장에라도 계약하겠다고 적극성을 보였다.

이 자리에서 바스비 씨와 435형 5대, 520형 10대를 우선 수출

미국 출장 중 최희만 화천 USA 대표와 함께 후버댐 앞에서

한 뒤 반응이 좋으면 1977년부터 5년 동안 연간 최소 500대에서 최대 1천 대를 수출한다는 파격적인 조건으로 수출 가계약을 체결하였다.

수출시장 개척이 무척 어려울 것으로 예상했던 나는 기대 이상의 성과에 큰 힘을 얻었다. 아울러 우리 화천이 정부 지원을 받아 창원공단에 입주해도 괜찮겠다는 자신감도 가질 수 있었다.

남은 일정 동안에는 시카고, 디트로이트 등지의 주요 공작기계 공장을 둘러봤다. 세계시장에서 한국이 어느 정도 수준인지 비교하고 가늠해 보는 기회였다. 시카고에서도 몇몇 기계 수입상을 만

화천과 더불어 공작기계와 더불어

나 상담을 했으나 이렇다 할 만한 성과는 없었다.

당시 미국시장에서는 오랜 기술과 경험을 자랑하는 미국의 기계는 물론 일본 유수 메이커들의 제품과 독일, 이탈리아, 스페인, 대만, 그리고 공산권의 루마니아, 헝가리 제품들까지 제각각 품질과 가격의 장점을 내세우며 치열한 경쟁을 벌이고 있었다.

나는 이러한 세계 공작기계 시장의 현실을 둘러보면서 스스로 다짐했다.

'우리도 국내시장에만 만족할 것이 아니라 한시 바삐 세계시장 진출에 힘을 기울여야 하지 않겠는가! 이를 뒷받침할 기술개발과 품질향상에 더욱 매진해야 하지 않겠는가!'

난관 속의 창원공장 건설

나는 귀국하자마자 귀국인사 겸해서 청와대를 방문하여 오원철 경제수석 비서관을 만났다. 이 자리에서 미국을 방문하여 확인한 공작기계의 수출 전망과 제품주문 계약 사실 등을 말하였다. 그리고 창원에 입주해서 창원공장을 수출생산 위주로 운영하겠다며 화천의 창원공단 입주의 뜻을 확실히 밝혔다. 내 얘기를 듣고 난 오비서관은 두 손을 내밀어 내 손을 꼭 잡아 분명한 결의를 보였다.

"권 사장님, 정말 큰일을 하셨습니다. 권 사장님의 일이 곧 국가의 사업이며, 우리 민족의 장래입니다. 제품 수출 계약서야 화천의 것이겠지만 내 자신의 일처럼 반갑고 기쁩니다. 화천의 창원공단 입주에 필요한 자금은 얼마든지 지원할 터이니 공장 건물부터 먼저 지으시지요."

그날 회사로 돌아와 간부들을 모아 놓고 창원 입주 결정을 최종적으로 알리고 입주에 필요한 공장부지 등의 물색과 계약 등을 지체 없이 서두르도록 지시했다.

창원공단 입주를 결정하고 1976년 8월 24일 정부로부터 입주업체로 지정받으면서 공장 건설은 본격화되었다. 이때 화천은 정부로부터 공장 시설자금으로 600만 달러의 차관자금을 지원받았다. 이 자금은 10년 연부로 상환하는 아주 좋은 조건의 외국차관이었다.

새 공장이 들어설 자리는 30여만 평의 완암단지로, 화천은 이곳에 3만 2천 평의 부지를 확보하고 1977년 4월까지 제반 건설계획을 완료하였다. 계획의 골자는 확보한 부지에 총 1만여 평 규모의 공장을 건설하여 최신 공작기계 생산설비를 갖추고, 해외 선진기술 도입을 통해 NC자동선반을 비롯한 각종 고급 정밀 공작기계를 개발·생산함으로써 화천의 대량수출 거점으로 도약시킨다는 것이었다.

이러한 계획에 따라 1차로 4천여 평 규모의 제1공장과 각종 부대시설을 1978년 5월까지 완공하여 가동한다는 목표 아래 1977

년 6월 30일 완암단지 입주업체 중 가장 먼저 기공식과 함께 건설의 첫 삽을 떴다. 공사는 나의 오랜 친구이면서 한때 광주, 전남지역에서 건설업계의 대부로까지 통했던 장태석에게 맡겨 모든 책임을 지도록 했다.

건설공사의 시작은 순조로웠으나 착공 후 얼마 지나지 않아 건축자재 품귀현상이 나타났다. 가장 많이 쓰는 시멘트, 철근 등을 제때 구할 수 없어서 공사일정에 큰 차질이 빚어졌다. 게다가 가격이 급등하는 바람에 공사비가 계속 불어났다. 인력난까지 겹쳤다.

자재와 인력난의 원인은 공급이 한정된 상황에서 창원공단 입주업체들의 동시다발적 공장건설로 수요가 한꺼번에 몰린 데 있었다. 특히 시멘트와 철근 가격은 한때 2배의 웃돈을 주고도 구하기 어려운 실정이어서 시공업체는 물론 화천 임직원들까지 이를 구하기 위해 동분서주해야 했다. 급한 경우에는 내가 직접 청와대를 방문해 호소하기도 하였다.

자재난은 창원공장 건설 전全 기간 동안 계속되어 공장 완공 후까지 경영압박의 큰 요인이 되었다. 계획 초기에 예상했던 건설비가 자재난에 따른 공사지연과 자재비 상승으로 인해 갑절 이상 추가되고 말았다. 이런 건설비 추가는 화천의 경영에 큰 부담이 아닐 수 없었다.

이로 인해 당초 계획한 1978년 5월 가동 목표는 11월로 약 6개월 정도 늦춰지게 되었다. 당시 화천은 1978년 여름 부산에서 열린 세계 기능올림픽에서 사용할 기계들을 납품하기로 되어 있었다. 화천은 그 기계들을 새 공장에서 생산한 것으로 납품하여 기업 이미지 개선효과를 극대화하겠다는 계획을 세웠으나 이 또한 가동 지연으로 광주에서 생산한 것을 납품할 수밖에 없었다.

기계 설치와 창원공장 준공

공사 진척이 50%를 넘긴 상황에서 1978년을 맞아 공장 가동을 위한 준비가 시작되었다. 새해 첫날 현판식을 갖고 광주공장 기술연구소 핵심요원들을 중심으로 선발팀을 구성해 기계 도입작업에 들어갔다. 1978년 2~3월 사이에는 미국, 독일, 일본의 유수 메이커에 기계를 주문하고 15명의 기술자들을 현지 메이커에 보내 제조기술과 운전기술 등을 연수토록 하였다.

한편 그해 4월 10일 신형노 공장장을 비롯한 20명의 선발팀을 우선 창원공장 건설현장에 파견하여 기계 설치 및 가동 준비에 박차를 가하였다. 이윽고 5월부터 일본 기계를 시작으로 주문한 기계들이 속속 도착했고 9월 하순까지 설치작업을 마무리 지었다.

그동안 건설현장에 투입된 화천 임직원들의 고충도 한두 가지가 아니었다. 아직 기숙사가 완공되지 않은 상태라 건물 바닥에 가마니와 판자를 깔고 창틀에는 비닐을 쳐서 숙식을 해결해야 했으며,

폭염과 먼지바람 속에서 휴일도 없이 작업을 진행했다.

나도 틈만 나면 건설현장으로 달려가 고생하는 임직원들을 격려하려고 애를 썼다. 그때 우리 화천 임직원들은 낯설고 물설은 창원 땅에 발령받아 여러 악조건 속에서도 회사 도약의 초석을 놓는 데 일익을 담당한다는 긍지와 사명감을 가지고 다들 맡은 일에 혼신渾身의 힘을 다했음을 믿어 의심치 않는다. 늘 고맙게 생각한다.

기계 설치가 거의 다 되어 갈 무렵 4천여 평의 공장과 각종 부대시설, 800여 평의 새마을회관(사원아파트), 400명 수용 규모의 기숙사, 그리고 종합휴게실(식당 포함) 등 대부분의 건축공사도 마무리되었다.

당시 외국에서 도입해 설치한 주요 기계는 미국 데블리Devlieg 사

화천 창원공장 전경

의 Jig Mill을 비롯하여 공구 60개가 자동으로 기능을 발휘하는 일본 미츠이 세이키Mitsui Seiki의 머시닝센터 및 Excello 연마기, 마키노Makino와 신니폰 코키Shin Nippon Koki의 머시닝센터, OKK의 Turret Miller, 마루후쿠Marufuku의 Plano Miller, 고토부키Kotobuki의 Open-Side Planer, 야스다Yasda의 Jig Master, 제올Jeol의 고주파열처리기, 다키사와 및 이케카이Ikekai의 NC선반 등이었다. 독일 코부르크Coburg 사에 주문한 Planer Bed Grinder도 뒤이어 설치되었다.

이 외에도 창원공장에는 최신식 밀링, 보링, 그라인딩 기계들, 고정밀 측정설비 등을 고루 갖춤으로써 명실공히 세계적인 종합공작기계 메이커의 위상을 자랑하게 되었다.

기계 설치를 끝내고 11월부터 시험 가동에 들어가서 연말까지 WL 435형 선반 60여 대와 WMV 1100형 밀링기 5대를 생산하였다. 시험가동이 원만하게 이루어지자 본격적인 양산체제에 돌입하였다. 이로써 화천은 1980년대 도약의 발판이 될 창원공장시대를 힘차게 개막하였다.

이후 새 공장의 본격 가동에 대비한 기능 인력 충원과 이 무렵 그룹의 면모를 갖춘 회사 전체 인력의 재배치, 그리고 크고 작은 공장의 남은 공사를 모두 마무리한 후 1979년 4월 27일 준공식을 거행하였다.

당시 창원공단 입주업체들은 공장 준공식에서 예외 없이 고사告

祀를 지냈다. 화천도 이날 공장 안에 큼직한 돼지머리와 농주農酒를 얹은 고사상을 차려 놓고 회사의 무궁한 발전과 국가경제의 양양한 미래를 기원하며 공장 구석구석에 막걸리를 뿌렸다.

일부 사람들은 이런 고사의 풍속을 두고 비과학적이라느니, 미신이라느니 하고 비아냥거리기도 하지만 입주업체 대표나 종업원들은 한민족韓民族의 전래의식인 이 고사만은 결코 소홀히 다루지 않는다. 이 의식은 그 자체로 회사의 무궁한 발전과 회사에 몸담은 모든 임직원 가족들의 무사안녕을 비는 진실한 염원을 담고 있기 때문이다.

미국 수출의 호조

1976년 5월 미국 바스비 씨와 맺은 수출계약을 차질 없이 이행하기 위해서도 많은 신경을 썼다. 주문사항에 맞도록 한 치의 실수도 없이 제작할 것을 지시하고 내가 직접 나서서 그날그날의 작업 진척상황을 체크하였다.

이렇게 신경을 곤두세운 것은 세계 최대 시장인 미국에 처음으로 내보내는 기계일 뿐만 아니라 건설 중인 창원공장에서 앞으로 생산될 제품의 수출까지 염두에 둘 때 조금도 하자가 없어야겠다는 일념 때문이었다.

이렇게 하여 1976년 9월 미국에서 주문받은 화천 타입의 범용 선반 435형과 520형을 각각 5대씩 만들어서 미국에 처음 수출했다. 이후 미국시장 반응이 어떠할지 초조한 마음으로 기다리고 있었는데 3개월 만에 바스비 씨에게서 한 장의 전문이 날아왔다.

"화천에서 보낸 선반이 값도 쌀 뿐만 아니라 성능 면에서도 일본 모리세키 제품에 못지않으니 앞으로 매월 10대씩 구입하겠습니다. L/C(수출 신용장)도 함께 개설했으니 앞으로 제품생산 기일과 수송 기일을 지켜 차질 없도록 해주십시오."

실로 내 눈을 의심하지 않을 수 없는 낭보였다.

이때가 내게는 기계공업계에서 또 한 번 새로운 세계에 눈을 뜨고 의욕을 갖게 된 결정적인 계기였다. 정말이지 이날 나에게 전달된 바스비 씨의 서한은 한동안 나를 흥분의 도가니로 몰아넣었다. 편지 쪽 같은 L/C 용지 한 장이 앞으로 화천이 나아갈 진로를 가르쳐 주는 지침서나 다름없었기 때문이었다.

나는 첫 수출 성공에서 얻은 자신감을 바탕으로 앞으로 우리 화천은 물론이요 우리 산업계 전체가 더 큰 발전을 이룩하려면 한정된 내수시장에만 의존할 것이 아니라 무궁무진한 해외시장을 적극 개척해야겠다고 판단했다. 또한 회사 성장 목표도 내수확대보다는 수출증대에 힘을 쏟기로 했다.

이 같은 나의 전략은 때마침 정부가 국운을 걸고 추진한 수출 드라이브 정책과도 맞아떨어졌다. 덕분에 매년 수출이 큰 폭으로 늘었다. 1977년 20여만 달러이던 화천의 수출실적은 1978년 150만 달러를 크게 상회했고, 1979년 500여만 달러, 1980년 700여만 달러로 급신장하였다.

국가 시책에 우선하다 보니

국내 산업이 전반적으로 낙후했던 1960년대 중반까지만 해도 공작기계의 수요는 그리 많지 않았다. 이 시기에 화천은 서울의 영등포(영등포대리점)와 원효로(용산대리점)에 각각 대리점을 두고 주로 주문생산 방식의 영업을 하였다. 그러다가 1964년에 개발한 기어구동식 선반이 1965년부터 인기를 얻고, 1968년 구로공단에서 열린 세계산업박람회 참가를 계기로 판매량 증가와 품목 다양화가 이루어짐에 따라 부산과 대구에도 대리점을 개설하였다.

이후 1970년대 초까지 극심한 경영난을 겪으면서 영업부문을 강화해야 한다는 필요성에 따라 당시만 해도 공작기계의 최대 소비처로서 산업시설이 몰려 있는 경인지역에 관심을 쏟았다. 이리하여 1972년 2월 기존 영업망과는 별도로 주식회사 화천기공을 설립하고 명동에 서울사무소를 개설하였다. 그런 다음 오랫동안 나와 함께 공장 일을 보아온 최봉근 부사장을 이 회사 사장으로 임명하여 서울로 올려 보냈다.

나는 이곳에 화천에서 생산하는 제품의 판매를 전담시킴은 물론, 금융 관련 업무와 해외시장 개척, 품질 및 생산성 향상을 위한 공작기계 관련 각종 국내외 정보수집 업무를 수행토록 할 참이었다. 그러나 개설 직후부터 공업계 고등학교의 실습용 기계 주문이 대량으로 이어지면서 1970년대 중반까지 조달청 입찰을 통한 관납官納 업무가 주를 이루다시피 하였다.

즉, 이때까지 화천은 전 생산제품의 70% 정도를 기능공 양성을 맡고 있는 전문기능인 양성소나 공업계 학교들의 실습용으로 주문을 받아 생산했다. 시중에 내다 파는 양은 나머지 30%에 불과했다. 당시는 기능공 양성이 국가적인 사업이었고 기계실습이 그 학교의 우열을 가늠하는 척도였다. 각급 공업계 학교에서는 앞을 다투어 화천의 선반을 가져갔다.

회사의 수익성 면에서는 학생들의 실습용 관납보다 일반 시중에 내다 파는 것이 훨씬 유리했다. 이 무렵 화천이 주로 생산한 380형 선반을 시중 대리점에 팔아 받는 가격은 대당 196만 원 정도인 반면 관납 가격은 대당 26만 원이 싼 170만 원 정도였기 때문이다. 그럼에도 관납에 밀려 수요가 넘쳐나는 시중 공급을 제대로 하지 못하는 형편이었다.

사정이 이렇다 보니 회사 간부들은 "이제 우리도 관납을 줄이고 일반 시장 상품을 늘려야 한다"고 목소리를 높였다. 그래야 앞으로 언제 닥쳐올지 모르는 수요 감소나 불황기에도 살아남을 수 있다는 것이었다.

옳은 지적이었지만 내 의견은 조금 달랐다. 당장의 회사 이익을 위해서는 간부들의 주장이 백번 옳고 맞는 얘기였다. 그렇지만 학생들이 공부하는 데 우리 선반이 꼭 필요하다면 이에 우선 부응해야 한다고 생각했다. 그 이유를 나는 이렇게 밝혔다.

"기업도 사회의 일원입니다. 물고기가 물을 떠나 살 수 없듯이 기업은 사회를 떠나 살 수 없습니다. 어린 학생들을 가르치는 1차적인 임무는 학교에 있지만, 사회의 일원인 기업도 그 학교를 돕는 일에 나서야 합니다. 좀더 먼 장래를 내다봅시다. 우리 기계로 기술을 익힌 학생들이 사회에 나와서 훌륭한 기능인이 되고 기술자가 되었을 때 어떤 기계를 찾겠습니까? 그러니 우리는 지금 미래의 고객을 유치한다는 생각을 가집시다."

이렇게 간부들을 설득하면서 일반시장 판매보다 관납에 주력할 것을 당부했다. 그러나 이때 내가 관납을 줄이고 일반시장 판매를 늘리지 못한 것이 1980년대 초에 겪어야 했던 극심한 경영난의 한 원인이 되기도 하였다.

이런 가운데서도 서울사무소는 1973년 정부의 중화학공업화 선언과 기계공업 육성정책 추진 여건에 발맞추어 동남아, 일본, 미국 등지를 대상으로 한 해외시장 개척에도 힘을 기울였다.

그리하여 1974년 베트남에 직결선반 5대를 수출하는 성과를 거두기도 하였다. 그러나 모처럼 개척한 베트남시장은 1975년 베트

남전쟁 종식과 함께 베트남이 공산화되면서 중단되고 말았다.

일본시장은 워낙 벽이 높아 뚫지를 못했으나 1975년 이후 미국 시장에서는 상당한 가능성을 확인할 수 있었다. 미국시장에서는 주로 KOTRA를 통해 LA의 기계상들에게 카탈로그를 돌리는 방식으로 개척활동을 전개하였는데, 이는 화천의 창원공단 입주 결정 시점과 맞물리는 1976년 봄 대망의 첫 미국 수출길을 트는 데 나름대로 역할을 하였다.

이후 화천은 당초 설립목적에 비해 독립법인으로서 뚜렷한 기능을 하지 못하고 있던 주식회사 화천기공을 1977년 1월 정리하였다. 이와 함께 서울사무소는 서대문으로 이전하여 명실상부한 화천의 영업거점으로 새 출발하게 되었다. 이와 함께 화천기공 최봉근 사장은 화천기계공업주식회사 초대 사장에 취임하여 창원공장 건설을 이끌었으며, 새 출발한 서울사무소 초대 소장은 화천기공 권상현이 맡게 되었다.

경영체제의 확대 전문화 추진

창원공장이 준공된 시점을 전후해서 화천은 대대적인 분가分家를 이루었다. 1973년부터 정부는 중화학공업 육성정책을 시행하면서 철강, 기계, 조선, 전자, 석유화학, 비철금속 등 국가전략산업들에 대한 전문계열화를 추진하였는데, 이때 기계 부문도 관련 부품산업 전문화 시책을 마련해 각 업체들이 이에 따르도록 유도하였다. 이 같은 정부 방침에 따라 화천도 그동안 합명회사 화천기공 내의 개별 사업부서였던 주물, 척, 기어 등을 따로 떼어 내 전문화된 독립회사로 분가시켰다.

우선 1977년 10월 주물부문을 독립시켰다. 곧 본격적으로 가동할 창원공장과 국내 공작기계 업체들에 공급한다는 목표로 화천금속주식회사를 설립하고 큰아들 영열이를 사장으로 임명하였다.

설립과 함께 화천금속은 주물제조기술의 선진화를 위해 영국 미에나이트Meehanite 사와 기술도입 계약을 체결하고, 1978년 9월부터 1979년 초까지 독일 에크먼EKMAN 사로부터 최신 No-Bake 라인을 비롯한 주물생산 기계화 시설을 도입 설치하였다. 이 기계화 시설의 가동으로 화천금속의 연간 주물 생산량은 4천 톤에서 7,200톤으로 늘어나 국내 굴지의 현대식 주물 메이커로 부상하게 되었다.

이어서 1977년 11월에는 화천척공업주식회사를 설립했다. 공작기계의 필수부품으로서 증가 일로에 있던 국내 척 수요 추세에 부응하고자 했다. 동생 권승만에게 대표를 맡겼다.

화천척도 설립과 함께 일본의 세계적인 척 전문 메이커인 데이고쿠 척 주식회사와 기술도입 계약을 체결하고 1978년부터 3본 및 4본 척을 선보여 품질의 우수성을 인정받았다. 곧이어 파워척, 콜렉트척 등 고성능 제품 개발에도 박차를 가했다.

이듬해인 1978년 2월에는 화천기어공업주식회사를 설립했다. 공작기계의 핵심부품인 기어 생산을 전문화하기 위해서였다. 중소기업은행 업무부장을 지낸 하훈 씨에게 경영을 맡겼다.

화천기어는 설립 후 약 10개월 만에 별도로 새 공장을 마련했다. 기존 화천기공사에 있던 장비 외에 20여 종의 최신 기계를 도입해 생산량뿐만 아니라 가공 정밀도에서도 국내 최고의 기어 전문 메이커로 자리 잡았다.

1975년 다키사와와의 합작회사 추진을 위해 설립했다가 합작 실패 후 명맥만 유지하고 있던 화천기계공업주식회사는 1978년 3월 회사 자본금을 6억 원으로 증자하는 등 재정비한 뒤 준공을 앞둔 창원공장으로 본사를 이전함으로써 창원공장을 중심으로 한 실질적인 경영체제를 갖추도록 하였다. 공장이 제 모습을 갖추어 가면서 사원들도 단계적으로 늘려 나가 10월 20일경에는 250여 명에 이르렀으며, 팀워크도 거의 완성되었다.

이리하여 1978년 무렵 화천은 모기업 화천기공사를 중심으로 화천기계, 화천금속, 화천척, 화천기어 등 5개 회사로 이루어진 그룹체제의 면모를 갖추게 되었다.

이 무렵 화천의 전체 종업원은 1천여 명을 헤아리는 대식구였다. 1978년 6월 13일 상공부는 화천 계열기업들을 금속공작기계 생산업체로 지정했다. 덕분에 정부 투자기금 등 금융상의 혜택도 받게 되었다.

그러나 2년여 사이에 이루어진 5개 회사로의 경영체제 확대는 얼마 안 가 경상비 과다지출을 초래했다. 그리고 때마침 들이닥친 제2차 오일쇼크와 국내 정치상황의 급변으로 경기가 급랭하면서 각 사 모두 심한 경영난과 함께 자금 압박에 시달리게 되었다.

나는 평소 거창한 철학으로 기업을 하지 않았다. 그저 가장으로서 내 처자식 먹여 살리고 같이 일하는 사람들이 생계를 꾸릴 수 있다면 더 많은 것을 바라지 않았던 사람이다. 그래서 일각에서는 나를 두고 기업경영인이라기보다는 장인匠人정신이 앞선 공업인工業人 내지는 기능인技能人이라고 말하기도 하였다.

맞는 말일지 모른다. 아무래도 좋다. 내가 기업해 온 방식이 다른 기업인과 비교할 때 퍽이나 소박한 모습으로 비쳤을 것이다. 하지만 기업에 대한 내 생각은 여든을 훌쩍 넘긴 이 시점까지도 변함이 없다.

돌이켜 보면 너무도 어렵게 살아온 세월이라 그 지긋지긋한 가난이나 면해 보자고 매달린 일이 어느 정도 이루어진 셈이라고나 할까. 사람들은 나에게 기업을 더 늘리지 않고 그 많은 세월을 왜 그냥 놔뒀느냐고 묻기도 한다. 이에 대한 대답도 같을 수밖에 없다. 내 소박한 기업관은 정리하자면 다음과 같다.

'처자식 굶기지 않으려고 선택하여 걸어온 길이기에 공작기계라는 한 우물만을 팔 수 있었고, 이 정도의 규모로 만족한다.'

창원공장을 짓고 회사를 몇 개씩 더 늘린 것도 속마음은 정부의 기계공업 육성정책에 부응하면서 전문·계열화를 통해 전체적인 내실內實을 다져 보자는 것이었지 외형만 키우려는 것이 아니었다. 정말이지 기업을 하는 데 나의 변함없는 신념이자 방침은 내실 쪽에 있지 외형 확대에 있지 않았다.

그러나 이때의 결정은 그야말로 외형만 키우는 결과를 낳고 말았다. 나의 평소 신념에 따라 좀더 신중하게 고려해야 했다. 그러니 누구를 탓하겠는가. 가능성과 장래를 보고 결정한 일이 인력으로 어찌해 볼 수 없는 최악의 상황들을 만나 그리 됐다고는 하지만, 이렇게 생각할 때는 이미 너무 늦고 말았다.

4장
하늘은 스스로 돕는 자를 돕는다

판매는 안 되고 빚만 눈덩이처럼

창원공장이 공사를 시작한 지 2년여 만에 완공을 보기는 하였다. 그러나 그동안 여기에 투자한 돈이 너무 많았다. 공사를 시작할 때 예상했던 투자비의 2배 이상이 들다 보니 심한 경영압박을 받게 되었다.

그렇다고 해도 이제까지 잘해 온 것처럼 주문이 밀리고 자금회전만 된다면 어렵기는 하겠지만 경영에 큰 무리는 없을 걸로 예상했다. 이런 나의 희망은 완전히 빗나갔다.

1978년 하반기부터 기계 주문이 점차 줄어드는가 싶더니만 1979년에 들어와서는 아예 뚝 끊기다시피 하였다. 경기가 급속도로 얼어붙으면서 그동안 일선 판매점에 내보낸 기계마저 잘 팔리지 않았다. 공장에는 재고만 잔뜩 쌓여 갔다.

게다가 환율마저 계속 상승하여 외국차관에 대한 이자는 하루가 다르게 불어났다. 기계 판매가 늘어도 차관 상환이 어려울 판에 판매가 딱 멈추어 버리니 빚만 눈덩이처럼 커져 가는 꼴이 되었다.

화천기공 1개 회사에서 5개 회사로 확장한 결과 늘어난 경상비 지출 규모 또한 회사 자금사정을 더욱 어렵게 만들었다. 1979년 3월부터 직원들의 봉급을 제날짜에 못 주게 되는 상황까지 발생했다.

이 무렵 화천 5개 회사의 종업원은 1,300여 명이었다. 이들 종업원들에게 매월 지급해야 할 급료는 3억여 원이었다. 경상비 7~8억 원을 합칠 경우 매월 10억 원 정도는 있어야 했다. 그런데 화천이 제품을 팔아 거둬들이는 자금은 잘해야 5~6억 원에 불과했다. 매월 4~5억 원의 적자가 생긴 것이다. 처음 몇 달은 은행에서 빌리고 비싼 사채를 구해 그런대로 메워 나갈 수 있었다. 그러나 워낙 판매가 안 돼 회사 자금사정은 점점 나빠졌다.

회사 간부들이 매일같이 모여 머리를 맞대고 대책을 숙의하였으나 경상비 일부를 줄이는 방법 이외에는 뾰족한 대책이 나올 수가 없었다. 우선 급한 대로 각사 사장단과 임원·부장급 이상 간부들에게 좀더 실천 가능한 대책을 마련해 보도록 당부했다.

1차로 1979년 9월에 경영 비상대책을 수립해서 실천에 옮겼다. 경영 비상대책의 골자는 지금까지 주문 생산에 의한 현금판매 방식을 일부 수정하여 할부 판매를 가능하게 하고, 화천 제품을 쓰고 있는 업체 중에 시설이 노후하여 교체하려고 하는 곳을 찾아 외상 판매도 가능토록 한다는 것이었다. 그리고 직원들의 판매의욕을 높이기 위해 제품판매 시 판매가의 일정액을 리베이트로 지급한다는 파격적인 내용도 포함시켰다.

이 같은 전략으로 다소의 판매량 증가는 가져올 수 있었다. 그러나 이런 정도로 회사의 전반적인 경영 상태를 개선하는 데는 한계가 있을 수밖에 없었다. 1979년 10월 말 화천의 각 공장에 쌓인 재고품은 돈으로 환산하여 약 20억 원어치가 넘었고, 대리점에 물건을 주고도 거둬들이지 못한 대금이 약 8억 원가량이나 되었다.

다시 화천 전사全社 비상대책위원회가 결성되었다. 간부들은 백지사표를 제출하고 난국을 타개하기 위해 모두들 머리띠를 동여매고 비장한 각오로 일하자고 결의했다. 하지만 이러한 각오로 나아질 상황이 아니었다. 1980년대를 기다리며 가졌던 희망은 이제 절박한 위기감으로 바뀌었다.

적금 해약만이라도 해주오

1979년 연말이 가까워지면서 회사의 자금사정은 점점 더 깊은 늪으로 빠져들고 있었다. 그해 상반기까지만 해도 120억 원 정도이던 회사 부채는 불과 반년 사이에 20억 원이 더 늘어 140억 원을 넘어섰다.

이때 모母기업인 화천기공 이하 5개 회사가 은행에서 돈을 빌려 쓸 때마다 적금 계약을 맺고 부은 돈이 14억 원 정도 되었다. 나는 은행에 예치된 이 적금을 해약해서 우선 악성惡性 사채만이라도 갚아야 되겠다고 작정했다.

그리하여 회사의 경리 책임자들은 여러 차례 해당 금융기관을 찾아가서 회사의 자금사정에 대한 어려움을 호소하고 해약을 요구했다. 그러나 우리 회사의 경영이 어렵다는 것을 알아차린 은행들은 회사가 부도날 때를 대비하여 자신들의 채권확보를 위해 한사코 우리의 해약 요구를 들어주지 않았다. 정말 답답했지만 맡긴 돈의 10배가 넘게 빌려 쓴 입장이라 항의 한 마디 하기 어려웠다. 그저 처분만 기다릴 뿐.

'내 칼도 남의 칼집에 들어가면 빼내 오기가 어렵다.'

이런 속담을 떠올리며 허탈감에 빠진 나는 하는 수 없이 새로운 사채를 얻어다 묵은 사채의 이자를 갚거나 은행의 연체 이자를 상환하는 악순환을 거듭할 수밖에 없었다.

이런 답답한 나날 속에서 밤잠을 설쳐 가며 궁리한 끝에 당시 여당 정책위원장에게 편지를 띄워 호소해 보기로 하였다. 나는 그분과 여러 차례 만났고, 서로 가슴을 열고 인간사를 얘기하며 사는 사이였다. 우리 회사가 갑자기 곤경에 처하게 된 경위며 경영난 극복을 위한 나름대로의 자구노력 방안, 그리고 이를 위해 필요한 긴급 자금지원의 필요성 등을 자세히 적어 직원 편에 전달했다.

자금지원에 대해서는 우선 다급한 운전자금 5억 원 외에 화천 계열의 5개 회사가 그동안 은행에 불입해 놓은 적금 14억 원을 해약할 수 있도록 도와 달라는 것이었다. 1979년 10월 초순의 일이었다. 그리고 이와 비슷한 내용의 긴급자금 지원 요청서를 공화당 의장과 상공부 장관에게도 보냈다.

요청서를 갖고 간 직원으로부터 "적극 협조하겠으니 잠시만 기다려 달라"는 정책위원장의 답을 들었다. 나는 모든 일이 잘 풀려나갈 것으로 믿고 어디에서건 연락이 오기만을 기다리고 있었다. 그 사이 육인수 의원과 10월 말쯤이면 해결될 수 있으리라는 희망적인 통화도 나누었다.

그런데 이게 웬일인가. 1979년 10월 26일, 청천벽력 같은 박정희朴正熙 대통령의 시해사건이 터지고 말았다. 나는 10월 27일 새벽잠에서 깨어나 뉴스를 통해 박 대통령의 유고 사실을 알고 온몸의 피가 멎는 것 같은 큰 충격을 받았다.

처음에 '대통령 유고' 방송을 듣고는 상황 파악이 잘 되지 않았다. 얼마 후 박 대통령이 김재규 중앙정보부장이 쏜 총탄에 맞아 운명하였다는 자세한 사실을 알고는 갑자기 눈이 침침해지면서 자리에서 일어날 수가 없었다.

세상모르고 잠에 떨어진 식구들을 깨우려고 아무리 소리를 질러도 내 목소리는 입안에서만 맴돌 뿐 입 밖으로 나오지 않았다. 한동안 컴컴한 천장만을 응시한 채 누워 있다가 다른 식구들이 자리에서 일어날 때쯤인 오전 7시경에야 정신을 차릴 수 있었다.

40년간을 매일 새벽 5시면 어김없이 일어나 아침 산책을 해왔던 나였다. 그러나 이날만은 예외였다. 나는 자리에서 일어나 회사로 직행했다. 모든 것이 불안하고 궁금해서 견딜 수가 없었다. 회사 사람들 역시 온종일 다른 일에는 신경도 쓰지 않고 TV와 라디오에 귀를 기울이면서 매 시간 흘러나오는 박 대통령 저격에 관한 얘기로 시간을 보내고 있었다.

며칠이 지난 후 광주 시내 몇몇 기관장들과 함께 서울로 올라가 청와대에 마련된 고인의 빈소에 헌화하고 명복을 빌었다. 조문 후 청와대를 빠져나오는 나의 마음은 또다시 강한 불안감에 사로잡혔다. 솔직히 당시 내가 확실하게 믿는 구석이라고는 박 대통령밖에 없었다. '이것이 마지막이다' 싶은 최종 순간에 이르면 그를 직접 찾아가 도움을 청해 보리라고 마음먹고 있었다. 바로 그 최후의 비빌 언덕이 무너진 것이다.

나의 불안감은 현실로 나타났다. 잘될 줄로 믿었던 긴급자금 지원이 어렵게 됐다며 경리 책임자가 풀죽은 목소리로 보고했다. 적금 해약 건도 계속 뒤로 미루어진다는 보고뿐이었다. 이런 회사 간부들의 보고에 대해 아무런 대꾸도 할 수 없었다.

불 꺼진 집무실 유리창을 통해 공장의 마당에 소복이 내려 쌓이고 있는 눈송이들을 망연히 바라보면서 회사의 장래를 생각하니 한없이 마음만 무거웠다.

창원공장을 팔자

화천의 전 계열사들이 한꺼번에 무너질지도 모른다는 위기감 속에서 1980년을 맞은 회사 간부들은 내게 공장가동 중단과 인원감축을 건의하였다. 이때까지도 나는 이 건의를 받아들이지 않았다. 이 바람에 공작기계를 비롯하여 생산해 낸 각종 부품들을 보관할 장소가 모자라 공장의 빈터라고 생긴 곳들은 모조리 재고품들로 채워지고 있었다. 빈터에 쌓인 제품들이 눈과 비를 맞는 모습은 보기에도 딱했다.

지금에 와서 이때를 돌이켜 보면 내가 참 어리석었다 싶기도 하다. 물건이 안 나가고 재고가 늘어나면 당연히 생산을 중단해야 옳았다. 그런데도 공장가동을 중단하는 것만은 한사코 반대했다.

이때 나는 공장가동 중단을 지금까지 내가 걸어온 쇳물인생을 마감하는 것으로 받아들였다. 그래서 고집스러울 만큼 공장가동 중단만은 절대로 할 수 없다고 우긴 것이다. 이 같은 나의 의중을 알아차린 간부들은 다시는 공장가동 중단에 대한 말을 꺼내지 않았다.

또한 인원감축에 대해서는 불과 엊그제까지 기능공을 구하지 못해 많은 비용을 써가면서 데려온 일을 상기시키며 내 입장을 분명히 밝혔다.

"회사가 조금 어렵다고 해서 무작정 내보낼 수는 없다. 본인들이 스스로 나가겠다면 모르지만 회사의 어려움을 알고 그대로 남겠다는 사람은 단 한 명도 감원해서는 안 된다. 그리고, 만약 인원을 감축하지 않고서는 더 이상 버틸 수 없다면 화천의 5개 회사 가운데 가장 전망이 좋고 어디에 내놓아도 손색이 없는 회사 하나를 매각하는 방법을 택하겠으니 잘 연구해 보라."

이것이 화천도 살고 종업원도 살리는 유일한 길이라는 판단에서였다. 이런 결심을 하기까지는 많은 고통의 시간이 필요했다.

이때도 나는 매각 계획을 잘 세워서 추진하되 최종 결심에 앞서 우리가 할 수 있는 모든 방법을 동원하여 최후의 순간까지 노력을 기울여 본 연후에 전 직원들의 의사를 수렴하여 결정을 하라고 단단히 일렀다.

그때 매각할 대상으로 창원공장을 염두에 두었지만 노조를 비롯해 생산직 사원들의 동요를 염려해서 어느 회사를 처분할지에 대해서는 말하지 않았다.

드디어 간부들도 경영난 타개를 위한 정상화 방안으로 5개 회사 가운데 창원공장의 매각 안을 나에게 건의해 왔다. 진작부터 각오하긴 했지만 막상 건의가 들어오고 처분해야 될 시기가 오니 마음은 착잡하기 이를 데 없었다.

매각결정 서류에 사인을 하기에 앞서 나의 오랜 손때가 묻은 기계들을 둘러보았다. 비록 말 못 하는 기계들이지만 다시 볼 수 없게 된다고 생각하니 마치 친자식과 헤어지는 것처럼 가슴을 에는 슬픔이 밀려왔다.

집무실로 돌아와 꺼져 가는 담배꽁초를 몇 번이고 목구멍 깊숙이 빨아들였다. 그러면서 마음을 굳게 먹었다.

'이 판국에 낸들 어쩌겠는가. 지금 아깝다고 붙잡고 있다가 전체를 잃어버리느니 창원 하나를 포기하고 나머지 회사라도 살려야 한다.'

그리고 매각결정 서류에 도장을 찍었다.

이때 창원공장만 잘 처분하면 나머지 계열회사들의 자금사정은 상당한 여유를 가질 것으로 판단했다. 당시 정상가동 중이던 창원공장은 연간 1,500대의 각종 공작기계를 생산하고 있었으며 수출물량도 상당량을 확보하고 있었다. 금액으로 따져 연간 75억 원 정도의 생산규모였으므로 매각 대금으로 60억 원 정도만 받는다면 공장 부채를 모두 청산하고 25억 원 정도의 여유자금을 마련할 수 있을 것이었다.

화천은 창원공장 매각을 통한 재무구조 개선방안을 마련하고 상공부와 재무부에 긴급 자금지원을 요청했다. 요청서에는 1979년 이후 화천의 수출 실적과 1980년도 1,200만 달러 수출계획도 넣었다. 그러나 당시의 어려움은 화천만의 문제가 아니었다. 국가 전체가 총체적인 경제난에 처한 상황에서 기대했던 자금지원은 얻어낼 수 없었다.

그해 봄 어렵사리 긴급자금을 지원받긴 했지만 경영 정상화에는

화천과 더불어 공작기계와 더불어

턱없이 부족했다. 팔겠다고 내놓은 창원공장도 곧이어 5·18 광주민주화운동이 발발하는 등 한 치 앞을 예측할 수 없는 상황의 전개로 사겠다는 기업이 없었다.

난국 속에서 25% 봉급 인상

이런 와중에도 회사는 노조와 1980년 6월 1일을 기해 종업원의 봉급을 25%나 인상하여 4월분부터 소급적용한다는 합의문을 통과시켜야 했다. 당시 전국적인 노사분규 열풍의 영향까지 받아야 했던 것이다. 그리고 회사는 합의대로 봉급을 모두 지급했다.

회사의 어려운 사정에도 불구하고 내가 이처럼 종업원들의 봉급을 파격적으로 인상한 데는 그만한 이유가 있었다. 우선은 그동안 창원공장 건설을 위해 회사 간부를 비롯한 전 종업원들이 불평 한 마디 없이 나의 방침을 따라 준 데 대한 보답이자, 경영 책임자로서 경기불황을 예측하지 못하고 회사에 손해를 끼치게 된 점에 대한 도의적인 책임의 표현이기도 했다.

그리고 나는 창원에서 일할 젊은 기능사원들을 데리고 오면서 그들에게 봉급 인상을 약속했는데, 회사의 경영 책임자로서 어떤 어려움이 있더라도 종업원들과 한 약속은 반드시 지키는 모습을 보여 주고 싶었다. 경영 최고 책임자인 내가 이런 모습을 보여 줌으로써 회사가 어려울 때 내부에서 생길지도 모르는 불화를 방지하고 나아가 임직원 모두가 한뜻으로 뭉쳐 어려움을 헤쳐 나갈 수 있을 것이라고 생각했다.

이때까지만 해도 나는 경기불황이 그다지 오래가지 않을 것으로 예상했다. 1978년에 화천의 공장기계 수출은 420만 달러였다. 그러던 것이 1979년에는 그 2배가 넘는 900만 달러를 기록하였으니 1980년에는 적어도 1천만 달러는 넘어설 것으로 기대했다. 아울러 이미 확보한 수출 물량도 230만 달러를 넘어서고 있던 터라 내수시장에서의 판매 부진을 수출 증대로 보충할 수 있으리라 계산하고 있었다.

그러나 이 같은 희망적인 기대는 1980년 하반기로 접어들면서 하나하나 빗나가 버렸다. 1980년의 수출은 당초 기대는 물론 지난해 실적에도 미치지 못하였다. 회사가 어렵다는 사실이 알려지면서 기계공업 업계와 금융기관들 사이에는 "화천이 1981년을 넘기지 못하고 도산할 것이다"라는 소문이 나돌았다.

이 무렵 수도요금이나 전화·전기요금까지 관례에 없는 어음을 끊어서 치르기도 했다. 회사 사정이 워낙 어렵다 보니 수도국이나 전화국에서 이런 편의까지 봐준 것이었다.

이런 눈물겨운 사연도 있었다. 한 사원이 아내 출산비로 쓰려고 가불을 신청했으나 이마저 지급할 수가 없었다. 뒤에 들으니까 그 사원은 단골 쌀가게에서 돈을 빌려 병원비를 치렀다고 한다.

회사 사정이 이 지경이 되자 회사 안팎의 가까운 사람들이 나를 조용히 찾아와 귀띔했다.

"만약의 사태에 대비해서 회사의 뭐라도 값나갈 만한 것을 좀 챙겨 놔야 되지 않겠습니까? 그래야 가족들과 함께 생활이라도 할 것 아닙니까?"

나는 이런 귀띔을 단호히 사양했다.

"나 혼자만 살자고 이 많은 종업원과 회사를 버릴 수는 없네. 자네들의 충고는 고맙지만 화천이 도산하면 이 권승관이도 함께 망해야 옳지, 권승관이는 살고 화천은 망한다면 내가 무슨 낯으로 세상을 살아갈 수 있겠는가."

대충 이런 말로 그들을 타일렀다. 이 무렵에 나의 마음도 전혀 흔들리지 않은 것은 아니다. 그들이 나를 찾아와 나의 장래며 내 자녀들 문제까지 걱정해 주었을 때, 사양한다는 뜻을 분명히 하고 돌려보내긴 했지만 혼자 남아 우두커니 자리에 앉아 있으면 닥쳐올 미래가 암담하기만 했다. 그래도 나의 결론은 회사와 함께 종업원과 함께 운명을 같이한다는 것이었다.

그때 나를 찾아와 충고하고 위로해 준 친지, 기업인, 기관장, 일가친척 등 많은 이들 모두가 나에게는 고맙고 소중한 사람들이다. 그 중에서도 당시 공화당의 박 모 의원은 화천의 어려운 형편을 대통령에게까지 설명하고 대통령으로부터 정부의 지원 가능성을 들었노라며 희망을 잃지 말고 꿋꿋이 버티라고 격려해 주기도 하였다.

부친의 퇴직금까지 구사자금에

종업원들의 봉급을 25% 인상하고 난 후 회사의 자금사정은 걷잡을 수 없이 급박해졌다. 이때까지 회사는 서울에 있는 투자금융회사에서 어음할인을 통해 대규모의 단기성 자금을 쓰고 있었다. 그런데 화천이 어렵다는 소문이 나돌자 화천이 부도나면 자신들도 부도가 날 수밖에 없다는 불안감에 투자금융회사는 통상 90일 만에 돌리는 어음을 점점 앞당겨 돌렸다.

이런 상황에서 나중에는 2~3일에 한두 장꼴의 어음 결제기일이 도래하였고, 회사는 그때마다 고리高利 사채를 끌어들여 갚아 나가지 않으면 안 되었다. 여기에다 원자재를 구입하면서 발행한 어음과 수표의 결제기일까지 겹치는 날이면 회사는 그야말로 자금 구하기에 초비상이 걸렸다. 날이면 날마다 사채를 얻어 수표와 어음 막기에 급급하였다.

또다시 간부들은 공장가동 중단과 인력 감축, 원자재 구입 중단을 건의해 왔다. 이때도 나는 간부들의 건의를 단호히 반대했다.

"만약에 여러분들의 요구대로 직원들을 감원하고 원자재 구입을 끊고 공장가동을 중지시켰다가 경기가 풀렸을 때는 어떻게 할 거요?"

이렇게 간부들의 진언을 물리치고 조금만 더 버텨 보자고 설득하였다.

화천과 더불어 공작기계와 더불어

간부들은 나의 이런 태도에 의기소침해 하는 것 같았다. 돌이켜 보면 그때 내가 다소 지나쳤던 것 같다. 그렇지만 나는 늘 '최선을 다하면 반드시 길은 있게 마련이다'라는 자세로 살아온 터라 그때의 결단을 후회해 본 적은 없다.

결국 간부들도 나의 신념을 군소리 하나 없이 잘 따라 주었다. 그뿐만 아니라 5개 회사의 부장급 이상 간부들은 '경영합리화위원회'를 만들어 내부자금 조달계획을 추진함으로써 난국 타개에 직접적인 힘을 보탰다. 그 내용은 직급별로 동원 가능한 금액을 정해 각자 마련하기로 한 것이었다. 이들 중에는 노조위원장도 포함되었다.

누구 한 사람 정해진 날짜를 넘긴 사람이 없었다. 일부 간부들은 모금액 가운데 절반을 무이자로 동원해 오기도 했다. 말이 그렇지 세상에 어떤 회사 간부가 언제 부도가 날지 모르는 회사에다 이자도 못 받을 사채를 선뜻 구해다 바칠 수 있겠는가. 실로 눈물겨운 구사救社운동이 아닐 수 없었다.

또한 어떤 간부는 부친이 공직에서 퇴직하고 받아 온 돈을 그대로 들여오기도 하였다. 나는 뒤에 이 같은 사연을 듣고는 그 값진 돈을 자식의 손에 쥐어 줬을 아버지를 떠올리며 왈칵 눈물을 쏟고 말았다.

이렇게 해서 모인 자금이 3억 500만 원을 넘었다. 지금도 500만 원이나 1천만 원이면 결코 적은 액수가 아니다. 그런데 1980년 당시에 이만한 돈을, 그것도 확실하게 되돌려 받는다는 믿음도 없이 앞장서서 구해 온 것이다. 나는 그들이 눈물겹도록 대견스럽고 고마울 뿐이다.

이 자금은 비록 회사에서 필요로 하는 규모에는 턱없이 적은 액수였지만 어떤 돈보다 귀중하게 쓰였다. 때맞춰 상공부 등에 건의한 은행 적금해약 건도 해결되어 11월에 14억 원의 자금을 되돌려 받을 수 있었다.

그런데 말이 14억 원이지 막상 받아 놓고 보니 3일도 안 되어 한 푼도 없이 나가 버렸다. 은행으로부터 적금해약 통보를 받을 때만 해도 그 돈만 가지면 당분간은 버틸 수 있겠다 싶었는데, 당장 급하게 나가야 할 돈들이 줄줄이 대기하고 있었던 것이다.

이때 내가 얻은 교훈은 기업의 자금이란 꼭 필요한 시기를 넘기면 그보다 3~4배의 돈을 쏟아 넣어도 별무효과라는 사실이다. 만약 그 돈을 1년 전인 1979년에만 돌려받았더라도 회사가 이렇게까지 자금압박에 시달리지는 않았을 것이다.

화천과 더불어 공작기계와 더불어

1차 부도의 악몽

어렵게 1980년을 넘기고 1981년을 맞이하였다. 해를 넘겼다고 해서 자금사정이 나아질 리는 없었다. 제품은 여전히 팔리지 않았고 불황의 그늘이 걷히는 조짐도 보이지 않았다.

이 무렵 신문에서 멀쩡한 가장이 처자식을 두고 자살했다는 기사를 심심찮게 읽었다. 그때마다 '아무리 세상일이 어렵다 한들 어떻게 피를 섞고 살아온 처자식을 두고 혼자 죽을 수 있는가' 하고 자살한 가장을 못마땅하게 여겼다. 그런데 그것이 남의 일같이만 여겨지지 않는 사태가 내게도 닥쳐 왔다. 그해 초 화천은 말로만 들어 온 부도의 낭떠러지에 당도하고 말았다. 그때 신문에서만 본 자살한 가장들의 심정을 충분히 헤아릴 수 있을 것 같았다.

당시 화천은 어려운 자금사정을 보완하는 수단의 하나로 아직 도착하지 않은 미국 업체의 L/C(수출 신용장)가 도착한다는 전제 아래 삼성종합무역상사로부터 8억 원 정도의 자금을 앞당겨 빌려 쓰고 있었다. 이때까지만 해도 국내 판매는 극히 부진했지만 수출만은 그런대로 1천만 달러 수준을 유지했기 때문에 가능한 일이었다.

삼성 또한 서로 신용을 지켜 온 전례에 따라 화천을 믿고 그 돈을 어음 몇 장만 받고 빌려준 것이다. 그런데 어찌된 일인지 이해에 들어오면서 갑자기 신용장 내도가 뚝 끊기고 말았다. 이렇게 되자 그해 1월 화천이 발행해 준 견질어음 1억 원짜리를 은행교환에 돌려 결제를 요구해 왔다.

이때는 회사도 직원들도 기진맥진한 상태에 빠져 단돈 1천만 원조차 구할 수 없는 상황이었다. 하는 수 없이 거래은행에 가서 추가 자금 지원을 간청했다. 그러나 이렇게 화천에 끌려가다가는 자기네 은행마저 거덜 나겠다고 판단했는지 더 이상의 '추가 지원은 절대 불가'라는 최후통첩을 보내 왔다. 하늘이 무너지고 세상이 꺼지는 충격이 아닐 수 없었다. 아무리 묘안을 찾아봐도 도리가 없었다.

'권승관이의 인생도 이렇게 끝장이 나는구나!'

이런 절망감이 들면서 나도 모르게 서러운 눈물이 비 오듯 쏟아졌다. 이제껏 부모님이 돌아가셨을 때를 빼고는 울어 본 적이 없는 나였다. 정말이지 주머니에 쥐약이라도 들어 있었다면 한입에 털어 넣고 싶은 심정이었다.

결국 화천은 그 1억 원을 결제하지 못해 1차 부도를 맞았다. 그날은 내 어둡고 무거운 심정처럼 온종일 눈이 내렸다. 그렇게 흰 눈에 덮인 공장 이곳저곳을 혼자 거닐자니 빈터마다 눈을 덮어쓰고 쌓여 있는 기계들마저 나의 무능함을 비웃는 것 같았다.

그런데 참으로 신기한 일이었다. 그날 밤 집에 돌아와 불안한 마음으로 뒤척이다가 새벽녘에야 겨우 잠이 들었는데 천 길 낭떠러지에서 벼랑으로 떨어지는 꿈을 꾸었다. 분명 낭떠러지에서 떨어졌는데 내가 뒹굴고 있는 곳은 벼랑도 아니고 골짜기도 아닌 자갈밭 한가운데 깔린 폭신폭신한 솜이불 위였다. 꿈속에서도 참 이상한 일도 다 있다는 생각이 들었다.

솜이불을 털고 일어서려는데 난데없이 자갈밭 가장자리에 내가 타고 다니던 승용차보다 훨씬 좋은 차가 나를 기다리고 있었다. 그 차에 올라 울퉁불퉁한 자갈길을 달리고 또 달렸다. 달리면서도 언제 이 자갈길이 끝이 날까 하는 걱정을 했다. 그러자 갑자기 시원스런 아스팔트길이 나타나면서 차가 전속력으로 질주하는 것이었다.

꿈에서 깨어나 보니 심한 갈증이 왔다. 머리맡에 놓아둔 주전자의 물을 벌컥벌컥 들이켜고 나서야 정신이 들었다. 너무도 생생했던 그날 밤의 꿈을 지금도 또렷이 기억하고 있다.

그 꿈 덕분인지 화천의 1차 부도 위기는 의외로 쉽게 풀렸다. 삼성에서 아무런 담보도 없이 어음만 받아 두었다가 부도를 당하고 보니 생각을 고쳐먹은 것이다. 부도가 난 1억 원을 못 받게 되는 것이 문제가 아니라 잘못하면 나머지 7억 원마저 날릴지 모른다고 판단하고 내게 사람을 보내 협상을 제의했다.

협상 조건은 부도어음을 자기네가 회수하겠으니 수출용으로 쌓아 둔 현품을 자기네가 지정한 창고에 보관하라는 것이었다. 말하자면 수출 현품을 담보로 하여 더 이상 수표나 어음을 돌리지 않겠다는 말이었다. 이런 조건이라면 얼마든지 들어줄 수 있었다. 이렇게 하여 화천은 1차 부도 위기를 모면할 수 있었다.

회사를 살리려는 종업원들의 한마음

삼성종합무역상사와의 협상이 잘 이루어져 1차 부도 위기를 넘기긴 했으나 악화된 자금사정이 근본적으로 해결되지 않는 한 언제 2차, 3차 부도가 닥칠지 알 수 없었다.

이런 불안한 상황에서 종업원들도 초조한 모습을 보이기 시작했다. 자기네끼리 모이면 회사의 장래며 당장 위태롭게 된 자신들의 처지를 놓고 갑론을박甲論乙駁을 벌이는 모양이었다. 미물微物인 쥐들도 재난이 닥칠 것이 감지되면 제 살길을 찾아 이사를 떠난다고 하지 않던가. 종업원들의 이 같은 모습이 충분히 이해되면서도 한편으로 서운한 마음도 없지 않았다.

그런데 시간이 흐르면서 우왕좌왕하던 분위기는 차분하면서도 진지한 대화 분위기로 바뀌었다. 종업원들은 '기계가 팔리지 않아 회사가 위기인데 우리가 기계만 만들고 있을 수는 없지 않은가. 우리도 회사를 살리기 위해 뭔가를 해야 하지 않겠는가' 하는 쪽으로 의견을 모으는 모양이었다.

이때까지 회사는 3개월치의 봉급에다 3월분 보너스를 지급하지 못하고 있는 형편이었다. 그러던 어느 날인가 노조위원장인 이준 군과 간부들이 내 방으로 찾아왔다. 이들 노조 간부들은 힘없이 앉아 있는 내 얼굴을 똑바로 쳐다보면서 이렇게 말하는 것이었다.

"회장님, 걱정 마십시오. 이제 저희들도 나서겠습니다. 회사가 자금난으로 쪼들리고 있는데 저희들인들 어찌 월급만 받고 있겠습니까? 어제 전체 조합원들이 밤을 새워 가며 회사 경영난 타개를 위한 회의를 갖고 오는 8월까지의 급료를 유보해도 좋다는 결의를 하였습니다.

회장님, 저희 월급을 8월까지 유보해 주시고 보너스는 회사경영이 정상화될 때까지 받지 않을 작정입니다. 그리고 앞으로는 저희 조합원들이 직접 기계를 들고 나가 팔아 보겠습니다.

회장님께서는 1978년 회사가 한창 잘될 때 당초 지급키로 한 보너스 300% 외에 150%를 더 지급해 주시지 않았습니까? 저희도 이에 대한 보답으로 회사가 어려운 이때 그 보너스를 회사에 반납키로 한 것입니다.

회장님, 저희 노조원 모두는 회사와 함께 그리고 회장님과 더불어 이 회사를 끝까지 지키기로 결의를 보았습니다."

노조 간부들의 이 같은 얘기를 들으면서 차마 그들의 얼굴을 바로 쳐다볼 수가 없었다. 무슨 말을 어떻게 해주어야 할지도 당장 떠오르지 않아 말없이 노조위원장 이 군의 손목을 잡고 침묵할 뿐이었다. 그리고 마음속으로 이렇게 다짐하였다.

"오냐, 자네들의 고맙고 대견한 마음 결코 잊지 않을 것이다. 회사가 정상을 되찾는 날 자네들을 위해 잔치도 베풀고 지금의 이 감격 어린 순간을 영원히 간직할 것이다."

그들이 돌아가고 난 뒤 '이제는 됐다'는 안도감이 들었다. 천군

만마千軍萬馬를 얻은 것 같은 자신감이 솟아났다. 노조 간부들이 찾아와서 그렇게 용기를 북돋워 주기 전까지 나는 심한 좌절감과 패배의식에 사로잡혀 있었다.

이때를 계기로 새로운 마음의 각오를 다졌다. 이러한 화천 노조원들의 보너스 반납과 임금 유보 사실을 어떻게 알았는지 당시 여러 언론에서 '화천의 노사관계'를 대서특필해 주었다. 이 또한 화천 가족 모두에게 큰 용기를 주었다. 이것이 당시 〈조선일보〉에 실린 기사(1981년 6월 28일자)의 관련 내용이다.

경영난으로 허덕이는 회사를 살리기 위해 근로자들이 상여금을 회사에 자진 반납하는 등 희생적인 노사협조가 이뤄지고 있다. 국내 최대의 금속공작기계 생산업체인 광주시 서구 화정동 소재 화천기공(회장 권승관, 62) 근로자 717명은 150여억 원의 은행빚을 진 채 경영난에 쪼들리고 있는 회사를 살리고자 결의, 체불된 지난 3월분 급료 1억 3천만 원을 오는 8월까지 유보시켜도 좋다고 회사에 통보했다. 근로자들은 지난해에도 노사합의에 따라 지급됐던 100%의 상여금을 회사에 자진반납했으며 1979년에는 연 300%로 보장된 상여금을 75%만 받겠다고 회사에 양보하기도 했다.

노조원들의 결의는 현실로 나타났다. 그들은 자신들이 만들어서 못 팔고 있는 기계들을 들고 거래처를 돌아다니며 직접 판매에 나섰다. 그들이 판 물량은 정식 판매활동에 비하면 별것이 아니었다. 그러나 한배를 타고 시련에 처한 화천 가족의 저력을 한데 모으는 기폭제가 되었으며, 지역사회는 물론 정부로부터도 '화천만은 도와줘야 한다'는 공감대를 형성하는 데 결정적인 역할을 하였다.

화천 노조원들의 희생적인 구사활동을 지켜본 전라남도와 광주상공회의소를 비롯한 여러 기관과 단체들이 '화천을 살려야 한다'는 내용의 진정서와 탄원서, 건의서 등을 중앙 요로에 보내 주었고, 정부에서는 10억 원의 긴급자금을 지원해 주었다. 이 10억 원은 회사 경영을 정상화하는 데는 미미한 금액이었지만, 이제 화천 가족만이 아니라 국민과 더불어 시련을 헤쳐 나간다는 크나큰 용기를 주었다는 점에서 값진 것이었다.

청와대 노사대표회의 참석과 희망의 빛

종업원들이 봉급 지급 유보를 결정하는 등 노사勞使가 한마음이 되어 회사를 살리자고 발 벗고 나섰다는 소문이 확산되고 주위에서 '화천을 살려야 한다'는 여론이 고조되던 무렵, 하루는 전남도청으로부터 청와대에서 대통령 주재로 전국 기업 노사관계 우수업체들의 회의가 있으니 참가해 달라는 연락이 왔다.

처음에는 얼른 내키지 않았다. 회사가 한 치 앞을 모르는 불안한 상황에서 노사관계 우수업체인들 무슨 소용이 있으며 대통령이 주재하는 회의라고 해서 무슨 뾰족한 수가 있겠는가. 청와대에까지 올라가서 '회사는 망해 가고 있는데 노사문제는 잘되고 있다'고 떠벌린다는 것이 대체 무슨 의미가 있단 말인가.

나는 청와대 회의 참석 여부를 당장 결정하지 못하고 간부들과 상의해서 연락하겠노라 대답했다. 그런데 나중에 알고 보니 이 회의 참석은 당시 김창식 전남도지사가 나서서 추천한 것이었다. 즉, 광주 시내의 유력인사들이 화천에 대한 정부 차원의 지원을 도에 탄원하자 내가 청와대에 직접 올라가 대통령에게 건의해 보도록 하려는 배려였다.

1981년 5월 22일, 이준 노조위원장과 함께 청와대 회의에 참석했다. 전두환 대통령이 주재하는 이 회의석상에는 전국 각 시도의 10개 노사관계 우수기업 대표와 노조위원장, 근로자 등 40여 명이 참석했고, 청와대 경제수석 비서관을 비롯하여 재무, 상공, 건설, 노동 장관 등도 자리를 함께하였다.

회의에 참석한 각 사 사장과 노조위원장들이 돌아가면서 자기네 회사들의 경영 사정이며 수출, 시판 등에 대한 얘기를 하였다. 그러는 사이 시간이 한참을 흘러 버렸다. 아마도 회의가 다 끝나 갈 무렵쯤 되었을 것이다.

나는 속이 타들어 가는 목마름을 느끼면서도 '뭔가 얘기를 해야 되겠는데…' 하고 망설일 뿐 발언을 청하는 손이 올라가지 않았다. 전체적인 회의 분위기는 대통령과 배석한 관계 장관들에게 심려를 끼치지 않으려고 애쓰는 모습이 역력하였다. 이런 판국에 나혼자서만 회사의 어려움을 말하기가 솔직히 용기가 나지 않았다.

초조한 시간이 계속 흘러갔다. 어느 순간 '내가 여기서 더 이상 망설이다가는 회사도 죽고 나도 죽는다'는 비장한 생각이 들었다. 무의식적으로 손을 번쩍 들었다. 대통령은 놀라는 표정으로 나를 쳐다보면서 다음 말을 기다렸다. 나는 자리에서 일어나 대통령을 정면으로 바라보며 얘기를 꺼냈다.

"지금 우리 화천은 계속된 경기침체로 인해 제품이 생산만 되고 있을 뿐, 국내 수요가 감소되어 판매는 이뤄지지 않은 채 재고만 늘어 가고 있습니다. 이 바람에 직원들의 봉급을 3개월째 지급하지 못하고 있습니다."

이 말을 하면서 나는 너무도 긴장한 탓에 심한 갈증을 느꼈다. 테이블 앞에 놓인 냉수로 목을 축인 뒤 다시 말을 계속했다.

"각하, 지금 이 회의를 끝내고 청와대를 나서는 순간 우리 화천은 부도가 나 있을지도 모릅니다. 저는 지금까지 살아오면서 단 한 가지라도 남을 도왔으면 도왔지 못살게 굴어 본 적이 없습니다. 그리고 정부가 앞장선 일이라면 돕지 않은 일이 없었습니다.

오늘의 화천이 이처럼 어렵게 된 것은 첫째는 최고 책임자인 제 자신의 무능으로 돌려야 하겠지만, 정부에서 추진하는 시책을 제 능력을 넘어 따라가다가 이렇게 된 점도 있습니다. 그렇다고 지금에 와서 저희의 어려움을 정부 탓으로 돌리려는 생각은 추호도 없습니다.

지금도 자금사정이 약간 어려울 뿐 경기만 돌아선다면 금방이라도 회복이 가능합니다. 정부에서 조금만 지원해 주신다면 저도 살고 기업도 살릴 수 있겠습니다."

평소 말주변이 없기로 소문난 나다. 그러나 이때만큼은 어디서 이 같은 말들이 술술 나오는지 나 자신도 놀라웠다. 내 말을 듣고 난 대통령은 "영감님, 그동안 수고가 많으셨습니다"라고 하면서 옆자리에 앉아 있던 비서관을 한번 쳐다보는 것이었다.

내 뒤를 이어 이준 노조위원장이 다음 말을 받았다.

"지난 2개월 동안 근로자들이 월급을 받지 못했고 불황 탓에 보너스도 받지 못했습니다. 그러나 회사의 자금사정이나 경영여건을 노조원 모두가 훤하게 알고 있으며 더욱이 기업주가 빼돌린 돈이 한 푼도 없다는 것을 너무나 잘 알기 때문에 노사협조가 원만하게 이루어지고 있습니다."

이준 노조위원장도 목이 타는지 물을 한 모금 마신 후 말을 이었다.

"근로자들이 봉급이라도 제대로 받을 수 있도록 정부에서 정책적인 지원을 해주면 좋겠습니다. 이달 중에는 근로자들의 하숙비 정도만이라도 지급해 주려고 회사가 무진 애를 쓰고 있습니다."

회의가 끝나고 나오려는데 키가 후리후리한 신사가 나에게 다가와 조용히 귓속말로 내게 말했다.

"회장님, 나가셔서 상공부 장관을 한번 만나 보십시오."

나중에야 안 일이지만 그는 훗날인 1983년 10월 9일 미얀마 아웅산 묘소에서 순직한 김재익金在益 청와대 경제수석 비서관이었다.

그가 일러준 대로 다음 날 상공부로 갔다. 당시 상공부 장관 역시 나중에 아웅산 묘소에서 순직한 서석준徐錫俊 씨였다. 마침 서 장관은 출타 중이었고 대신 차관보가 나를 맞아 주었다. 이 자리에서 화천의 어려운 사정을 자세히 얘기하고 자금지원을 요청했다.

내 설명을 듣고 난 차관보는 자신의 입장에서는 뭐라고 구체적인 해결책을 내놓을 수 없으니 다시 청와대로 가서 김재익 경제수석 비서관을 만나 상의하는 게 좋겠다고 말했다. 나는 이기주 상무를 대동하고 곧바로 청와대로 향했다.

하늘은 스스로 돕는 자를 돕는다

내가 처음 대해 본 김재익 경제수석은 성격이 차분하면서도 일을 찾아 밀어붙이는 데는 매우 날카롭고 신념에 차 있는 분처럼 보였다. 그는 찾아간 우리 일행이 마음 놓고 얘기할 수 있도록 사무실 분위기를 잡아 주었다.

나는 그 자리에서 지난 노사회의 때 대통령께 한 얘기며, 그때 미처 못 한 얘기들을 마저 할 수 있었다. 내 설명을 듣고 난 김 수석은 내 손목을 굳게 잡으며 이렇게 말하였다.

"회장님 같은 분이 바로 우리 정부가 찾아서 지원해야 될 그런 분이십니다. 또한 회장님께서 하고 계시는 공작기계 산업이야말로 국가가 앞장서 지원해 주고 육성해야 할 분야입니다. 앞으로 제가 이 자리에 있는 동안만큼은 관심을 갖고 지원할 터이니 아무 염려 마시고 사업에만 전념하시기 바랍니다."

김 수석의 말을 듣는 순간 가벼운 흥분 같은 것이 온몸에 전류처럼 흐르는 기분을 맛보았다.

'아! 이제는 우리 화천도 살아날 수가 있겠구나.'

김 수석은 이어서 화천이 당장 필요로 하는 자금지원 내역서와 시기 등을 적어 오라고 말했다. 그 길로 회사로 돌아온 나는 이날 청와대에서 있었던 일과 김재익 경제수석의 공작기계 산업에 대한 높은 관심 등을 간부들에게 들려주고 필요한 자금 내역서를 서둘러 준비하라고 일렀다.

당시 화천의 부채총액은 300억 원에 육박하고 있었다. 부채의 내용은 그동안 조흥은행에서 빌려 쓴 150억 원과 산업은행의 100억 원, 광주은행과 투자금융회사의 30억 원, 그리고 사채가 17억 원 등이었다.

회사 간부들이 밤을 새워 가며 부채총액 규모와 당장 시급한 자금으로 34억 원 정도만 있으면 되겠다는 자금지원 계획서, 그리고 이에 따른 회사경영 정상화 방안을 만들었다. 정상화 방안의 내역에는 그동안 별도법인으로 운영하던 화천금속을 화천기공에 합병하고 KNFC(한국파낙주식회사)의 지분을 코오롱그룹에 매각한다는 내용도 함께 포함했다.

나는 이걸 들고 이기주 상무와 함께 다시 청와대로 올라가 김재익 경제수석을 만났다. 김 경제수석은 내가 들고 간 화천 정상화 계획안을 처음부터 끝까지 붉은 줄을 그어 가며 다 읽더니 서석준 장관에게 전화를 걸어 화천을 도와주도록 부탁하였다. 그러고는 다시 재무부와 화천의 주거래은행인 조흥은행 은행장에게까지 전화를 걸어 당부해 주었다.

"모든 사항은 내가 책임질 터이니 화천이 필요로 하는 자금이 가장 빠른 시일 내에 지원될 수 있도록 특별히 배려해 주십시오."

김 수석은 상공부나 은행들이 우려할 수 있는 부문들을 본인이 직접 체크하여 그들에게 짚어 주고 나에게는 앞으로도 모든 조치를 취해 주겠으니 아무 염려 말고 경영에만 몰두하라고 일렀다.

나는 그 자리에서 김 수석에게 무릎이라도 꿇고 감사의 뜻을 전하려 하였다. 그러나 그는 낌새를 알아차리고 먼저 자리에서 일어나며 다정한 말투로 나를 격려해 주었다.

"회장님, 정말 그동안 고생이 많으셨습니다. 회장님께서 하시고 계신 사업이 우리나라 산업 발전에 없어서는 안 될 중요한 업종입니다. 어려우시더라도 금년만 잘 넘기면 반드시 웃는 날이 다시 올 것입니다. 그때 가서 우리 다시 만나 함께 웃으십시다."

그러고는 문밖까지 따라 나와 나를 정중하게 배웅해 주는 것이었다.

당시 김 수석은 대통령으로부터 "경제는 당신이 대통령이야!"라는 말을 들을 정도로 신임을 받은 실세 중의 실세였다. 하늘에 나는 새도 떨어뜨릴 만큼의 권력을 가졌다는 그가 생사기로生死岐路에 있는 기업인에게 이렇게도 겸손하게, 도와준다는 생색도 내지 않고 응대해 주니 나는 감격에 겨워 눈시울이 뜨거워졌다. 남들은 김재익 경제수석 비서관을 어떻게 생각하는지 모르겠지만 나에게만은, 아니 우리 화천으로서는 더없이 고맙고 영원히 잊을 수 없는 은인恩人임에 틀림없다. 이런 그가 외교사절로 해외에 나갔다가 불의의 테러로 순국했다니 나는 지금껏 안타깝고 비통한 마음을 금치 못하고 있다.

김 경제수석이 약속한 긴급자금 34억 원의 지원은 쉽게 이루어졌다. 이 돈은 그동안 밀린 직원들의 월급을 주고 악성사채와 은행의 연체이자를 갚는 데 요긴하게 쓰였다.

당시만 해도 34억 원이란 돈은 결코 적은 액수가 아니었다. 하지만 체불임금과 부채 원리금, 자재대금 등으로 쓰고 나니 사흘도 되지 않아 오간 데가 없었다. 그래서 앞으로 회사를 꾸려 가는 데 필요한 운전자금은 구경할 수도 없었다. 회사 간부들을 불러 놓고 왜 처음부터 자금지원 내역서에 운전자금은 포함하지 않았느냐고 이유를 물었다. 간부들 역시 꼭 필요한 자금계획서를 만들다 보니 운전자금은 넣을 수가 없었다는 설명이었다. 가슴이 답답했다.

'이 자금난은 또 어떻게 돌파하나?'

가슴을 손으로 쓸어내리고 있는데 불현듯 김재익 경제수석의 얼굴이 떠오르며 그가 내게 한 말이 귀에 맴돌았다.

"어려우시더라도 금년만 잘 넘기면 반드시 웃는 날이 다시 올 것입니다. 그때 가서 우리 다시 만나 함께 웃으십시다."

'그래, 다시 한 번 김 수석에게 간청해 보자!'

김 수석은 나를 문전박대하지 않을 것이란 신뢰감이 생겼다.

김 수석을 찾아가 이 같은 회사 입장을 설명했다. 그는 마치 자기 일처럼 팔을 걷어붙이고 자금 마련을 도와주었다. 덕분에 당장 긴급한 운전자금으로 6억 원을 더 지원받을 수 있었다.

또한 정부는 그동안 창원공장 건설과 설비도입에 투입된 대출금의 원리금 상환 유예뿐만 아니라 긴급 운전자금 지원 조치를 취해주었다. 즉, 1981년 9월 주거래은행인 조흥은행은 80억여 원의 원금과 약 30억 원에 달하는 이자의 상환을 1984년 9월까지 유예키로 했으며, 이와는 별도로 1981년 중에 43억 원, 1982년 중에 35억 원의 운전자금을 추가 지원키로 하였다. 이후 1984년 9월에는 대출 원리금 상환 유예가 다시 1987년 말까지 연장됨으로써 회사 경영 정상화에 큰 도움이 되었다.

당시의 정부 지원은 낭떠러지 일보 직전까지 몰렸던 화천이 다시금 발전의 길로 돌아서는 중대 고비가 되었다. 제5공화국 정부에서 국가 기간산업의 하나로 공작기계 산업의 중요성을 재인식하였으며, 그 모범업체인 화천의 회생에 관심을 돌리게 된 것이었다. 지금도 그때를 생각하면 아찔한 기분과 함께 "하늘은 스스로 돕는 자를 돕는다"는 격언을 떠올리곤 한다.

눈물 머금은 감원과 경영 정상화

정부 지원을 받아 회사가 일단 위기를 넘기기는 하였다. 그러나 아직 경영 정상화까지는 갈 길이 멀었다. 이미 정부로부터 도움을 받을 만큼 받은 이후여서 더 이상의 지원을 요청할 수도 없었다. 이런 상황에서 또다시 부도라도 나는 날에는 회사 체면이 말이 아닐 것이고 그동안 나 개인이나 회사가 쌓아 온 신뢰는 일거에 무너지고 말 것이었다.

솔직히 정부의 지원이 있기 전까지만 해도 화천의 최고 책임자인 나로서는 회사의 경영난 타개를 앞세운 직원들의 감원은 고려하지 않았다. 그동안 여러 차례 간부들이 감원을 건의했지만 그때마다 "조금만 참아 보자. 언제까지 이러고만 있겠는가"하면서 그들을 설득시켰다.

그러나 이제 상황이 바뀌었다. 정부에서 회사를 살려 주기 위해 특혜에 가까운 지원을 해준 마당이고 보면 회사로서도 무언가 이에 상응하는 적극적인 조치를 취해야 할 것이었다. 그래서 어떻게든 화천 자체의 실효성 있는 경영개선 방안을 세워야 한다는 공감대가 확산되었다.

그 유일한 방안으로 직원 감원 문제가 또다시 현안으로 부각되었다. 이제 나로서도 다른 방도를 찾아볼 명분이 없었다. 결국 눈물을 머금고 간부들의 감원 건의를 받아들이기로 하였다. 하지만 이때도 이런 단서를 달았다.

"그럼 좋습니다. 회사를 살리기 위해 감원 외에 다른 방법이 없다면 감원을 시킵시다. 그러나 이에 앞서 간부들부터 솔선해서 그만두는 아량을 보입시다. 그런 다음 희망자를 내보내고 최종적으로 노사 양측의 타협을 거쳐 감원 규모를 결정하도록 합시다."

그리고 덧붙이기를, 감원이 결정된 후에는 반드시 감원 대상자들에게 회사 경영이 정상화되었을 때 최우선적으로 그들을 다시 채용하겠다는 회사의 방침을 약속하도록 하였다.

이렇게 해서 1982년 3월 5개 회사 사장을 비롯한 일부 임원 및 간부들이 자진해서 회사를 떠났고, 그 뒤를 이어 생산직 사원 400명 정도를 감원했다. 뒤이어 7월에는 화천금속을 화천기공에 합병하면서 종전 합명회사 화천기공사를 화천기공주식회사로 변경하였다.

이런 가운데 1982년 6~7월 사이에는 각 사의 동일 또는 유사한

화천기공주식회사 출범(왼쪽 다섯 번째가 권승관 명예회장, 여섯 번째가 권영열 회장)

조직을 통폐합해 직접인원과 간접인원의 비율을 합리적으로 조정하는 등 전사 조직과 인력구조에 대한 대폭적인 개선작업도 추진하였다. 아울러 7월에는 전문경영인 윤복현尹輻鉉 사장을 3사 통합 사장으로 영입하여 새로운 각오로 경영 정상화에 매진해 나갔다.

이렇게 1982년 하반기를 맞이하자 그동안 정부가 추진해 온 각종 경기회복 정책들의 성과가 나타나면서 화천 공장 곳곳에 쌓여 있던 재고들도 조금씩 팔려 나가기 시작했다. 특히 이 무렵 자동차를 소유하려는 인구가 늘면서 자동차산업 쪽의 경기가 뚜렷한 회복세를 나타냈다. 이에 연관산업의 생산시설 확장 분위기가 무르

익은 것을 계기로 공작기계 수요가 서서히 늘어난 것이다.

이에 따라 1983년 7월 1일 이후부터 간접부문에 대해서는 부득이한 경우가 아니고서는 자연퇴사 인원에 대한 대체채용이나 신규채용을 억제하였으며, 생산직 인원은 점진적으로 증원해 나갔다. 또한 간접인원의 증가가 필요할 경우에도 동일·유사한 과 단위 조직의 통폐합을 통해 그 비중을 최소화하는 방향을 유지키로 하였다.

이런 한편으로 개발부, 영업부, 기술부는 세일즈 엔지니어sales engineer 차원의 동일직군을 적용해 영업사원의 기술화 및 기술사원의 세일즈화를 추진함으로써 개발·생산·영업의 유기적 연계를 통한 경쟁력 강화를 도모하였다. 특히 NC 활성화를 위한 신규 고급 인력의 채용 및 집중교육을 통해 전천후全天候 세일즈 엔지니어 양성에 심혈을 기울였다.

이와 같이 회사 경영체제를 화천기공, 화천기계, 화천기어로 대폭 정비하고 인력구조도 합리적으로 개선한 데다 밖으로는 경기회복세가 점차 살아나자 적자 규모도 크게 줄어들었다. 1982년 15억 원 정도이던 적자 폭은 1983년에는 4억 원 수준으로 현저하게 줄어들었고, 1984년부터 흑자를 실현하게 되었다.

경기회복의 기미가 확실해지는 가운데 어떤 종합상사에서 1980년에 우리가 팔겠다고 내놓은 창원공장 매입 의사를 타진해 오기도 했지만 이미 우리는 회생의 가닥을 뚜렷이 잡은 뒤였다.

5장

화천의 자부심과 신념을 지키자

화천이 만든 기계는 화천의 신념이다

공작기계는 그 종류만도 수천수만 가지나 된다. 그중에서도 일본의 파낙 사(社)가 생산하는 CNCCentralized Numerical Controller와 독일 코부르크 사의 연마기, 이탈리아 람바우디 사가 생산하는 머시닝센터는 세계적인 명성을 지닌 제품들이다. 특히 람바우디Rambaudi 사는 비행기를 제작하고 외부 회사로부터 초대형 공작기계만 주문받아 생산하는, 공작기계 시장에서 세계 최고의 노하우를 가진 회사이다.

1979년 3월 이탈리아 무역협회와 업계 관계자들이 한국무역협회의 초청을 받아 우리나라를 방문한 적이 있다. 이때 한국을 방문한 이탈리아 무역사절단이 화천의 광주공장을 방문하였다.

그때 나는 그들에게 화천에서 생산되는 제품을 설명하고 이 가운데 범용선반이 이탈리아를 비롯한 유럽 지역에 연간 1천만 달러 정도 수출되고 있다고 얘기하였다. 그러면서 화천이 머시닝센터를 새로 개발하려고 하는데 이탈리아에 좋은 회사가 있으면 소개해 달라고 요청했다.

그들이 돌아가고 나서 얼마 안 되어 이탈리아 토리노에 있는 람바우디 사를 설명하는 소개 책자와 함께 편지 한 통이 날아왔다. 람바우디 사가 우리와 협력할 의사가 있다는 내용이었다. 나는 몇 차례의 서신 교환 끝에 그해 10월 기술제휴에 대한 가능성 여부를 타진해 보고 가능하면 현지에서 계약까지도 체결할 속셈으로 이탈리아로 갔다.

내가 방문해 본 람바우디 사는 회사규모도 엄청났지만 그들만이 갖고 있는 머시닝센터의 기술 노하우가 특히 대단하였다. 나는 즉석에서 이 회사 기술대표와 사장을 만나 기술제휴 협상을 시작하였다.

그런데 그들이 머시닝센터 기술제휴의 대가로 요구하는 로열티가 너무도 엄청났다. 처음에는 그것을 협상에 들어가기에 앞서 띄우는 애드벌룬 정도로만 짐작했다. 그런데 그건 허세가 아니라 실제로 요구하는 조건이었다. 그들은 몇 날 며칠을 두고 협상을 벌여봐야 한 치의 양보도 하지 않았다. 결국 나는 너무 엄청난 로열티 요구를 받아들이지 않았고 기술제휴 협상은 이루어지지 못했다.

그런데 그 후 8년이 지난 1988년, 이번에는 거꾸로 람바우디 사가 우리 화천에 합작회사 설립을 요구해 왔다. 람바우디 사는 8년이 흐르는 동안 노동자들에 대한 과도한 임금인상으로 제품의 가격경쟁력을 잃고 만 것이다. 그리하여 그동안 꾸준한 기술개발로 가격은 싸면서도 성능은 자기네 제품에 못지않은 아시아의 한국이나 대만 제품을 찾기에 이르렀고, 과거에 한 번 접촉이 있었던 화천을 그 협상 대상으로 꼽은 것이다.

나는 이 같은 람바우디 사의 제의를 받아들여 1988년 6월 유럽지역 출장길에 이탈리아로 들어가 람바우디 사를 방문하였다. 8년 전 내가 필요해서 가본 람바우디 사와 8년이 지난 1988년의 람바우디 사는 상당히 변모해 있음을 알 수 있었다. 8년 전만 해도 이 회사에는 수천 명의 종업원들이 쉴 새 없이 움직이며 일하고 있었다. 그러나 1988년의 공장 모습은 사람은 보이지 않고 기계만 돌아가고 있었다.

설명을 들어 보니 남의 일처럼 들리지가 않았다. 임금이 너무 비싸기에 제품가격도 그만큼 높게 매길 수밖에 없었고, 그러다 보니 가격경쟁력에서 일본이나 미국, 독일 제품에 밀린다는 것이었다. 그래서 인력을 많이 써야 되는 생산라인은 아예 없애 버리고 공장자동화를 이루어 부가가치가 높은 고가품만을 생산하는 실정이었다.

1988년 당시 람바우디 사의 생산직 근로자들이 받는 임금은 시간당 12~15달러 수준이었다. 이것을 우리 돈으로 계산해 보니 대충 월 180~250만 원 수준이었다. 이런 관계로 해서 람바우디 사는 사람의 손이 많이 가지 않는 대형 공작기계만을 생산하고 있었다. 예컨대 미국의 맥도날드 더글러스 비행기 제작회사에서 1대에 우리 돈으로 수억 원 하는 공작기계만을 주문받아 생산하는 식이었다.

그들은 그동안 동남아시아의 여러 나라 제품을 세밀하게 조사해 보고 한국의 화천에서 생산되는 제품 정도라면 람바우디 사 마크를 붙여서 팔아도 손색이 없겠다는 결론을 내리고 나를 만나자고 한 것이다.

그들이 나를 만난 자리에서 제의한 내용은 '기계는 화천이 만들고 여기에 람바우디 사의 상표를 붙여 시장에 내다 팔겠다'는 것이었다. 그렇게 될 경우 화천의 이름으로 유럽시장에서 대당 3만 5천 달러 정도 받을 수 있는 것을 2~3배까지 비싸게 받을 수 있다는 예상이었다.

나는 람바우디 사의 이런 제의에 내심 환영하면서도 100% 받아들일 수 없는 구석이 있어 다음과 같은 제의를 했다.

"좋습니다. 나도 기계를 만들어 비싼 가격에 파는 것을 희망합니다. 그렇지만 우리가 만든 제품에 어찌 람바우디 사 이름만 넣을 수 있겠습니까. 우리 화천의 상호도 함께 넣기를 희망합니다."

그러자 그들은 고개를 내저으며 그들의 주장을 굽히려 하지 않았다. 화천 상호가 들어갈 경우 자기네 회사에서 만든 다른 제품의 판매에까지 여러 가지 어려움이 뒤따른다는 것이었다. 그래서 판매 이익금을 일부 양보할 수는 있지만 화천 상호를 함께 표기하는 것만은 받아들일 수 없다는 것이었다.

나 역시 마찬가지 입장을 내세웠다. 화천도 상품판매 이익금을 다소 손해 보는 것은 받아들일 수 있지만 우리가 만든 제품에다 우리 회사 이름을 새기지 못하는 것은 받아들이기가 어렵다고 주장했다. 이리하여 8년 만에 재개한 람바우디 사와의 합작 협상은 또다시 무산되었다.

나는 이때 내가 주장한 사항에 대해 추호도 후회한 적이 없다. 아무리 돈 버는 일이 중요하다 해도 화천이라는 이름을 그렇게 가볍게 팔아 버릴 수는 없다는 신념 때문이다. 화천이란 이름으로 생산되는 제품들은 어느 하나도 예외 없이 내 생의 피땀과 눈물이 밴 것들이요, 우리 화천인들의 자부심과 신념으로 빚어낸 작품이다. 이것들을 어찌 돈만 벌겠다고 이름도 없이 팔 수 있겠는가.

기계 인생 한 우물 파기

개인의 인생이 그렇듯이 기업이 성장하는 과정에도 굴곡이 있기 마련이다. 우리 화천은 1980년대 초의 몇 년 동안 참으로 어려운 시련을 겪어야 했다. 그러나 그것도 꿋꿋이 견뎌 내고 힘을 모으자 극복할 수 있었다.

돌이켜 보면 그때는 정말 더 이상 나아가지 못하고 주저앉을 것만 같았던 순간이 한두 번이 아니었다. 그러나 회사의 전 종업원들이 일사불란一絲不亂하게 단결하여 저마다의 자리에서 노력해 준 결과 우리는 그 지긋지긋한 어둠의 터널을 헤쳐 나왔고 1980년대 후반에 이르면서 밝은 앞날을 다시 보게 되었다.

세상살이가 내일 어떻게 될지 장담할 수야 없겠으나 의지를 갖고 한길로 매진하면 반드시 좋은 날이 온다는 것을 경험으로 터득한 것이다. 이런 내 인생 역정에 대해 많은 분들이 '외길 인생'으로 살아왔다며 상당한 의미를 부여해 주고 있다.

하지만 나는 지난 세월 속에서 나 자신의 노력도 노력이지만 참으로 많은 분들의 도움이 있었기에 백척간두百尺竿頭에 처한 회사를 회생시킬 수 있었고 나 자신의 발전도 이루었다고 믿는다. 그렇기 때문에 내가 어디에서 무엇을 하든 나와 우리 회사를 도와 준 분들의 고마움을 잊지 않고 있으며 더불어 도와 가며 사는 것을 실천하고 노력해 왔다.

이 나이 되도록 기계인생 한 우물 파기로 살아왔다는 것은 원칙론이나 명분론에서 볼 때 권장할 만한 일일 수는 있으나, 그것이 꼭 현실에서 성공을 보장해 주지는 않는다. 세상일이란 반드시 좋은 쪽, 옳은 쪽으로 나아가는 것도 아니며, 되고 안 되는 것도 시기가 있음을 나는 경험을 통해서 깨달았다.

그러나 나는 어쩔 수가 없다. 내가 한번 선택해서 나아가고자 한

길을 좀 어렵다고 해서 바꾸거나 되돌아설 수는 없었다. 앞길에 난관이 닥치면 오로지 이겨내고 뚫고 나가야 한다는 일념—念뿐이었다. 바로 이런 신념이 지금까지 나를 밑받침해 준 것이다.

화천은 2002년으로 창립 50주년을 맞는다. 반세기의 세월이다. 그간의 세월 속에서 우리 현대사는 별의별 사건을 다 겪었고, 정부 정책이 어느 방향으로 잡히느냐에 따라 기업의 성쇠 또한 민감하게 반응했다. 공업제일주의로 경제성장을 주도했던 1970년대가 특히 그러했다. 아무리 정부가 지원을 하고 부양책을 써도 기본 여건이 갖춰지지 않으면 모두 허사라는 사실도 이때의 경험을 통해 알게 되었다.

하여튼 이런 과정을 통해서 나의 기계 외길인생은 화천이라는 나무를 심어 물주고 북돋우며 여기까지 왔다. 이 세월 동안 화천기공, 화천기계, 화천기어, TPS-KOREA 등이 태어나 숱한 어려움을 이겨 내고 이제 저마다 정성을 다해 성장의 길을 가고 있다. 오늘의 이런 모습을 볼 때 그동안 살아온 내 인생이 결코 헛되지 않았다고 내심 보람을 느끼고 있다.

지금까지 융통성 없이 기계 하나에만 매달려 살아온 나를 보고 많은 사람들이 그래서 어쩔 셈이냐며 다른 기업체의 경우를 타산지석他山之石으로 삼으라고들 했다. 하지만 타산지석으로 삼아야 한다는 다른 기업들의 경우란 게 무엇인가. 물론 건전하게 사업을 확대해서 국가경제 발전에 기여한 기업들도 없지 않지만, 대개는 부동산 투기와 문어발식 계열사 불리기에 급급하지 않았던가.

대체로 나의 '융통성 없음'을 나무라는 사람들은 힘들이지 않고 돈 버는 법, 거창하게 기업 늘리는 법에 대해 얘기해 준다. 우리나라에서 기업 늘리는 방법은 공식처럼 되어 있다. 기업하는 사람치고 아마 그 공식을 모를 사람은 없을 것이다. 나 또한 사람인데 어찌 이 같은 권유 앞에서 솔깃하지 않았겠는가마는, 적어도 나는 지금까지 과욕過慾은 부리지 않았다.

화천이 손익구조를 흑자로 돌린 시점은 1984년도였다. 이때부터 조금씩 상승세를 타다가 1989년이 되자 매출 700억 원에 이익이 100억 원을 넘어섰다. 그래서 다른 유수한 기업들이 통상 400%의 보너스를 지급했지만 우리는 700%를 주었다. 그 악몽 같았던 적자의 수렁에서 벗어나 평원平原에 들어서면서 취한 조치였다. 그해만큼은 못 됐어도 1990년, 1991년도 그런 대로 순조롭게 이어졌다.

그러나 화천이라는 열차는 또다시 침체와 적자의 레일 위를 굴러가게 되었다. 1991년부터 예고된 일이었지만 격렬한 노사분규가 끝내 이 같은 결과를 부른 것이다. 우리는 그래서 1992년과 1993년을 합하여 60여억 원이나 되는 적자를 떠안게 되었다.

나는 지금도 마찬가지이지만 사업주든 근로자든 상황을 바로 볼 줄 알아야 한다고 생각한다. 우리 속담에 "자리 봐가면서 발 뻗는다"는 말이 바로 이런 경우를 두고 하는 말이 아닌가 싶다. 다른 회사에서는 진정 기미를 보이던 노사분규가 유독 우리 회사의 창원 공장에서 활화산처럼 터져 나왔다. 다들 이성이 마비된 듯 회사의 현실과 장래를 살피지 않고 당장 내 몫 챙기기에만 혈안이 되어 있었다. 안타깝게도 그해 6월부터 8월까지 3개월 동안이나 공장 문을 닫는 사태가 벌어졌다. 이때를 생각하면 서글픈 심정이 앞선다.

대개 사업이 잘될 때에는 노사관계도 원만한 법이다. 잔업거리가 많아서 소득을 높여 주고 회사의 청사진을 화려하게 제시하면 지금 당장은 힘들어도 참아 내는 법이다. 그렇지만 그때의 상황은 이렇지를 못했다. 사업 여건은 나빠지지, 내일은 불안하지, 그러니까 '에라 막보기로 나가자' 하는 식이 난무하여 상황을 더욱 어렵게 만들었다.

오랜 교도소 생활을 마치고 출감한 사람은 거의가 소화불량으로 고생한다고 한다. 감옥 안에서 철저하게 통제되고 짜인 식사만 하다가 갑자기 마음대로 먹을 수 있게 된 결과라고 한다. 감옥 안에서 오랫동안 참아 온 욕망을 한꺼번에 채우려다 보니 이런 부작용이 생기는 것인데, 이런 부작용이 소화불량 정도로 그치고 만다면야 그래도 다행이겠지만 더 악화돼서 위궤양이 되고 위암으로 진행한다면 사태는 심각해진다.

지혜로운 사람은 자신의 욕망을 한꺼번에 채우려 하지 않는다. 현실을 똑바로 알고, 앞날까지 잘 따져서 그야말로 '발 뻗을 자리를 봐가면서' 요령껏 요구할 것은 요구하고 양보할 것은 과감하게 양보하면서 더 큰 것을 차근차근 채워 나가는 것이다.

기술력만이 화천의 미래를 보장한다

1997년 말 IMF 외환위기를 겪은 이후 몇 년 동안 경기가 좋지 않아 공작기계 분야도 불황이었다. 2002년부터 경기가 풀릴 것이라는 낙관론이 나오고 있지만 수년 동안 지속돼 온 실업난과 감원 바람은 여전히 걷힐 줄 모르는 것 같다.

이런 때일수록 우리는 마음을 다잡고 긍정적으로 현실을 보도록 노력해야 한다. 경제학자 케인즈는 "경제는 심리"라고 했다는데 이런 현실에서 다시 한 번 새겨 볼 말인 것 같다. '된다, 된다' 하면 어지간히 나쁜 여건도 좋은 쪽으로 방향을 틀게 되지만 '안 된다, 안 된다' 하면 잘 돌아가던 일도 막히고 만다.

어렵기로 말하자면 지금보다 1970~1980년대가 훨씬 더 어려웠다. 기술과 자본 모든 면이 선진국에 비해 월등히 열악한 조건에서 수출 드라이브라는 게임을 벌였다. 물론 한두 차례 힘든 고비는 있었지만 그 20년 동안 우리나라는 연평균 10%에 가까운 고도성장을 지속했다. 그 비결은 다름 아닌 '우리는 할 수 있다', '하면 된다'는 낙관적인 전망과 신념에 있지 않았나 생각한다.

요즈음의 한국경제가 시련을 겪고 있는 것은 사실이지만 바로 이런 심리적인 차원에서 보면 얼마든지 순탄해질 수 있다고 본다. 우리에겐 신념을 가지고 경제기적을 이룩했던 경험이 있고 자부심도 있다. 이것을 되살리면 된다. 기술과 자본 면에서도 이만하면 옛날보다 월등히 조건이 나은 편이다.

문제는 실천이고 노력이다. '안 된다, 안 된다' 하면서 팔짱만 끼고 강 건너 불구경 하는 식으로는 될 일도 없고 될 수도 없다. 물론 안팎의 기업환경이 불확실하니까 많은 사람들이 편한 길을 잡는다고 정치에 편승하는 면도 없지 않은 모양이지만, 이런 때일수록 각자의 자리에서 신념을 갖고 노력하는 일이 무엇보다 절실하다.

어쨌든 오늘의 경제난을 극복하기 위해서는 정치인은 정치인대로, 기업인은 기업인대로, 근로자는 근로자대로 제자리 지키기와 제 역할 수행하기에 힘써야 한다.

화천은 1989년에 처음으로 매출 1천억 원대를 돌파한 후 1990년대 중반에 들어와 1,500억 원대로 올라섰고, 이후 비슷한 수준에서 안정되어 왔다. 특히 수출은 1990년에 1천만 달러를 돌파한 후 꾸준히 늘어 최근 몇 년 동안은 3천만 달러 선을 유지하고 있다. 이익도 그리 크지는 않지만 그런대로 증가세를 유지했다.

그간 화천은 기계공업 육성발전에 기여한 공로로 대통령표창(1977년 6월 8일), 기술개발 산업포장(1984년 2월 1일), 수출유공

화천기계 ISO 9001 인증서 교부식

산업포장(1990년 11월 5일), 장영실상(1995년 1월) 등 각종 상을 10여 차례나 수상했고, 품질 면에서도 각 부문에 걸쳐 ISO 9000 시리즈 국제규격 인증을 모두 취득했다. 아무리 어려워도 기술 우선으로 달려온 화천의 노력이 거둔 성과다.

그동안 화천은 종업원들의 후생복지에도 힘을 쏟아 왔다. 사내 복지기금을 조성해서 여러 근로자들에게 주택 매입자금을 대여했고, 대대적으로도 우리사주 구입을 지원했다. 또한 사원 자녀들의 장학금 지급을 비롯하여 저소득 사원들의 생활 안정을 돕기 위해 다양한 제도를 만들어 시행하고 있다.

나는 지금까지 화천이 발전해 온 과정을 대충 다섯 시기로 나눈다. 앞으로야 젊은 사람들이 잘 이어 나갈 것이니 논외論外로 하고,

그동안 내가 걸어온 시기만을 대강 얘기해 보겠다.

그 첫 번째는 1950년대이다. 이때는 해방이 되고 사회나 기업이나 모두 혼란스럽기만 했다. 그래도 나는 회사의 기초를 닦기 위해 부단히 노력하고 모색하기에 여념이 없었다.

두 번째 시기인 1960년대는 1950년대에 닦은 토대를 발판으로 기업활동의 틀을 갖춰 나간 시기이다. 즉, 1950년대까지 뚜렷하지 않았던 업종을 공작기계를 중심으로 확실하게 방향을 잡아 전진하기 시작한 시기이기도 하다.

세 번째 시기인 1970년대는 우리 화천이 비교적 왕성하게 제품 생산에 뛰어든 청년기였다. 그러나 성인식이라는 통과의례를 치르듯 1970년대 초에 제1차 오일쇼크로 인한 시련을 치르면서 더욱 튼튼히 거듭나게 되었다.

네 번째로 1980년대는 우리 화천이 새롭게 부흥을 이룩한 시기였다. 1970년대 말부터 1980년대 초까지 3년여 동안 화천 50년 역사상 최악의 시련을 겪기는 했지만 이를 슬기롭게 극복하고 도약기를 열어 간 것이다. 특히 1980년대 중반 이후 우리가 모색하고 꿈꾸던 것들이 하나둘 성과로 나타나면서 오늘의 화천을 이루는 강한 기반이 이때 다져졌다는 사실을 부인할 수 없다.

1987년 하반기부터 화천은 사세신장에 따른 경영 합리화와 직접금융에 의한 자금조달 능력을 확대함으로써 기업의 공신력을 높이려 화천기계공업주식회사에 대한 공개를 신중히 검토하였다.

1985년 무렵까지 화천기계의 부채비율은 4천%에 달하였다. 이후 꾸준한 매출증대에 힘입어 1987년에 이르러서는 450% 이하로 개선되었으나 자본금의 관계회사(화천기공) 출자비중이 90%를 상회하는 등 재무구조는 여전히 취약성을 면치 못하고 있었다. 화천기계의 공개를 검토하게 된 것은 바로 이러한 취약한 재무구조를 근본적으로 개선하여 내실 있는 지속성장을 이룩하기 위해서였다.

당시만 해도 모기업인 화천기공이나 이제 막 자리를 잡아 가던 화천기어 등에서 화천기계의 자기자본 비율을 크게 높여줄 만한 대규모의 투자 여력은 없었다. 그리고 1980년대 초에 유예 받은 창원공장 건설자금의 상환시기가 도래한 마당이라 더 이상 은행 차입금에 의존하는 경영을 지속하기도 소망스럽지 못한 상황이었다.

1988년에 들어와 화천기계의 공개방침이 가시화되자 일부 경영층에서는 공개에 대한 원칙에는 찬성하면서도 남아 있는 부채를 모두 청산하고 실질적인 재무 견실도를 높인 다음에 하는 것이 좋겠다며 공개 시기를 2~3년 늦추자고 주장하였다. 그러나 법적 요건에 부족함이 없을뿐더러 화천 관계사 이외의 대규모 투자자 모집에 자신을 가지고 있던 나는 과감하게 계획을 밀고 나갔다.

이리하여 1988년 8월 29일 화천기계 임시주주총회에서 당해 연중에 기업을 공개하기로 결의하였다. 공개 후 적정 자본금 규모는 80억 원으로 계획하였으며, 공개에 앞선 1988년 9월 29일 우선 유상증자를 통해 31억 6천만 원(신주 63만 2천 주)을 조달하였다. 이로써 24억 4천만 원이던 화천기계의 자본금은 56억 원으로 증가하였다.

이어 1988년 11월 1~2일 양일간 일반청약에 의해 48만 주를 공모하였다. 그런데 이 공모 시에는 지난 9월의 유상증자 때와 달리 액면가(주당 5천원)의 2배로 할증한 금액에 모집하였다. 이는 당시 증권 전문기관의 분석 결과 화천기계의 주식 1주당 자산가치는 7,907원, 수익가치는 17,369원으로 매우 양호하게 나타난 데 따른 것이었다. 이로써 공개 후 화천기계의 자본금 규모는 당초 계획을 크게 웃돈 104억 원에 이르게 되었다.

한편 모집 주식의 20%(9만 6천 주)는 우리사주조합에 우선 배정함으로써 종업원 지주제 실현을 통한 애사심 앙양과 노사협조의 원활화에 큰 기여를 하게 되었다.

공모주 청약은 1그룹(근로자 및 농어가)이 약 66 대 1, 2그룹(일반 및 청약예금 가입자)이 131 대 1의 높은 경쟁률을 보인 가운데 청약금액만도 630억여 원(농·수·축협 청약분 제외)에 이르러 화천기계의 발전 가능성과 신뢰도를 여실히 입증하였다.

기업 공개를 계기로 화천기계의 재무구조는 크게 개선되고 신뢰도도 급격히 높아져 명실상부한 국민기업으로서의 위상을 확립하게 되었다. 특히 증권시장에 상장된 주식은 6개월여 만에 최고 3만 원대에 진입함으로써 회사의 자산가치를 괄목할 만한 수준으로 끌어올렸다.

이후 화천기계 주식은 1992년의 불황기 때 잠시 주춤했던 것을 제외하고는 1990년대 중반까지 꾸준히 2~3만 원대를 유지하였다. 이 과정에서 유보된 자금은 회사 지속성장의 든든한 밑받침이 되었음은 물론, 1998년 초 외환위기로 업계 전체가 휘청거릴 때 큰 바람을 타지 않고 꿋꿋하게 버티는 힘이 되어 주었다. 당시 국내 공작기계 업계에서는 내로라하는 대기업들이 부도사태를 맞고 감원선풍에 휩싸였으나 화천만은 한 명의 사원도 내보내지 않고 정상경영을 유지할 수 있었다.

다섯 번째로 1990년대는 1980년대와 맞물려 화천의 체질이 크게 변모된 시기이다. 1980년대 중반부터 점차적으로 경영과 관리 부문에 젊은 사람들을 기용하여 활력을 불어넣었고, 제품 다각화와 전문화에도 전념하였다. 무엇보다 급변하는 나라 안팎의 환경에 대응하기 위해 기술적인 측면에 심혈을 기울였다고 할 수 있다.

그 결과 1996년에는 국내 공작기계 업계 최초로 머시닝센터와 CNC선반 분야에서 화천 고유모델을 개발하는 데 성공했고, 2000년에는 그동안 상대적으로 미흡했던 제어기술 부문에서도 화천 고유모델을 개발해 고객요구에 능동적으로 대응할 수 있는 전문화의 기반을 확고하게 다질 수 있었다.

또한 화천은 1982년부터 자동차 부품 가공설비 부문에 진출하여 현대, 대우, 기아 등 국내 주요 자동차 메이커들을 대상으로 사업규모를 넓혀 왔는데, 1990년대에 들어와서도 국내 자동차공업

1989년 4월 화천기공 하남공장 준공식

이 지속적으로 성장함에 따라 이 분야의 사업은 계속 밝을 것으로 전망되었다.

특히 정부에서는 2000년까지 약 580만 대 생산능력을 갖춘 세계 5위의 자동차공업국을 목표로 자동차공업 부문을 집중 육성한다는 정책을 추진하였으며, 이에 따라 국내 각 자동차 메이커들도 1994년부터 대규모 투자계획을 추진하기 시작했다. 1994~2000년 사이의 총 투자규모는 약 33조 원에 이를 것으로 예상되었으며, 이 중에서 핵심부품인 엔진 및 트랜스미션 생산시설에만 약 5조 원이 투입될 것으로 추정되었다.

이에 화천은 2000년까지 자동차 부품 가공설비 부문에서 국내 선두 공급업체로 부상함은 물론 동남아시장에도 진출한다는 목표 아래 사업을 본격 확대하기로 하였다. 이를 위해 기존 생산체제와 는 별도로 독일의 세계적인 자동차 생산설비 메이커인 티센Thyssen Industrie AG 사와의 합작회사 설립을 추진하였다.

마침내 1995년 5월 9일 독일 에센Essen 소재 티센 본사에서 합작회사 설립 조인식을 가졌다. 새로 출범하는 합작회사명은 TPSThyssen Production Systems-KOREA로 정했으며, 자본금은 25억 원, 합작 비율은 화천 49%, 티센 51%로 하였다. 생산제품은 초기 에는 특수기계류(Special Purpose Machinery)와 금속가공기계류 (Metal cutting Machinery)로 하되, 특수목적 기계장치와 조립시스 템으로 점차 생산범위를 확대하기로 하였다.

선진수준의 첨단기술을 갖춘 TPS-KOREA의 출범으로 국내 자 동차업계는 자동차 생산 전용 기계설비 제조분야에서 높은 기술수 준과 생산성을 갖춘 시스템을 공급받을 수 있게 되었으며, 동시에 최신 선진기술 수준의 B/S 및 A/S 능력을 확보하게 되었다.

출범 후 TPS-KOREA는 제품 특성상 연관성이 큰 화천기공 인 근에 공장을 짓기로 하고 화천기어 구내에 5천여 평 여유 공간을 확보하여 1997년 5월까지 자동차 엔진의 실린더블록 및 헤드와 트랜스미션 케이스 가공용 공작기계 생산설비와 공장을 갖추었다.

그런데 무척 기대가 컸던 이 사업은 시작 초입부터 시련에 부닥 쳤다. 1997년 말에 IMF 외환위기가 닥친 것이다. 이 여파로 당초

'SIMTOS 2002' 행사장에서 화천 부스를 돌아보며

대규모 수요를 예상했던 국내 자동차 메이커들이 심한 불황에 허덕이게 되면서 사업은 적자를 면치 못했다.

이제 예전처럼 선진국에 기대어 기술제휴 등의 방법으로 그럭저럭 기업을 꾸려 나가는 시기는 지났다. 이른바 글로벌 경쟁시대인 오늘날에는 우리 스스로가 세계 제일이 되지 않으면 살아남을 수 없게 됐다. 해답은 자명하다. 우리 화천의 미래는 지금 생산하는 공작기계의 품질을 한 차원 끌어올려 국제경쟁력을 높이는 데 달려 있다. 이를 위해 지난 세월 동안 우리가 쌓아 온 경험과 기술력, 노하우를 다시 한 번 총동원하여 갈고 다듬어야 할 것이다.

진정한 덕인德人이 되기 위하여

사람은 혼자서는 살 수 없다. 우선 부모형제와 자식으로 구성된 가족이라는 테두리 안에서 살고, 더 넓게는 일가친척들로 이루어진 가문家門의 일원一員으로 존재한다. 그리고 이 가족과 가문들이 모여서 펼쳐진 사회라는 큰 세상에 한 구성원으로 자리를 잡아 살아간다.

제각기 개성과 가치관이 다른 수많은 사람들이 모인 사회의 일원으로 살아가자면 그 사회가 정한 질서를 잘 지켜야 함은 물론이요, 그 사회가 지금보다 더 건강하고 윤택하게 발전할 수 있도록 나름대로 해야 할 역할이 있다.

그게 무엇일까. 첫째는 자신이 몸담은 자리에서 성실을 다하는 것이다. 농사를 짓는 농부, 장사를 하는 상인, 기계를 만드는 장인, 관청에서 일하는 관리 등 저마다 맡은 일에 충실할 때 그 사회는 건강하고 더 나은 미래가 보장된다.

여기서 더 욕심을 내자면 내가 열심히 일해서 얻은 것들 중 일부를 나와 내 가족 이외의 사람이나 사회에 나누어 줄 수 있는 여유를 가져야 한다. 그것이 재물이 되었든, 기술이 되었든, 명예가 되었든 누군가를 위해 베푼다는 것은 훌륭한 일이다. 이렇게 베푸는 사람이 많은 사회는 윤택하고 화목해질 것이다.

옛말에 "뒤주에서 인심 난다"고 했듯이 베푸는 것도 무언가 가진 것이 있어야 가능하다. 그러나 베푸는 것은 마음먹기에 달려 있다. 사람의 욕심은 끝이 없어 내가 가지고 싶은 만큼 다 가지고 나서 남는 것을 베풀겠다고 생각하면 영원히 베풀 수 없게 된다. 베푼다는 것은 남는 것을 처분하는 것이 아니라 나도 필요한 것을 기꺼이 나누어 주는 자세이다. 당장 입에 풀칠할 쌀 한 톨이 없어서 전전긍긍하던 내 어린 시절에는 누군가에게 베푼다는 것은 상상도 할 수 없었다. 하지만 그런 시절에도 나는 '사람은 베풀면서 살아야 한다'는 생각만은 항상 가지고 있었다.

그런 실천 철학은 어머님이 몸소 보여 주신 가르침 덕분이었다. 앞에서도 밝혔지만 우리 식구 근근이 한 끼 먹을 양식밖에 없던 어느 날 손님이 찾아왔을 때 어머니는 기꺼이 그 양식으로 밥을 지어 손님을 접대하시고 당신은 거친 나물로 끼니를 때우시곤 했다. 이런 마음이 진정으로 베푼다는 것 아니겠는가.

어머니처럼 그토록 고상한 베풂을 실천하지는 못했지만 나중에 공장이 번창하여 여유가 생겼을 때 나는 나름대로 베풀면서 살려고 노력해 왔다. 내가 어려울 때 도와준 분들, 젊은 시절에 함께 고생하며 꿈을 키웠던 동료들을 수소문하여 작은 정성이나마 나누었고, 또는 그 자녀들을 집에 데려다 키우고 교육시켜 독립시키는 후원자 역할도 했다. 그리고 사회 곳곳의 그늘진 이웃들 소식을 접하면 십시일반十匙一飯으로 도우려고 마음을 썼다.

그것은 결코 내가 넉넉해서 남는 돈으로 한 것이 아니었다. 회사

화천기공 앞마당의 '德人' 비 앞에서

를 꾸려 가고 키우려면 항상 돈은 부족하기 마련이었지만, 우리 회사가 발전하려면 주위에 있는 다른 회사들이며 이웃들이 함께 발전해야 하므로, 지역사회에서 필요로 하는 일을 돕는 데 한 번도 뒤로 빼본 적이 없다.

이런 일을 하면서 우쭐해 본 적도 없다. 그것은 내가 발전하기 위해서 열심히 일하는 것과 마찬가지로 내가 더불어 살아야 할 사회의 발전을 위해서 당연히 해야 할 일이었기 때문이다.

그런데 1992년 봄인가, 이런 당연한 일들을 가지고 주위에서는 과분한 칭찬과 함께 무슨 송덕비頌德碑라는 것까지 세우겠다고 하였다. 나는 부끄러운 마음에 극구 사양했으나 여러 분들이 뜻을 모았으니 물리치지 말아 달라고 간청을 하여 마지못해 수락하고 말았다.

그것이 지금 화천기공 앞마당에 세워져 있는 '德人' 비인데, 여생 동안 지역사회 발전과 국가산업 발전에 더욱 매진해 달라는 격려이자 보잘것없는 나에게 진정한 덕인德人이 되라는 채찍의 의미로 새기고자 하였다. 그 귀한 뜻을 모은 분들의 정성을 잊지 않기 위해 비문을 소개한다.

화천과 더불어 공작기계와 더불어

〈瑞巖 權昇官 會長 頌德碑〉

一日一善도 壯하다 하거늘 瑞巖 權昇官 會長의 功德이 萬人에게 끼쳤으니 우리 어찌 이를 잊으랴. 公은 幼時爾來 남다른 試鍊과 逆境을 克服하며 不屈의 信念으로 貨泉機工社를 創業, 無에서 有를 創造하는 立志의 企業人으로서 社會가 混亂한 當時 技術集約 業種인 工作機械 分野에서 渾身의 才能을 發揮, 꾸준한 技術蓄積과 開發實積으로 오늘의 先進國 水準을 凌駕하는 斯界에서 世界 有數의 生産工場으로 成長을 거듭하여 國家産業 發展에 至大한 功績을 이루었음은 其間 數많은 國家有功 褒賞 等 別途 沿革에 詳記된 바와 같으며 앞으로 世界的인 工場으로 跳躍할 前途가 매우 囑望된 자랑스러운 이 고장의 貨泉그룹을 이루었을뿐더러 公은 生來 天性的으로 勤勉誠實하고 仁慈厚德하여 爲先事에 極盡하고 孝心과 愛鄕心이 透徹한 企業人으로 脫俗한 哲學觀에서 平生을 외골수로 優秀한 工作機械 分野만을 成長시키는 等 말없이 憂國愛族 精神을 率先垂範한 非凡한 事業家로서 公의 行蹟을 아는 사람이면 自他가 共認하는 바 이는 우리 光州市 光川洞工業團地 六十余 入住業體 企業人의 矜持와 師表이므로 그 陰德을 永遠히 記念하고자 이 碑를 세우도다.

西紀 一九九二年 四月
光州市 光川洞工業團地 入住業體 一同
代表 洪景顔 敬白

288

2부

이런 일이 있고 난 다음해인 1993년 9월에는 회사 창업 이래 일관되게 국가기간산업의 모체인 기계공업 육성발전에 헌신해 온 공과 지역경제 발전에 기여한 공을 기린다며 광주시에서 내게 '시민대상'이라는 큰 상을 주었다.

엄격히 말하자면 광주는 내가 태어난 고향은 아니다. 하지만 광주는 화천의 발상지요 내가 평생을 바쳐 공작기계 외길을 걸어온 사업의 터전이자 꿈을 이루어 준 고장임에 틀림없다. 이런 광주시로부터 뜻깊은 상을 받게 되어 더욱 보람차고 감회가 깊었다.

또한 내 나이 어느덧 팔순에 접어든 1998년 2월에는 평생 공작기계 외길만을 걸어오며 국가산업 발전에 헌신한 공로를 인정한다 하여 조선대학교로부터 명예공학박사 학위도 받았다.

조선대학교에서 박사 학위를 준다는 소식을 처음 듣고 좀 난감했다. 정규 학교라고는 보통학교 4학년을 중퇴한 게 고작인 내가 무슨 박사냐, 나는 해당 분야에서 최고의 학문과 권위를 인정받는 박사 자격이 없다며 사양했다. 그러나 총장님이 직접 나섰다.

"학문만 국가와 사회에 기여하는 것은 아닙니다, 평생을 한 분야의 발전에 헌신하여 큰 업적을 이룬 회장님 같은 분이 진정 최고의 전문가이십니다. 학위를 꼭 받아 주십시오."

그렇게 간곡히 권유하시는 바람에 더 사양할 수가 없었다.

솔직히 나를 돌아보자면 내가 선택하고 가고자 한 길을 열심히, 꿋꿋하게 걸어온 것 말고는 그다지 잘난 것도 없는데 이렇게 주위

1998년 2월 조선대학교 명예공학박사 학위수여식

에서 인정해 주고 격려해 주니 새삼스레 가슴이 뿌듯하다. 인생에서 주위의 인정을 받는다는 것보다 더 큰 보람이 어디 있겠는가. 학위를 받으면서 지나온 삶을 돌이켜 보며 다짐했다.

"다시 태어나도 쇠를 만지는 사람이 되겠다!"

여생餘生을 사회가 베풀어 준 이런 은혜에 보답하고자 한다.

제3부

가족 단상斷想

어머니 언양 김씨

세상에 누구의 어머니인들 훌륭하지 않은 분이 계실 것인가. 어머니에 대한 자식의 애틋한 마음은 동양과 서양의 차이가 없고 고금古今의 구별 또한 없으리라. 어머니는 어쩌면 위대한 인간이기보다는 거룩한 인간의 표상이다.

어머니의 거룩함은 자신의 생명을 나누어 새로운 생명을 만드는 희생으로부터 시작된다. 영국의 유명한 시인 메이스필드도 이런 말을 남겼다 한다.

"인간으로서 탄생되기까지의 여러 달 동안, 어머니의 아름다움이 나의 하찮은 토양을 가꾸셨다. 어머니의 일부분이 죽지 않았던들 나는 아무것도 보지 못하며 숨도 쉬지 못했을 것이며 또한 이렇게 움직이지도 못했으리라."

언젠가 이런 이야기도 들은 기억이 난다. 미국이 필리핀을 점령했을 때의 일이라고 한다. 미군이 마닐라 해안을 향해 함포사격을 하려고 할 때 한 병사의 옷이 물에 떨어졌다. 상관이 말렸으나 병사는 기어이 물에 뛰어들어 자신의 옷을 건졌다. 명령을 따르지 않은 병사는 상관 앞에 불려 나갔다. 상관이 무슨 이유로 물에 뛰어들었냐고 묻자 병사는 젖은 옷 속에서 어머니의 사진을 꺼내어 보였다. 감동한 상관이 그 병사에게 악수를 청하면서 말하였다.

"목숨을 걸고 물에 뛰어든 자네의 용기는 바로 그 사진 속에 계신 어머니의 사랑이 얼마나 위대한가를 내게 가르쳐 주었네."

나에게도 어머니는 스승이자 종교로서 나의 성격 형성에 가장 많은 영향을 끼친 분이셨다. 내가 지금까지 숱한 세파世波에 시달리면서도 용기를 잃지 않고 꿋꿋하게 살아올 수 있었던 것은 어머니의 가르침 덕분이었다.

어린 시절 어머니는 온종일 고된 일을 하시고도 밤이면 장남인 나를 당신의 팔뚝에 뉘어 잠들게 하시곤 했다. 그러면서 세상을 살아가는 데 귀감이 되는 많은 얘기들을 시간 가는 줄 모르게 들려주시곤 했다. 사물의 이치며 사리 분별력, 사람을 평가하는 도덕률, 속담이나 격언에 담긴 오묘한 의미들을 내가 알아들을 수 있도록 쉽고 자상하게 설명해 주셨다.

어렸을 적에 그런 말씀을 처음 들을 때는 그저 그런가 보다 하고 지나쳐 들었다. 그러나 내 기억 속에 저장된 그 말씀들은 성장해 가는 동안 하나하나 반추되어 소중한 마음의 양식으로 자리 잡아 나갔다.

어머니는 우리 집안에 시집오셔서 생활력이 없으신 아버지를 대신하여 어려운 가정을 당신 혼자 떠메고 가다시피 하셨다. 아버지는 부잣집 아들로 커서 사람은 좋았지만 자식들 벌어먹이는 능력이 전무全無했기에 어머니는 한시도 손에서 일을 뗄 수가 없으셨다.

그날그날 벌어먹는 생활에 굶기가 먹기보다 잦았고 자고 일어나면 새로운 하루에 대한 걱정이 기다리고 있었다. 이 시절 어머니는 남몰래 눈물도 많이 훔치셨건만 그런 모습을 자식들에게는 되도록 보이지 않으려고 무던히도 홀로 삼키며 사셨다.

내가 공장에 나가 돈을 벌 무렵 쌀이라도 사라고 어머니에게 드린 돈을 아버지가 몽땅 가지고 가서 노름으로 날려 버린 적도 있었다. 어머니는 이런 남편의 무책임에 대해서조차 책망하는 법이 없으셨다.

어머니 말씀 가운데 지금도 잊히지 않는 말씀이 있다.

"가난할수록 정직해야 한다. 남의 도움은 받되 그 은혜를 잊어서는 안 된다. 늘 조상님께 감사드려라."

이 말씀은 내 나이 80줄에 들어선 지금까지도 가슴 깊이 새겨져 있다.

나는 어린 시절 어머니의 고향이자 나의 외갓집이 있는 김제군 금산면金山面 삼봉리三鳳里 거야巨野 마을을 자주 갔다. 어머니는 그곳 외갓집에서 나를 낳으셨다.

김제군 동남쪽에 위치한 금산면은 노령산맥의 중심을 이룬 모악산과, 모양이 흡사 코끼리 같다 해서 이름 붙여진 상두산象頭山을 거느리고 있는 심산유곡深山幽谷의 빼어난 지세地勢다.

특히 모악산에는 1,400여 년 전 백제 법왕 원년에 창건된 금산사가 자리하고 있어 불교 신앙으로도 명성이 높은 곳이다. 이 사찰에는 지금도 10여 점의 국보급 문화재와 보물 등이 소장되어 있는

데, 경내의 미륵전에 안치된 높이 약 12미터의 미륵불은 실내 불상으로는 동양 최대의 입불立佛이라고 한다.

내가 태어난 삼봉리 거야 마을은 과거 고려시대에 일시 거야현이었다가 폐지된 고적지이다. 그러나 현재까지도 옛 지명 그대로 거야 마을이라고 부른다. 거야 마을은 또 전국에서 사금砂金이 가장 많이 나는 곳으로도 유명했다. 1940년 무렵에는 일본인들이 이곳에 들어와 대대적으로 금을 캐갔다. 그 후 사금 채광은 점차 쇠퇴했으나 소규모의 채광은 요즘까지 계속되고 있다.

곁가지 얘기가 길어졌다. 언양 김씨 어머니가 우리 안동 권씨 집안에 시집오셔서 겪은 고생은 퍼내고 퍼내도 바닥이 보이지 않는 바닷물만큼이나 끝이 없었다.

그 가혹한 고생을 견디면서도 어머니는 나를 학교에 보내지 못한 일을 가장 한 맺혀 하셨다. 어떻게든 집안을 일으켜 세우려면 큰 자식만큼은 가르쳐야 한다는 신념을 신앙처럼 갖고 계셨던 것이다.

그러나 죽 끓일 것도 변변치 않은 살림에 자식 교육이 더 이상 불가능해지자 당신이 직접 가르침이 될 만한 말씀을 많이 들려주시면서 나의 앞길을 격려해 주셨던 것 같다. 그래서 그때 어머니가 들려주셨던 말씀들은 모래 속에 반짝이는 사금처럼 내 뇌리에 선명하게 남아 있다.

나는 돈을 벌어다 어머니의 손에 쥐어 드릴 때가 가장 기분이 좋

어머니 언양 김씨 묘비

았다. 어머니는 그 돈을 한 푼도 헛되이 쓰지 않고 모았다가 다시금 내 활동 자금에 보태도록 내놓으시곤 하셨다. 그러나 어머니는 밥술이나 뜰 만하니까 내 곁을 훌쩍 떠나 버리셨다.

내가 결혼해서 5~6년이나 자식을 못 보자 어머니는 '저러다 대 끊기는 것은 아닐까' 하시면서 걱정이 이만저만이 아니셨다. 그러다가 큰 손주 영열이가 태어났을 때 "내가 세상을 다 얻은 것만 같다"시며 기뻐하시던 모습이 지금도 선하다.

어머니는 1947년 영열이의 돌 무렵에 53세를 일기로 세상을 뜨셨다. 나에게는 이날 이때까지 호강 한 번 제대로 시켜 드리지 못한 어머니가 그리도 빨리 돌아가신 것이 가장 큰 한으로 남아 있다.

내 아내 지갑례

나는 아내 지갑례와 1941년 12월에 결혼했다. 아내는 지금의 광산구 서창동에서 자랐는데 그곳은 지池씨 문중이 대대로 자리 잡고 살아온 유서 깊은 집성촌이다. 내가 결혼하던 당시만 해도 집안이 행세깨나 한다는 점만 빼면 여느 시골마을과 다를 바 없었다. 하지만 지금은 일대가 모두 도시화되어 거대한 아파트 단지로 바뀌었다.

앞에서도 술회한 바 있지만 나는 아내와 그야말로 찬물 한 그릇 떠놓고 결혼식을 올릴 만큼 맨손으로 신혼을 시작했다. 단칸방에서 어머니, 아버지, 동생들을 합쳐 일곱 식구가 살았다. 그래도 그때는 비좁은 줄 모르고 오순도순 살았다.

우리는 신혼시절부터 어머니의 권유로 하숙을 쳤다. 아내는 넉넉한 집에서 자랐지만 이 세월을 살아오는 동안 우리 집의 가난에 대해 타박 한 번 한 일이 없다. 죽을 먹든 밥을 먹든 불평 없이 살았고 비가 오나 바람이 부나 한결같이 내 곁을 지켜 준 사람이다.

신혼 초에 시작한 하숙치기 생활이 뒤에는 우리 공장에 근무하는 종업원 몇십 명의 밥해 대기로 이어졌다. 그 시절 끼니때마다 식사를 챙기는 일도 보통 힘든 일이 아니었겠지만 빈번한 야근에 밤참을 차려 내는 일은 더더욱 고된 일이었을 것이다.

정원에서 아내와 함께

가족 단상斷想

아내는 이렇게 고생도 무척 했지만 무엇보다 인고하는 자세로 살았다. 늘 면목이 없고 고맙기만 하다. 내가 공장 일에만 몰두할 때 나를 대신하여 자식들을 기르고 가르치면서 수많은 손님들의 방문까지 싫은 기색 한 번 없이 극진히 맞아 주었던 일들을 떠올리면 새삼스레 깊은 정이 느껴진다.

부부란 있는 듯 없는 듯 항시 옆에서 공기처럼 에워싸고 있는 인간관계가 아닐까. 그래서 평소에는 느낄 수 없어도 그 자리가 비어 버리는 날이면 금방 불편하고 힘들어지는가 보다.

아내는 회사가 어려운 고비에 처하거나 뜻밖의 우여곡절을 겪을 때도 그에 임하는 자세가 상당히 대범한 편이었다. 그래서 어떤 이들은 화천의 고비는 내 아내가 이겨 냈다고 말하는 사람도 있다.

아내도 이런저런 자리에서 많은 여자들과 어울릴 기회가 있었겠지만 계모임 같은 데에는 되도록 끼어들지 않았다. 그래서 계파동이라든가 하는 사건으로 알 만한 사람들이 뭇 사람들의 입방아에 오르내릴 때 우리 집에서는 그런 일이 한 번도 없었던 것이다. 아내는 원불교 신도인데, 오직 여기에만 크게 의지하고 자신의 원망顧望을 담아서 정성을 바쳐 왔다.

내가 아내에게 가장 미안하게 생각하는 것은 한때 시앗을 보았던 일이다. 옛말에도 "시앗을 보면 길가의 부처님도 돌아앉는다"고 했다. 그런데 아내는 그것을 너그럽게 이해했다. 여자의 입장에서 어찌 견디기 어려운 대목이 없었으랴마는 불만 한 번 내색하지 않았다.

남들이 이런 얘기를 들으면 세상에 그런 일도 있느냐며 아내의 처신이 대단하다 말하기도 한다. 딴은 그렇다. 남편이 시앗을 보면 사네 못 사네 하는 것이 일반적인 세상인심이기 때문이다. 그러나 속으로는 그 가슴앓이가 어떠했을지 나도 모르는 바가 아니다. 아내는 그런 일로 몇 차례 친정으로 간 일이 있었는데 그때마다 장인 어른이 집사람을 불러서 "애야, 남자들은 그런 면도 있는 것 아니냐. 네가 참아야 한다"라고 타일러서 보냈던 것이다.

이런 일이 아내의 마음을 다스리는 데 도움이 되었던지 시앗 따위야 그러려니 해버렸던 것 같다. 아니, 여기서 그치지 않고 아내는 그 시앗에게 정을 붙여 형제처럼 대해 주고 간장, 된장도 가져다 먹으라거나 김치까지 담가 줄 정도였다.

아내에게 인간의 행복에 대해서 입버릇처럼 되풀이 말한 것이 있다.

"행복이란 남에게 신세지지 않고 크든 작든 도움을 주면서 근심 걱정 없이 살아가는 것이 아니겠는가. 그러니 시장에 가서 물건 하나를 사더라도 절대 값을 깎아서는 안 된다."

내가 이렇게 말한 이유는 우리네 세상살이라는 것은 깎는 것보다 하나라도 더 보태는 데서 정이 생기고 그렇게 하는 나 자신도 편하기 때문이다. 아내는 가히 생불生佛 같은 사람이었다.

주위 사람들은 아내가 내 단점을 모두 덮어 주었기에 우리 화천

가족 단상斷想

이 이만큼 성장할 수 있었다고 말한다. 이 말도 맞는 말이다. 이제는 미운 정 고운 정 모두 들어서 눈을 감고도 아내의 마음을 짚어낼 만큼 많은 세월이 흘렀다. 그런 우리가 만나서 부부 된 지도 예순 해가 넘었다.

뒤돌아보면 아스라한 세월이다. 얼마 전에 아내나 나나 인생의 황혼에 들어선 처지에서 이렇게 말한 일이 있다.

"내 속없는 얘기 하나 함세. 그간 자네에게 죄도 많이 지었지만 내 자네와 함께한 이 세월이 없었더라면 변통머리 없는 구두쇠 소리나 들었지 다른 수 있었겠나."

나는 그렇게 말하면서 아내의 손을 꼬옥 잡았다.

내가 아내에 대한 얘기를 이만큼이라도 늘어놓은 걸 보니 나도 이제 나이를 핑계 삼아 팔불출이 되나 보다. 그러나 날이 갈수록 아내의 내조와 희생이 나에게는 얼마나 소중한 것이었나를 거듭 깨닫게 된다.

세 아들

큰아들 영열이는 우리 부부가 결혼해서 늦게 낳은 장남이다. 1946년에 태어나 광주 중앙초등학교, 무진중학교, 광주고등학교를 거쳐 1969년에 한양 공대 전기공학과를 졸업했다.

내가 영열이를 공과대학에 보낸 것은 그동안 이룬 가업을 이어 주겠다는 생각에서였다. 이 점은 둘째 아들 영두도 마찬가지다. 처음에는 영열이를 바깥공기 쐬면서 사회 공부도 하게 하려고 다른 회사에 취직토록 할까 생각해 보았다. 그러나 그보다는 하루라도 빨리 회사 일을 배우게 하는 것이 나을 것 같아 일단 화천에 입사시켰다.

입사 다음 날부터 영열이에게 맡긴 일은, 우선 회사의 말단에서 밑바닥 일부터 철저히 배우는 것이었다. 그래서 회사 간부를 따라 고철을 비롯해서 이런저런 물자를 구입해 오는 일들을 주로 했다. 이때 나는 짐짓 뒤에 서서 그 애가 하는 일만 지켜보았다. 그리고 구입해 온 물자를 저울로 일일이 재가면서 물자를 사는 법이라든지 고르는 법을 가르치고 익혀 나가게 하였다.

그 시절 영열이에게 다음과 같은 관자管子의 말을 들려줬다.

"1년의 계획은 곡식을 심는 데 있고, 10년의 계획은 나무를 심는 데 있으며, 무릇 군신의 계획은 사람을 심는 데 있다."

나는 이를 원리로 삼아 "기업의 성장은 사람의 손에 달려 있으니 사람을 키우는 데 인색치 말아라" 하고 당부했다. 그리고 덧붙이기를 사장의 아들이라 해서 회사 규칙을 어기거나 다른 윗사람들에게 불손한 태도를 취하는 일, 공과 사를 어기는 일은 결코 용납하지 않을 것이라고 단단히 일렀다. 그러니까 밑바닥 일에서부터 착실히 배워 나가되 반드시 정도를 지키도록 훈련시킨 셈이다.

큰아들 영열의 결혼식에 함께한 양가 친지들

　영열이는 어렸을 적부터 '큰자식은 하늘이 낸다'는 말처럼 성격
이 유순하고 무슨 일이거나 시켰다 하면 토를 다는 법 없이 순순하
게 이행하고 처리하였다. 그리고 주위 사람들에게 인정도 많고 마
음 씀씀이가 너그럽다.

　영열이가 커온 과정을 돌이켜 보면 아래 동생들을 따습게 다독
거릴 줄 알고 조그만 일에서부터 큰일에 이르기까지 어느 누구와
도 다투거나 싸우는 법이 없었다. 그런 한편으로 내면에 간직한 강
한 고집이 있어서 한번 주장한 것은 관철될 때까지 기어이 밀고 나
가는 추진력도 가지고 있는데, 이런 점으로 봐도 나를 많이 닮았다
는 생각이 든다.

둘째 영두의 대학 졸업식

둘째 영두는 1950년 6·25가 일어나기 석 달 전에 태어났다. 그
래서 떡애기 때 등에 업고 피란을 다니기도 했는데, 그때 무슨 애가
그리도 울었던지 모르겠다. 광주에서 중학교를 마치고 서울 성북
고등학교를 졸업했는데, 맡은 일에 대해 집념을 가지고 파고드는
면이 있다. 성균관대 기계과를 졸업하고 1975년 화천에 입사했다.

영두도 영열이처럼 밑바닥부터 근무하도록 했다. 영두가 입사했
을 때만 해도 회사 규모가 큰 편이었다. 그때 우리 화천은 자재과
에서 근무하는 사람만도 20명이 넘었다. 그래서 주물이나 기계 위
주로 취급의 범위를 바꾸었고 주로 현장에서 생산이나 기술개발
등에 관여하도록 하였다.

가족 단상斷想

셋째 영호의 화천기어공업주식회사 사장 취임식

성질은 조금 꼬장꼬장한 면이 있어도 뒤가 없고 성질을 부려 놓고는 본인도 잊어버릴 정도로 단순하다.

셋째 영호는 1954년생으로 세 아들 중 막내다. 광주 동중학교와 광주고등학교를 거쳐 한양대 신방과를 마쳤다. 순수하고 착해서 마음 씀씀이가 큰아들 영열이를 닮았다는 이도 있다. 1977년에 대학을 졸업하고 군복무를 마친 뒤 1980년 7월 화천에 입사했다.

나는 영호를 입사 때부터 검사과에서 제품검사를 배우도록 했으며 이어서 자재과를 거치게 했다. 1985년에는 서울 본사로 가서 해외영업부에서 근무를 시켰고 미국으로 직접 보내 그곳에서 생활하게 할까 하다가 1987년 창원으로 보냈다.

그 무렵 창원에서는 노사분규가 격렬해져 이를 타개하기 위해

'SIMTOS 2002' 행사장에서 세 아들과 함께

영호가 나 대신 많은 고생을 치렀다. 1992년에는 창원공장이 4개 월간이나 태업상태에 있었는데 그때의 고생은 이루 말할 수 없었을 것으로 짐작된다.

세 아들 중에서 영호만 유일하게 술을 입에 댄다. 어느 정도 체질에 맞는 모양이다. 언젠가 영호는 내 밑에서 성장하는 것보다는 제 나름의 길을 가고 싶다는 의견을 말한 일이 있다. 이때 나는 일단 화천에서 어느 정도 성장한 다음 독립해도 늦지 않다고 타일렀다.

나는 그동안 내가 이룩한 것들을 세 아들들이 책임 있게 잘 지키고 키워 나갈 수 있으리라 믿는다. 다만 회사에 대해서는 누가 무얼 갖고 어느 것이 더 크니 마니 하는 것 때문에 따지지 말고 함께 단결해서 운영해 나가도록 당부하고 싶다. 쪼개 버리면 모두가 흩어지고 이도 저도 안 된다고 생각한다.

나의 이런 바람처럼, 의사 아버지에 의사 아들이 나오듯이 기계쟁이 아버지에게 기계쟁이 아들들이 나와 화천을 잘 이끌어 가고 있다고 생각되어 마음 든든하고 고맙게 여긴다.

세 아들 모두 27세가 되던 해에 결혼을 시켰고, 슬하에 각각 후세를 두어 기르고 있다.

위선爲先에 대하여

내 깜냥에 이른바 위선爲先에 대해서도 관심을 갖고 나름대로 일을 해왔다. 내가 위선에 관심을 갖게 된 것은 우리 조상이나 시조가 계시지 않았더라면 오늘의 내가 어떻게 존재할 수 있었겠느냐 하는 자각自覺에서 비롯되었다.

아프리카는 지구상에서 문명의 혜택을 가장 많이 등지고 있는 오지奧地인데도 이곳에 살고 있는 원주민들까지 이른바 뿌리의식이 대단하다고 한다. 뿌리의식은 다름 아닌 나 자신이 어디에서 태어났는가에 대한 근본의식이다.

근본의식을 마땅히 지키고 실천하는 것은 지위 고하나 신분 귀천의 여부로 결정되는 것이 아니다. 그러기에 오히려 빈한한 자의 정성이 더욱 진실하며 감동적인 것이다.

근본의식은 비단 사람에게서만 볼 수 있는 것이 아니다. 아무리 하찮은 짐승이라도 어미와 새끼의 구분은 엄격하다. 어미는 새끼를 보호하고 성장시키기 위해 때로 목숨을 버리는 희생까지도 감내한다. 그런가 하면 새끼는 이 같은 어미에 의지해서 성장하고 성장한 뒤에는 그 어미에게 새끼의 도리를 다하는 것이다.

우리가 흔히 반포효조反哺孝鳥라 부르는 까마귀는 어미가 늙어서 먹이를 씹거나 소화시킬 능력이 없으면 새끼가 대신 씹어서 봉양한다. 미물인 까마귀도 이러하거늘 만물의 영장이라는 인간이 자신의 근본도 모르고 제 새끼들마저 사랑으로 키우지 않는다면 이는 인륜人倫 이전에 자연의 법칙을 거스르는 일이다.

오늘의 내 모습은 지난날 생존하셨던 우리 조상님의 모습이다. 조상님들은 우리에게 모습만 이어 주신 것이 아니라 태도나 기질, 정신까지도 고스란히 물려주셨다.

그래서 조실부모早失父母하여 자신이 어디서 어떻게 태어나 자라난 존재인 것을 모른다 해도 바로 그 사람 자체만 보고도 선조의 모습을 짚어 내는 것이다. 예로부터 전해오는 "콩 심은 데 콩 나고 팥 심은 데 팥 난다"는 속담이 이를 잘 말해 준다.

정말로 이 세상 생명들의 세계에는 콩 심은 데 콩 나는 것이지 엉뚱하게 팥이 나거나 호박이 열리는 게 아니다. 이런 맥락에서 사람이 근본을 알고 그 근본에 대해서 도리를 다하는 것은 자연스러운 현상이 아닌가 싶다.

가족 단상斷想

나는 가끔씩 젊은 사람들에게 사람으로서의 마땅한 도리를 강조한다. 도리란 다름 아닌 사람으로서 반드시 실행해야 할 본분을 말한다. 흔히 혈기 왕성하게 활동하는 시절에는 제 혈기만 믿고 근본이고 뭐고 지나쳐 버리기 쉽다. 이런 얘기를 하는 나 자신도 젊은 시절에는 미처 깨치지 못하여 소홀하게 지내 온 부분이 없지 않다.

어느 강연회에서 들은 말인데, 우리나라가 이만큼이라도 복을 누리고 세계무대에서 주목의 대상으로 떠오르게 된 원인 중에는 우리 민족의 숭조崇祖사상이 큰 부분을 차지한다고 한다. 이런 얘기를 한 연사는 우리나라의 국민소득이 일본의 4분의 1밖에 되지 않지만 정작 살아가는 수준은 훨씬 푼푼하고 넉넉하다고 덧붙였다.

실제로 우리나라가 흥청망청 소비하는 버릇 때문에 1년에 쓰레기로 버리는 음식만도 8조 원어치가 넘는다는 얘기는 어제오늘의 얘기가 아니다. 물론 더 잘살기 위해서는 더 아끼고 절약해야겠지만, 이 정도 살 수 있게 된 것은 분명 우리 조상님네의 음덕이 아닌가 싶다.

따지고 보면 우리네 조상님들은 자신들의 조상에 대해 지극정성으로 도리를 다한 분들이다. 모름지기 생전의 부모님께는 효도를 다하고 명당을 잡아 안장하여 명복을 빌었다. 그뿐인가, 아래로는 일구월심 자식들을 위해 정화수를 떠놓고 치성을 드리면서 온갖 정성을 다 쏟는 것이 우리네 조상님들의 생활이었다. 이런 정성이 대대로 이어져 바로 오늘의 우리나라를 이같이 부강하게 만든 것이다.

　기독교와 불교에서는 천국과 극락을 말한다. 이 천국과 극락은 이승에서는 누리지 못하는 비현실적으로 희구되는 천상의 세계다. 그러나 우리 조상님들은 현실에서의 천국이요 극락을 추구했다. 그곳이 바로 어머니의 태중胎中을 닮은 '명당'이라는 것이다.

　어머니의 태胎 속에는 사철 먹을 것이 풍부하고 그야말로 꽃피는 춘삼월 같은 적당한 온도와 어디에도 걸림이 없는 자유자재自由自在한 공간이 있다. 종교에서 말하는 천상의 세계란 이런 곳이 아닐까. 우리는 바로 그런 자리에다 조상을 모시고 받든다.

　우리 조상님들이 추구한 이 명당자리는 정성이 부족한 자가 탐욕만을 내세워 차지할 경우 기왕 이루어 낸 운세마저 기울어 버린다. 그래서 우리네 조상님들은 명당을 얻어 내는 첫째 조건으로 지극정성을 꼽았다. 그렇지 않다면야 권세 가진 사람이나 부자들만이 명당을 독차지했을 것이 아니겠는가.

　나는 안동권문安東權門의 시조 태사공 할아버지의 35대 손으로 태어났다. 내가 안동 권씨의 한 자리를 얻어 이 세상에 태어난 것은 선택적인 것이나 임의적인 것이 아니고 절대적이고 필연적인 것이었다. 혹여 내가 김해 김씨나 달성 서씨로 태어날 수도 있었는데 어쩌다 보니까 안동 권씨로 태어난 것이 아니라는 말이다.

　그러기에 조상님이 자랑스러우면 후손인 권승관이도 자랑스러운 것이며 그 자랑스러운 조상님의 후광으로 내 자신이 오늘 여기에 섰고 나 또한 도리와 본분을 다하기 위해 정성을 바쳐 조상님을 모시는 것이다.

그러나 애석하게도 우리 안동권문의 중시조 화산 부원군 할아버지는 휴전선 근방 민통선 내 장단長湍에 모셔져 있어서 참배하는 데 제약이 많다. 다행히 태사공 할아버지 이후 여러 대를 내려와 태사공 할아버지의 16대손이 되시는 서령공署令公 할아버지가 이곳 호남으로 주거지를 옮겨오셔서 중직대부사직中直大夫社稷이란 벼슬까지 오르셨다.

바로 이 서령공 할아버지의 묘소를 1975년 12월 정읍군 소성면 所聲面 탄동炭洞의 볕바른 산자락에 모시는 데 내 부족한 정성과 미력을 보태게 되었다. 자손 된 자 마땅히 이 같은 숭조사에 부족한 정성을 바친 것을 자랑스럽게 생각한다.

그런데 여러 종중들의 뜻으로 이곳 묘각 내의 정원에 나를 더욱 부끄럽게 하는 기적비紀績碑를 세웠으니, 내 여기 그 비에 새겨진 문장을 옮기고 더더욱 마음을 가다듬어 숭조의 열列에 서고자 한다.

〈瑞巖 權昇官公 爲先 紀績碑〉

인가人家의 자손들이 조상을 위하여 헌성獻誠을 하는 것은 당연한 도리요 흔히 볼 수 있는 사례이지만 그것이 1·2차나 3·4차에 그치지 아니하고 거의 일평생을 관철했다면 천출天出의 효손으로 모든 후손의 귀감이 되어야 마땅할 것이다. 여기 서암 안동권공 승관이 바로 그런 분이다.

공은 조년早年에 빈한하여 학문도 제대로 닦지 못하고 사방으로 구업을 하다가 우연한 기회에 생업의 기반을 잡아 중년 이후로 가산이 여유가 생기자 양친께 못 다한 효성을 조상께로 돌려 전후 20년 동안에 수많은 선사를 완성했다.

우선 근조의 묘역수리와 석물 비치며 위토 마련은 물론이고 원조의 일까지도 앞장서서 번번이 거액을 독담 또는 희사함으로써 성취시켰으니 여기 그 대강을 들추자면 그 시조 태사공의 묘역사업으로부터 화산花山 부원군 묘소의 석축이며 탄동의 묘각 건립 그리고 낙남조인 서령공의 묘소수리 심지어 방계지명인 충장공의 행주제반 후사에 이르기까지 무려 수천만 원의 거액을 내놓았고 이제는 다시 서령공 묘갈비 수립에 기백만 원을 자담하였다 한다.

재리에만 눈이 먼 당금의 세상에 이런 분이 과연 몇이나 되겠는가. 더구나 공은 학문도 닦지 못한 몸이라니 더욱 놀랍지 않을 수 없다. 이제 공의 종중에서 공의 업적을 그대로 인멸할 수 없다 하여 단비短碑를 마련하고 오우동후吾友東後를 명命하여 멀리 불령不佞께 찾아와 사실을 말하고 글을 청하여 내 듣고 십분 감탄하여 위와 같이 사실을 기술해 주는 바이다.

1987년 3월 성주星州 이백순李栢淳 짓고 씀
안동 권씨 서령공파 종중宗中 세움
입비 추진인 용구容九, 구환九煥, 구순九順, 구련九璉

위의 비석 문장을 그대로 옮겨 적은 것은 내 부족한 정성을 크게 새긴 종중들의 후의를 남기고자 함이다. 자손 된 사람으로서 어느 누군들 조상에게 소홀할 것인가. 조상에게 자손 된 도리를 다하는 방법은 첫째도 둘째도 셋째도 정성이라고 생각한다.

나 자신이 없이 살 때는 먹고살기에 급급하느라 위선爲先은 생각할 수도 없었다. 그러나 밥술이라도 뜰 만하게 되고 나이를 먹으니까 자연히 생각이 이쪽으로 쏠리고 관심도 기울이게 되었다.

아버님이 계셨을 때는 성묘나 시제時祭를 당신께서 도맡으셨기에 나는 열심히 생업에만 매달리면 되었다. 그러다가 아버지가 67세 되시던 해에 돌아가시자 문중 출입은 내 차지가 되었다.

1965년쯤이었으니까 광주시 양동에서 공장을 할 때다. 더운 여름인데 안동에서 손님이 왔다. 그는 문중 일가 분으로 태사공 할아버지 묘역사업에 동참해 달라며 사업비 내역이며 모금을 위한 명단들을 들고 있었다.

나는 그 일가 분의 열성에 감동하여 사업비 전액을 부담하였다. 며칠 후에 추가 요청을 해오기에 그것마저 챙겨 보냈다. 그러고는 잊어버렸는데 제막식 날 초청이 왔으나 일이 바빠서 참석하지는 못했다.

그 후 30년이 지난 1995년 여름, 아들과 며느리, 손주들까지 해서 우리 가족이 모두 안동으로 권씨 시조 유적지 참배를 떠났다. 내가 오늘 어떻게 이 자리에서 살아가고 있는가의 근본과 원리를 배우기 위해서였다.

그날 공교롭게도 에어컨 가동이 안 되어 버스 안은 한증막처럼 무더웠다. 차 안에서 꼭 이렇게까지 해야 하느냐며 불평하는 소리가 들려 나왔다. 나 또한 늙은 몸으로 무척 힘이 들었지만 조상님을 새겨 보는 소중한 기회가 될 터이니 조금만 참자면서 타일렀고, 참배는 보람 있게 마칠 수 있었다.

지금도 나는 특별한 일이 없는 한 추석과 설날에 이틀간씩의 시간을 내어 가족들을 데리고 가까운 조상님의 묘에 인사를 다니고 있다. 이것이 곧 조상님을 향한 살아 있는 숭조의 실천이 아닐까 한다.

내가 안동 권씨 종중에다 위선 사업비 등을 쾌척하곤 하는 것도 돈이 많아서가 아니라 명분 있는 숭조의 실천이 되기 때문이다. 그래서 자녀, 손주들에게도 나의 이런 숭조의 실천이 본보기가 되었으면 하는 바람이다.

기왕 얘기가 나왔으니 부모님 산소에 대한 사연을 보태려고 한다. 나는 광산구 서창동 백마산 기슭에다 양지바른 자리를 정해 부모님을 함께 모셨다.

지관들은 명당의 기본 조건으로 첫째, 깨끗하고(淡氣), 둘째, 따뜻하고(溫氣), 셋째, 좋은 기운(瑞氣)이 서려 있어야 한다고 한다. 부모님의 유택을 정할 때도 나는 자식 된 도리를 다하고자 지관을 불러 이런 조건을 따져 가며 자리를 잡아 모셨다.

그러고는 공장 일에 몰두하느라 부모님 산소에 대해서는 잊고 있었다. 그런데 언제부터인가 어머님이나 아버님이 물속에 누워 계시는 모습이 자주 꿈에 보였다. 처음에는 별일 있겠나 싶어 그냥 넘어가려고 했는데 어쩐지 주위가 뒤숭숭하기만 했다.

하는 수 없이 파묘破墓를 하고 봤더니 아닌 게 아니라 두 분 모두 물이 찌걱찌걱 나는 자리에 누워 계시는 것이 아닌가. 기가 막혔다. 막내 매제가 소개해서 돈냥이나 주고 잡은 자리가 물구덩이라니 한시도 지체할 수가 없었다.

그래서 22년이나 모셨던 곳을 떠나 정주시 용계동 두승산 자락에다 다시 모셨다. 이곳은 전답이 펼쳐진 평야지대이다. 내장산을 안산으로 받았고 정읍시가 건너 마을처럼 내다보이는 아늑한 곳이다.

이곳으로 모셔 오기 전 토지를 매입하고 고창 쪽에서 소나무를 구해다가 풍치를 다듬었다. 그러고는 세로 일직선으로 맨 위에서부터 할머니, 아버지, 그리고 어머니 순으로 묘를 썼다. 어머니 묘소 아래 무연고 묘가 하나 있지만 그대로 두고 매년 벌초도 하고 함께 관리한다.

이곳으로 할머니와 부모님을 모셔 온 뒤로는 우선 마음이 편안하다. 이렇게 산소 단속을 안 해드렸더라면 아마도 내가 견디기 어려웠을 것이다.

이제는 위선도 내 손에서 떠나갔다. 근자에 자식들을 불러 놓고 묘소 단속하는 일을 말했더니 큰아들부터 "아버님, 무슨 일이든 아

할머니 전주 류씨 묘 전경

버님이 구상하시는 것은 말씀만 해주십시오. 그래야 저희들도 도리를 하지 아버님이 모두 해버리시면 우리는 언제 무엇을 하겠습니까?"라고 말한다.

딴은 그렇다. 후손이 해야 할 것을 내가 모두 해버리면 내 자식들은 손 놓으란 말인가. 자식들이 제 일로 생각하고 내 하던 일을 이어받겠다니 그 아니 고마운가.

궁도弓道와 함께한 세월

나는 운동이라면 무엇이든지 다 좋아한다. 좋아만 하는 게 아니고 어느 정도 능력도 타고난 듯하다. 그래서 축구, 배구, 농구, 야구 할 것 없이 모두 좋아하고 항시 게임을 하면 판에 어울려 중심을 이루었다. 씨름도 좋아해서 씨름판에 출전하여 여러 번 입상도 했다.

그러나 1993년쯤에 한 차례 수술을 받고 나서부터는 직접 뛰는 운동은 삼가고 대신 야구 구경하는 데 재미를 붙였다. 요즘에는 아예 연권年券을 끊어서 경기가 열리는 날은 빠짐없이 야구장에 나간다. 지금은 현역으로 뛰고 있지 않지만 선동렬 투수를 아마추어 시절부터 무척 좋아했다.

웬만한 사람이라면 다 할 줄 아는 골프는 아직 못 해봤고 오토바이도 미국제를 구입해서 몇 번 타본 일은 있으나 위험한 것 같아 그만두었다. 그리고 꼭 해보고 싶었으면서 못 해본 것으로 승마가 있다. 지금도 흰색 준마의 갈기를 잡고 늠름한 기상으로 질주하는 기수를 보면 절로 엉덩이가 들썩여진다.

궁도弓道 얘기를 빼놓을 수 없다. 내가 궁도를 시작해서 손을 떼기까지는 자그마치 35년이나 된다. 내가 생각해도 어지간한 세월이다. 주위에서 나의 건강 비결을 물으면 서슴없이 오랜 세월 동안 꾸준히 해온 궁도가 도움이 되었다고 말한다.

활 쏘는 사람을 한량閒良이라고도 한다. 원래는 '활량'이라 하여 활 쏘는 사나이를 지칭했는데 발음이 바뀌어 이렇게 변했다 한다. 한량이 글자 그대로 하자면 '한가한 사람'을 의미하듯이, 수양이 깊은 사람이나 심적으로 여유가 있는 사람이 몰두할 수 있는 운동이 바로 궁도라 할 수 있다.

활을 쏠 때 왼손으로 활을 잡고 오른손으로 시위를 당기니까 사람들은 어깨운동밖에 안 될 것으로 알지만 그렇지가 않다. 활을 쏴 본 사람이면 금방 알 수 있듯이 온몸을 이용하지 않고서는 활 쏘는 일이 불가능하다. 그래서 예로부터 선비들은 건강관리를 위해 활터를 찾았던 것이다.

궁도를 하면서 정신건강 못지않게 신체적 건강도 닦을 수 있었다. 사대射臺에 서서 시위에다 팽팽하게 긴장을 채우면 심호흡으로 다져진 상체가 우주를 발판 삼아 구만리 장천長天을 비상이라도 할 것 같다.

사대에서 과녁까지 145미터의 거리가 집중된 정신 속에 좁혀지면서 시위를 떠난 화살이 홍심紅心을 명중할 때면 그때의 기분은 그 무엇과도 비교할 수 없이 짜릿하다.

나는 1958년에 화천이 꽤나 성장하여 좋은 교우관계도 가지면서 취미도 기를 겸 좋아하는 운동 취미 하나를 갖고 싶었다. 공장 일이 한가한 시간을 이용하여 광주 임동에 있는 공설운동장 활터에 나가 시위를 당기기 시작했다.

활쏘기를 선망한 것은 어린 시절 고향마을에서 동네 청년들이 활 쏘는 것을 보았을 때부터였다. 그때 "나는 언제 저렇게 멋있는 폼으로 시위를 당겨 보나" 하면서 나도 언젠가는 저들처럼 멋있게 활을 쏘아 보리라 마음먹곤 했다.

활시위를 당기는 세월이 하루하루를 더하면서 내 열정도 커져 갔다. 당시만 해도 활 쏘는 사람들이란 대개 60~70대의 노인이었고 그저 심심풀이 소일거리 삼아 활터를 찾는 것이 고작이었다. 그러다 보니 마땅히 활을 당길 만한 장소도 없었다.

활터를 출입하는 우리들은 광주에 쓸 만한 사정射亭 하나 없다는 것이 심히 부끄러워 장소를 물색하고 사정을 하나 지어 보자고 뜻을 모았다. 막상 뜻은 모였는데 어느 누구 앞장서는 사람이 없어 내가 나섰다. 그래서 찾아낸 자리가 시내도 가깝고 풍광도 수려한 사직공원 후정이었다.

사직공원은 이름이 말해 주듯 사직단이 모셔진 유서 깊은 장소라 국궁을 단련하기엔 더없이 좋은 곳이라고 모두들 입을 모았다. 이쯤에서 목정 최한영牧亭 崔漢永 선생을 앞장세우고, 정승모鄭承模, 임종남林鐘南, 한만교韓晩教, 김용배金容培, 그리고 나 등이 홍용구 광주시장을 찾아가 사직공원 야산을 활터로 만들어도 좋다는 승낙을 얻어 냈다.

그러고는 십시일반十匙一飯으로 얼마간의 돈을 모아 불도저로 산을 깎기 시작했다. 그러나 공사비가 너무나 부족했다. 공사는 중단

될 수밖에 없었고 이러는 중에 4·19와 5·16이 일어났다.

1962년 10월 대구에서 전국체육대회가 열렸다. 이때 궁도 부문
에서 전남 대표선수들이 3위로 입상을 하고 돌아왔다. 다른 지역
에 비해 크게 낙후된 줄 알았던 궁도가 수준 이상이라는 사실이 알
려진 것이다. 이때 나는 반듯한 사정을 세우고 훈련만 강화하면 전
국제패도 어려운 일이 아니겠구나 하는 기대감을 가졌다. 사재를
털어서라도 광주에 사정을 만들겠다고 결심하고 솔선하여 건립기
금을 내놓았다.

이어서 다른 회원들과 함께 전남지사와 광주시장을 면담하였다.
그랬더니 당시 송호림 지사가 15만 원, 정래정 시장이 5만 원을 내
는 등 불과 두 달 사이에 200만 원이 넘는 돈이 걷혔다. 자신을 얻
은 나는 곧 설계사를 데리고 직접 전국 유명 사정들을 둘러본 후
공사에 들어갔다. 1962년의 일이었다.

이렇게 해서 광주사직공원 관덕정觀德亭 사장射場과 사정을 시공
에서 완공까지 내가 직접 관여하게 되었다. 공사를 지시하면서 사
직공원이 풍수지리학상 학鶴의 몸체를 닮았으니 이곳에 세울 사정
도 학의 비상을 나타내도록 신경 썼다. 말하자면 광주의 활터가 외
지 사람들에게 명소名所로 기억되도록 배려한 것이다.

광주의 활터 관덕정이 완성되자 사장의 관리와 운영은 궁도협회
에 모두 넘겼다. 그리고 나는 궁도 선수를 양성하는 데 필요한 자
금을 모으는 등 협회 운영의 자문역에 머물렀다.

관덕정에서 시위를 당기며

　그러다가 내가 전남궁도협회 회장을 맡게 된 것은 1966년 4월
의 일이다. 협회를 맡자마자 제1차 목표를 우수선수 양성에 두고
치밀한 계획을 세워 과학적이고 전문적인 훈련을 시켰다. 그리하
여 1967년 전국체전에서 전남 대표선수들이 단체우승의 영예를
안았다.

　여기에 만족하지 않고 임기 동안 선수들의 훈련과 뒷바라지에
더욱 매진하여 전남 대표선수들이 전국체전 3년 연승의 쾌거를 이
룩하였다. 이후 1970년 4월 궁도협회 회장 자리를 물려주고 사두
射頭의 자리로 나앉았다.

　사두는 글자 그대로 활터의 우두머리를 말한다. 어느 집단이든

우두머리는 있게 마련이다. 그러나 활터에서의 우두머리는 그 권위가 대단하다. 나 스스로는 항시 부덕할 따름인데 나의 그 보잘것없는 노력과 열정을 주위에서 알아주어 그같이 책임 있는 자리에 서게 된 것이다.

이후 나는 관덕정이 광주시민을 위한 훌륭한 심신수련의 도량이 되도록 하기 위해 미력이나마 정성을 기울여 왔는데, 1998년 여름에는 그간의 내 작은 정성을 기린다 하여 과분하게도 관덕정 회원들이 뜻을 모아 공적비까지 세워 주었다. 미욱한 나를 알아주는 회원들의 마음이 너무나 고맙기에 부끄러움을 무릅쓰고 여기 그 비문을 소개한다.

〈瑞巖 權公昇官 功績碑〉

本 功績碑는 이곳 射場과 觀德亭의 設立 및 本道 弓道發展에 前後 獻身을 하여 大部分의 役割을 獨擔한 權公昇官의 功績을 永久히 紀念하기 爲하여 光州 觀德亭 會員一同이 竪立한 것이다.

立碑 主倡者는 現 射頭인 申達英氏인데 治石이 되자 副射頭 曺乙鎭, 總務 宣桂日, 財務 金石周 三氏가 弊廬를 來訪하여 余에게 刻할 文을 要하니 固辭할 수가 없다.

提示한 考證資料를 살펴보니 本 光州市에 射亭이 세워지기는 지금부터 約 三百餘年 前 光山李氏 門中有志들이 現 北東의 一隅에 喜

慶堂이란 이름으로 建立한 것이 文獻上의 嚆矢이고 그 後 堂名이 곧 觀德亭으로 고쳐져 많은 弓士들이 이곳에서 射藝를 練磨했고 高宗時에 이르러 이 亭은 現 忠壯路 二街로 移建되었는데 未久에 官公署 建立 關係로 撤去되었다.

韓亡後 庚申年一九二十에는 故 林炳龍氏가 私財로 龜洞川邊에 射亭을 세우고 大歡亭이라 했는데 丁卯年一九二七에 다시 廢해지고 말았다. 그래서 射員 有志들이 捻資를 하여 龜洞 所在 公園의 一隅에 射亭을 新築하고 觀德亭으로 名稱을 還元하였다.

그러나 諸般條件이 苟且스럽고 不便하여 다시 射亭의 터를 物色했는데 이때부터 衆射員의 先頭에 서서 決定的인 雰圍氣를 造成하고 成就로 이끈 분이 바로 權公이다.

公은 當時 射界의 元老 崔漢永 鄭承模 林鍾南 韓晚敎 金容培 諸公과 함께 市長 홍용구氏를 찾아가 이곳 社稷公園 野山에 射場을 造成할 것을 請하여 承諾을 받고 곧 多少의 義捐金이 모아져 于先 중장비를 利用하여 山을 깎아 射場을 만들었다.

그러나 亭을 짓기에는 力不足이어서 工役이 遷延되던 중 四一九와 五一六의 革命이 連發하였다. 그래도 習射의 功은 있어서 當年 十月 大邱의 體典에서 本道의 選手가 三等을 하고 돌아왔다. 權公은 여기에 勇氣를 얻어 다시 同志들에게 亭의 建立을 力說하고 率先하여 金壹百貳拾萬원을 喜捨하고 會員들을 帶同하여 宋虎林 知事와 丁來正 市長을 찾아가 多少의 支援金을 얻고 그 밖의 誠金도 모아져서

不日로 貳百萬원의 資金이 形成되었다.

그러자 公은 各地 有名射亭을 踏査하여 規例를 터득하고 돌아와 壬寅年一九六二 드디어 亭의 建立과 場의 築造에 着手하고 始終 周旋 監督하여 欠缺이 없도록 心力을 다했다. 特히 이곳 社稷公園이 鶴形이란 地家設에 依하여 射場을 鶴의 飛翔形으로 만들고 完工이 되자 運營과 管理를 協會에 넘기고 選手養成과 運營의 資金造成에 注力하였다.

丙午年一九六六에는 全南弓道協會長을 맡아 射藝의 訓練에 拍車를 加한 結果 다음 해 全國體典에서 本道의 選手가 團體優勝을 하고 이어 連三年 快擧를 올렸다.

公은 庚申年一九八十 協會長을 내놓고 射頭가 되었는데 그 後 지금까지도 本觀德亭을 爲하여 心血을 기울여 왔다고 하니 本亭의 射員들이 公의 功績을 오래 紀念하려고 할 만하다.

觀德이란 禮記의 射可以觀德이란 말에서 나온 것으로 이 射藝가 單純한 戰爭用이 아니라 사람의 德性을 여기에서 볼 수 있고 또 德性을 養成할 수 있다는 것이니 그래서 옛날 이를 六藝의 一로 꼽았던 것이다.

道德이 날로 墮落한 지금 世上에 이 또한 正風化俗의 一助가 안된다고 못하리라. 權公은 經濟界에도 重役을 歷任하고 國家首班의 褒賞도 많이 받았다고 한다.

大韓光復53年丁丑季夏 星州 李栢淳 짓다

활쏘기는 상대를 두고 격돌하는 운동과는 다르다. 상대가 있는 경기에서는 맞수의 허점도 노려야 되고 잔머리도 굴려야 하지만 과녁과 마주 선 궁도에서는 오직 자신과의 대화가 있을 뿐이다.

'집궁 8원칙'에 보면, "지형과 바람의 흐름을 살핀 뒤 비정비팔非丁非八의 자세로 가슴을 비우고 배를 든든히 한다" 했으며, 그 다음으로 "줌손은 태산을 밀듯이 하고 깍지 낀 손은 범의 꼬리를 움키듯 한다"고 했다.

이렇게 숨을 들이쉬면서 깍지 낀 손을 천천히 당기면 처진 화살이 똑바로 서고 이내 시위를 떠난 화살이 과녁을 향하여 힘차게 날아가는 광경은 비장감마저 느끼게 한다.

그리하여 화살이 과녁에 맞지 않더라도 그것이 패배는 아니다. 다만 과녁을 향한 자신의 집중력과 자세가 흐트러졌음을 겸손한 마음으로 돌아보면 된다. 그래서 활을 쏘는 일은 끝없는 자기성찰의 행위가 된다. 내가 활에 매료되어 35년이라는 세월을 몰입한 것도 이런 성찰省察의 묘리妙理가 그 속에 들어 있기 때문이었는지 모른다.

이 글을 쓰는 시간에 정답게 어른거리는 영상이 있다. 5·16이 나던 해 겨울이었던가. 눈이 소담스럽게 내리던 그날, 사직공원 사장에서 활을 쏘고 있는데 장남 영열이가 영두와 영호를 데리고 나와 토끼들처럼 눈 속에서 뛰놀고 있었다.

오늘의 화천

서거逝去

　고故 서암 권승관 창업회장은 2004년 7월 12일 세상을 떠났다
(향년 89세).

　정부는 고인이 타계한 직후 우리나라 기계산업 발전에 기여한
공로를 인정하여 고인에게 금탑산업훈장을 추서했다. 전주의 한
철공소에서 기계와의 인연을 맺은 후 70여 년간 고인은 오직 기계
를 향한 열정과 도전으로 한길만을 걸어 왔다. 1952년 화천기공사
를 설립한 이래 1959년 수동 벨트식 선반, 1964년 기어 구동식 선
반, 1977년 국내 최초의 수치제어(NC)선반을 개발하는 등 한국
에서 개념조차 생소했던 공작기계를 국산화하여 우리나라 공작기
계산업의 굳건한 토대를 다지며 국내산업 발전에 기여하였다. 또
한 남도장학회 이사, 전남궁도협회 회장, 광주국악진흥회 초대 이
사장 등 다양한 사회활동을 통해 지역 사회·문화 발전에도 기여한
바가 매우 컸다. 고인의 묘소는 2009년 타계한 부인 지갑례 여사
의 묘소와 함께 전북 정읍의 선영에 위치해 있다.

　박석무 다산연구소 이사장이 지은 묘 비문을 옮겨 본다.

[瑞巖權昇官會長 墓碑]

아름다운 靈魂의 主人公이 여기에 누워 계시다. 매사에 정직하게 맡은 일은 성실하게 아무리 힘든 일이라도 끈기 있게 마무리해야 한다는 좌우명으로 한 치의 어김없이 실행하고 실행했던 德人이자 大人이 여기에 잠들어 계시다.

다시 태어나도 쇠를 만지는 사람이 되겠다시던 그분의 말씀이 들리듯 기계공업에 평생을 바친 魂이 그대로 묘소 언저리에 살아 있다.

公의 姓은 權氏, 이름은 昇官으로, 安東이 本貫이며 호는 瑞巖으로, 一九一六년 음력 七월 十二일 전북 金堤에서 태어나셨다. 안동권씨 太史公의 三十五代孫으로 아버지는 在學公이고 어머니는 彦陽金氏니 二男三女 중 장남이셨다.

公은 어려서 家勢가 기울자 열여섯 어린 나이에 집을 떠나 全州에 있는 주물공장 견습공으로 일하면서 技術을 습득하여 家計를 도왔으며, 타고난 성품으로 주위로부터 인정을 받던 중 光州 궁동에 있던 巴철공소에 스카우트(발탁)되어 새로운 삶을 시작하였다. 公은 조국 광복 후 다니던 철공소를 인수, 一九四八년에 貨泉機工社를 창업하셨다. 公은 기계공업의 발전이 조국 근대화를 이룩하는 첩경으로 생각하고 우리나라 최초로 기계공업의 모체인 工作機械를 생산한 이후 五十여 년간 오직 기계공업 한길만을 걸으면서 수치제어선반을 위시하여 각종 공작기계를 개발하며 貨泉機工 그룹을 세계적인 수준의 企業으로 올려놓으셨다. 이래서 세상의 모든 사람들이 公을 영원한 工業人으로 추앙해 마지않고 있다.

公은 장년기에 이르러 國樂에 심취하던 중 國唱 林芳蔚 선생의 소리에 맞추어 북 솜씨를 보일 정도의 국악애호가로서 광주국악진흥회 초대 이사장을 역임하여 국악 진흥에 큰 업적을 남겼으며 毅齊 許百練 선생, 槿園 具哲佑 선생, 牧亭 崔漢泳 선생 등 예술인들과 교류하며 크게 후원하였다. 더구나 新人作家들의 作品을 구입하며 작품활동을 격려하는 한편 서화에 깊은 이해로 후원을 아끼지 않아 人才 양성에도 크게 기여하였다. 광주의 弓道 발전을 위해서는 觀德亭 射頭를 맡아 다년간 많은 공헌을 하였고 축구나 야구에도 지대한 관심을 보여 지역의 스포츠 발전에도 공을 세웠기에 세상에서는 모두 公을 멋쟁이 스포츠맨 예술 애호가로 숭배해 마지않는다.

公은 언제나 先公後私의 정신으로 기계공업계와 지역경제계에 활동하였는데 一九七二년 사채동결을 위한 八·三 특별조치에도 구애받지 않고 어려울 때에 도와 준 사람들에게 해를 끼쳐서는 안 된다고 말하며 사채를 모두 변제한 의리와 신의의 기업인으로 존경을 받았다. 공업교육용 기자재를 저렴한 가격으로 공급하여 다수의 국가 기능인재를 육성하는 데 큰 기여를 했으며 우즈베크공화국에 한인학교 설립을 지원하고 서울의 남도학숙 건립에도 후원하는 등 德人碑를 증정받기에 이른 德人으로 숭앙받았다.

公은 爲先事業에도 남다른 정성을 다 바쳤으니 여러 곳에 私財를

故 서암 권승관 창업회장 영결식

快擲하여 先塋奉仕에 앞장서 宗中에서는 大人으로 큰 대접을 받았다.

　公의 이런 아름답고 훌륭한 삶은 국가로부터도 큰 찬양을 받았으니 一九七五년에서 二00四년에 이르는 사이 여덟 차례의 포상과 훈장을 받는 영광을 안았으니 지대한 공로는 그것으로도 증명하기에 충분하다.

　公은 비록 가난한 家勢 때문에 소학교 四학년을 중퇴한 학력이었지만 성품이 중후하고 정직하며 성실하여 주위의 모든 분들에게 믿음을 얻어 大成한 기계공업의 기업인으로 국가발전에 혁혁한 공을 세운 업적을 남기셨다.

　一九二四년 음력 五월 十三일생인 池應洙의 따님인 池甲禮 女史와 結婚하여 三男三女를 두었다. 公은 子女들의 교육에 각별한 관심을 두시어 子女 모두 學部를 마치도록 교육시켰으며, 가정교육도 홀

릉하여 모두가 아버지의 뜻을 이으며 정직하고 성실하며 끈기 있게 매사에 임하며 家業을 잇고 번창시키는 데 아무런 하자 없이 최선을 다하고 있다. 永烈, 永斗, 泳豪 三兄弟는 家業을 均分하여 충실히 일하며 錦德, 計亨, 地亨 세 따님도 행복한 家庭을 이루고 先意를 잊지 않으며 살아가고 있다. 炯碩, 炯都, 炯運, 炯錄, 泰完, 庸碩 등 여섯 손자와 信靜, 起永, 樹貞, 垠呈, 己鈺, 先材, 娜侖, 承材 등 여덟 손녀도 모두 바르게 자라며 맡은 일을 잘해내며 살고 있다.

아아, 公의 정직함, 성실함, 끈기 있는 정신을 누가 가히 따를 수 있으랴. 낙후한 국가의 기계공업에 초석을 놓아 세계적인 기업으로 大成시킨 公의 업적을 어떻게 이 작은 빗돌에 다 새기랴. 二00四년 七월 十二일 八十九세로 만인의 추앙 속에 세상을 떠나신 公의 魂은 영원히 살아 있어 국가 기계공업 발전의 化神으로 조국의 발전을 이끌어 주실 것이다.

二00五年 初夏
前 國會議員 成均館大學校碩座教授
朴錫武 삼가 지음

서암문화재단

    화천그룹은 기계와 평생을 함께하면서도 남도소리 국악과 우리 전통문화에 남다른 열정을 가지고 그 중요성을 강조한 서암 권승관 창업회장의 유지를 이어받아 전통문화예술의 계승발전과 지역문화 예술창달을 위해 2010년 서암문화재단을 설립하였다.

    첫 사업으로는 다른 예술장르에 비해 열악한 환경에 있는 전통예술인들의 사기진작을 위해 서암전통문화대상을 제정, 시상하고 있다.

    제1회 전통공예부문(2011년)은 광주광역시 무형문화재 제12호로, 전통악기 제작 장인인 인당 이춘봉 악기장이 수상하였다. 그는 1978년 제3회 무형문화재 전승공예전에서 거문고와 가야금 부문 특별우수상을 수상하였고, 1983년에는 아쟁 부문 특별상을 수상하였으며, 1984년에는 해금 부문에서도 입상하였다.

    제2회 전통회화부문(2012년)은 석주 박종석 화백이 수상하였다. 광주 출신 화가인 박종석 화백은 대한민국미술대전 3회 입선을 비롯해 제1회 광주미술대전 한국화 대상, 동아미술제 입선, 광주미술대전·전남미술대전 특선 등 다수의 입상 경력이 있다.

    제3회 전통소리부문(2013년)은 윤진철 명창이 수상하였다. 윤진철 명창은 국가 지정 중요무형문화재 제5호 판소리 고법 이수자로, 현재 광주시립국극단 예술감독을 맡아 국립극장의 완창 판

제 1회 서암전통문화대상 시상식.
왼쪽이 권영열 회장,
가운데가 이춘봉 악기장

제 2회 서암전통문화대상 시상식.
왼쪽이 권영열 회장,
오른쪽이 박종석 화백

제 3회 서암전통문화대상 시상식.
왼쪽이 권영열 회장,
오른쪽이 윤진철 명창

소리를 비롯하여 다양한 공연활동을 하고 있다. 청소년 국악예술단을 창단해 후진 양성에 앞장서고 있기도 하다.

제4회 전통기악부문(2014년)은 김재섭 명인이 수상하였다. 김재섭 명인은 국가 지정 중요무형문화재 '구례향제줄풍류'와 '피리정악 및 대취타' 이수자로, 충북 영동군이 운영하는 난계국악단의 상임지휘자, 민간 국악예술단체인 이을국악관현악단의 지휘자를 역임하면서 국악 대중화에 힘을 써왔다.

제5회 전통무용부문(2015년)은 서영 명무가 수상하였다. 안무가이자 교육자인 서영 명무는 중요무형문화재 제27호 승무 예능보유자 고故 정재만 선생을 사사하였다. 22년간 학원을 운영하며 후학을 양성해 온 그녀는 2015년 3월 광주 송원대 실용무용예술학과 교수로 임용되었다.

서암문화재단은 서암전통문화대상 시상 이외에도 각 분야의 전통문화예술 공연 및 전시, 학술연구 사업을 지원하고 있으며, 전통문화예술 분야의 인재 양성을 위해 고등학교부터 대학원까지 전통문화예술을 수학하는 학생들을 대상으로 장학사업도 수행하고 있다.

2015년에는 재단 설립 5주년을 기념하여 광주문화예술회관에서 시민을 위한 국악 공연 〈판〉을 개최하였다. 이 공연에는 전남도립국악관현악단이 협연하였으며, 중요무형문화재 제5호 〈적벽가〉 예능보유자인 송순섭 무형문화재를 비롯하여 유수의 저명 국악인들이 출연하였다. 이 공연은 서암문화재단을 알리고 지역민들

제4회 서암전통문화대상 시상식. 왼쪽이 권영열 회장, 오른쪽이 김재섭 명인

제5회 서암전통문화대상 시상식. 왼쪽이 권영열 회장, 오른쪽이 서영 명무

서암문화재단 설립 5주년 기념 국악 공연 〈판〉. 소리꾼 송순섭과 고수 박근영

서암문화재단 설립 5주년 기념 국악 공연 〈판〉. 해금 연주자 강은일과 서양음악의 조화

의 관심과 기대를 끄는 계기가 되었다.

서암문화재단은 정관에서 "전통문화예술의 계승과 진흥을 위한 학술 및 연구를 통하여 민족문화를 전승, 선양하고 문화복지사회 증진과 민족문화창달에 기여함을 목적으로 한다"고 선언하였다. 이처럼 서암문화재단은 우리 문화의 근원이 되는 전통문화예술 발전을 위해 현재 진행 중인 사업의 내실을 기하는 한편 새로운 사업들도 발굴하며 추진해 나갈 계획이다. 앞으로도 기업의 문화예술에 대한 지원활동인 메세나와 같은 사회공헌활동으로 재단활동의 외연外延을 더욱 넓혀 갈 것으로 기대된다.

'대한민국 100대 기술과 주역',
'광복 70년 과학기술 대표성과 70선' 선정

2010년 12월, 한국공학한림원에서는 전후 불모지였던 대한민국에서 경제성장을 이끈 100대 기술 및 제품을 선정하고, 개발의 주역인 엔지니어들을 발굴하기 위해 지식경제부, 매일경제신문사와 함께 '대한민국 100대 기술과 주역'을 선정하였다. 5개 분과 중 기계공학 분과에서 화천기공사의 수동식 선반 설계 및 제조기술이 대한민국 100대 기술로, 서암 권승관 창업회장과 당시 함께 근무한 범희봉, 최중옥 씨가 개발의 주역으로 선정되었다.

대한민국 100대 기술 개발의 주역으로 선정된 최중옥 씨

　　화천이 개발한 한국 최초의 수동식 선반 설계 및 제조기술은 고
가에 외국산 공작기계를 수입하거나 복제 기계를 만들어 제한적으
로 사용하던 당시 국내 실정에서 공작기계 기술 및 생산, 상용화의
일대 전환 계기를 마련하여 국가 기간산업 및 중화학공업 발전을
위한 필수요건인 정밀기계공업의 초석을 구축한 공로를 인정받은
것이다. 2015년 광복 70주년을 맞아 미래창조과학부와 한국과학
기술기획평가원에서 선정한 '광복 70년 과학기술 대표성과 70선'
에도 선정되는 쾌거를 안았다.

H–ROAD

H–ROAD는 화천에서 주최하는 오픈 하우스 행사로, 국내외 다
수 고객을 공장으로 초청하여 화천의 최신 공작기계를 생산현장에
서 직접 느껴 볼 수 있도록 하기 위해 마련되었다. 이 같은 행사를
통해 화천은 고객에게 더 가까이 다가가 직접 소통하고 신뢰를 쌓
아 가고 있다.

오픈 하우스 행사는 보안이 요구되는 회사의 내부 시설을 공개
해야 하는 만큼 현장에 대한 자신감 없이는 열릴 수 없다. 국내에
서는 두산과 현대위아 같은 대기업만이 비슷한 행사를 열고 있다.

H–ROAD는 단순히 화천의 제품과 현장만을 고객에게 알리는

2010년 개최된 H–ROAD 행사

이벤트가 아니라 공작기계 관련 세미나를 함께 개최하여 최신 기술 트렌드 및 정보를 얻을 수 있는 알찬 내용으로 구성되어 있다. 전국의 고객을 초청하는 '대규모 잔치'인 만큼 KTX, 우등고속버스를 이용하여 약 2천여 명에 달하는 참가 고객의 이동 편의도 제공하고 있다.

수출 1억 달러 달성

1977년 국내 최초로 공작기계를 미국으로 수출한 화천은 해외시장 개척에 지속적인 노력을 기울여 왔다. 1978년 국내 업체 중 유일하게 IMTS 78(시카고국제공작기계전시회)에 참가한 이후 독일, 프랑스, 이탈리아 등 유럽지역에까지 제품을 수출하면서 수출량이 급증했다. 이에 1980년에는 월 수출액이 1백만 달러를 돌파했다.

1985년에는 미국 LA에 현지법인 화천 USA를 설립해 미주 지역 시장 확대에 나섰으며, 1993년에는 미국 일리노이에 Hwacheon Machinery America, Inc.를 설립하였다. 아울러 1993년에 유럽 지역 시장 공략을 위해 독일 보훔에 Hwacheon Machinery Europe GmbH를, 2006년에는 아시아 지역 시장 공략을 위해 싱가포르에 Hwacheon Asia Pacific Pte. Ltd.를 설립하여 해외거점을 확장하기도 했다.

화천이 수상한 수출의 탑들. 제일 오른쪽이 2012년 수상한 1억 달러 수출의 탑

이러한 해외시장에 대한 적극적 투자는 2006년 5천만 달러 수출의 탑 수상과 2012년 1억 달러 수출의 탑 수상의 영예로 이어졌다. 화천은 2012년에도 인도 푸네 지역에 Hwacheon Machine Tool India Pvt. Ltd.를 설립하여 떠오르는 신흥시장인 인도 공략에 나서는 등 글로벌 공작기계 전문 메이커로 도약하기 위한 걸음을 멈추지 않고 있다.

창사 60주년 행사

2012년 5월 25일, 광주 화천기공에서 창사 60주년 행사가 열렸다. 1952년 합명회사 화천기공사 설립 60주년을 기념하기 위한 이날 행사에는 화천그룹 임직원과 서암 권승관 창업회장의 친지 및 지역사회의 명망 있는 인사들이 자리하였다. 또한 박석무 다산연구소 이사장, 고귀남 전 국회의원, 김학권 재영솔루텍㈜ 회장도 기념축사와 함께 우리나라 기계산업 발전에 일생을 바친 서암 권승관 창업회장을 기리며 자리를 빛냈다.

이날 행사에서는 서암 권승관 창업회장의 동상제막식도 함께 거행되어 그 의미가 더욱 뜻깊었다. 세상을 떠난 지 8년 만에 편안한 모습으로 다시 화천의 자리로 돌아온 창업회장의 동상은 광화문 앞의 세종대왕 좌상 제작자로 유명한 홍익대 조소과 김영원 교수가 제작하였다. 제막식에 이어서는 동상 앞에서 헌화식이 거행되었다. 아울러 이날 행사장에서는 창업회장이 아끼고 사랑했던 국악이 오케스트라 연주와 함께 어우러져 축하 분위기를 고조시켰다.

감사의 말씀 중인 권영열 회장

2012년 화천 창사 60주년 기념식. 국악과 어우러진 오케스트라 연주가 자리를 빛냈다.

2012년 창사 60주년 기념행사로 거행된 권승관 창업회장 동상제막식.
왼쪽 첫 번째가 동상 제작자인 김영원 교수, 네 번째가 권영열 회장,
뒷줄 왼쪽부터 창업회장의 둘째 권영두 사장, 셋째 권영호 사장

권승관 창업회장 연보

1916   전라북도 김제 출생

1930   전라북도 완주 소양보통학교 중퇴

1932   전주 주물공장 견습공 취직

1940   광주 파 철공소에 발탁

1941   지갑례와 결혼

1945   해방, 파 철공소 관리인으로 선정

1950   파 철공소 불하

1952   합명회사 화천기공사 설립

1963   전남기계공업협동조합 이사장

1963   한국기계공업협동조합 이사

1966   전남궁도협회 회장

1973   한국기계공업진흥회 이사

1973   광주상공회의소 부회장

1975   상공의 날 대통령표창 수상

1977   기계공업육성발전 대통령표창 수상

1979   수출 유공 석탑산업훈장 수상

1980   수출의 날 대통령표창 수상

1984   기술개발 산업포장 수상

1990   수출유공 산업포장 수상

1992   덕인비 건립

1993   광주광역시 시민대상 수상

1994   광주국악진흥회 초대 이사장 취임

1998   조선대학교 명예공학박사 학위 취득

2002   올해의 공작기계인 선정

2004   영면에 들다 (금탑산업훈장 추서)

2009   지갑례 여사 작고

2010   한림원 선정 대한민국 100대 기술 주역

        (수동선반개발 – 故 권승관/범희봉/최중옥)

화천 연보

1952	합명회사 화천기공사 설립
1959	국내 최초 벨트식 피대선반 개발
1964	기어구동식 선반 개발
1975	화천기계공업주식회사 설립
1977	국내 최초 NC선반 개발
1977	화천금속주식회사 설립
1978	화천기어공업주식회사 설립
1978	화천척공업주식회사 설립
1978	日 파낙 사와의 합작, 한국뉴메릭주식회사 설립
1978	시카고국제공작기계전시회(IMTS 78) 한국 단독 참가
1983	국내 최초 CNC밀링기 및 COPY밀링기 단독 개발
1987	수평형 머시닝센터 개발
1988	국내 최초 NCTC 개발
1988	화천기어공업㈜, 국내 최초 커빅 커플링 개발
	화천기계공업㈜, 코스피 상장
1993	화천 AMERICA, 화천 EUROPE 설립
1995	티센 사와 합작, TPS-KOREA 설립
1998	자동차부품사업본부 출범
1999	화천기공㈜, 코스피 상장

2002	창립 50주년 기념행사
2006	화천 Asia Pacific 싱가포르 현지법인 설립
	5천만 달러 수출의 탑 수상
	한국을 일으킨 엔지니어 60인 (권영열 회장)
2007	서울테크센터 개관
2010	H-ROAD 2010 개최
2011	서암기계공업㈜, 코스닥 상장
2012	화천 INDIA 인도 현지법인 설립
	창립 60주년 기념식
	H-ROAD 2012 개최
	광주테크센터, 창원테크센터 준공
	1억 달러 수출의 탑 수상
	올해의 공작기계인 선정 (권영열 회장)
2014	H-ROAD 2014 개최
2015	광복 70년 과학기술 대표성과 70선 (미래창조과학부)

서암문화재단 연보

2010 서암문화재단 설립

2011 제1회 서암전통문화대상 시상 (전통공예부문 이춘봉 악기장)

2012 제2회 서암전통문화대상 시상 (전통회화부문 박종석 화백)

2013 제1기 장학생 선발 및 장학금 지급

제3회 서암전통문화대상 시상 (전통소리부문 윤진철 명창)

2014 제2기 장학생 선발 및 장학금 지급

제4회 서암전통문화대상 시상 (전통기악부문 김재섭 명인)

2015 제3기 장학생 선발 및 장학금 지급

제5회 서암전통문화대상 시상 (전통무용부문 서영 명무)

재단 설립 5주년 기념 음악회 〈판〉 개최

2016 제4기 장학생 선발 및 장학금 지급